冠婚葬祭・年中行事の

マナー大全

監修：岩下宣子

成美堂出版

はじめに

今までの人間関係が、コロナ禍を経験して随分変わってきたように思います。葬儀も家族葬や直葬など新しい形式が増えてきました。

さらに、ソーシャルディスタンスなどと言われ人との距離をとるように促されてきました。だからこそ、心の距離はとらないように心がけた方も多かったことでしょう。

また、研修や会議もオンラインで行われるようになって、配信する側も受ける側も新しいマナーが生まれているように思います。

新しい場面でのマナーは、どうすればよいか迷われていませんか。

大丈夫です。相手の立場に立って考えればよいのです。自分がされてうれしいことをして、自分がされて嫌なことをしなければよいのです。

そのうえで相手の性格を考えて思いやりの心で実践できれば、なおよいのです。

しかも「どのようにしたらこの場の雰囲気をよいものにできるか？」を考える思いやりの心は、脳を活性化させるそうです。「情けは人のためならず、巡りめぐっておのが身のため」という諺が、脳科学的に立証されたのです。

この本は、先人たちが考えた人間関係の知恵（相手の立場に立って考えたルール）が詰まっています。ルールを知ることで新しい場面でも安心しておつき合いができます。その安心感で、より相手の立場に立って考えていただけると幸甚です。

岩下宣子

目次

はじめに ▼▼▼ 2

第1章 祝儀・不祝儀袋のマナー

Ⓒ CHECK!
？ こんなときどうする?
⊗ NG
¥ 祝儀・不祝儀袋

祝儀・不祝儀袋の基本 ▼▼▼ 16
祝儀袋(のし袋)/不祝儀袋(香典袋)/？慶事・弔事に現金を郵送するとき/Ⓒ祝儀袋に使われる奉書紙は上質の和紙

水引・のしの基礎知識 ▼▼▼ 18
水引の色による使い分け/水引の結び方による使い分け/Ⓒちょっとした贈り物に使われるのし

表書き・氏名の書き方 ▼▼▼ 20
基本の書き方/⊗慶事に4文字の表書き/さまざまな氏名の書き方

[用途別] **祝儀袋の使い方** ▼▼▼ 22
結婚祝い
主催者側が準備するお礼・お返し/？教会や神社、寺院へのお礼の表書き

成長のお祝い
出産祝い/初節句祝い/初誕生祝い/七五三祝い/入園・入学祝い/卒業・就職祝い/成人祝い
記念のお祝いなど
長寿の祝い/新築祝い/開店・開業祝い/受賞・受章祝い/個展・発表会の祝い/病気・けが見舞い/災害見舞い

[用途別] **不祝儀袋の使い方** ▼▼▼ 28
葬儀(香典)
宗教を問わないとされる基本の形/宗教に合わせた袋と表書き/⊗浄土真宗で「御霊前」の表書き/Ⓒ関西地方で使われる黄白の水引/喪家側が準備するお礼・お返し/？宗教者に交通費と食事代を渡すときは?
法要(供物料)
？お供えの品を贈るときは?/施主側が準備するお礼・お返し

中包みの書き方、お金の包み方 ▼▼▼ 32
基本の書き方/Ⓒ金額は大字を使って書くのが正式/中包みの折り方/上包の折り方/⊗使い古した紙幣を包む

ふくさの扱い方 ▼▼▼ 34
基本の包み方

第2章 人生のお祝いのマナー

［成長のお祝い］

帯祝い・出産祝い ▼▼▼ 36

C 12日に1回ある戌の日／¥ 帯祝い／? 喜ばれる出産祝いの品を選ぶには／¥ 出産祝い／出産を祝う手紙例（知人へ）・出産報告の手紙例（伯母へ）

お七夜祝い ▼▼▼ 39

命名書の書き方／? お七夜に招かれたときは／¥ お七夜祝い

お宮参り・お食い初め ▼▼▼ 40

¥ 神社への初穂料／¥ お食い初め祝い／C お食い初めの祝い膳の整え方

初節句・初誕生祝い ▼▼▼ 42

? 赤ちゃんが次男、次女の場合は？／¥ 初節句祝い／¥ 初誕生祝い

七五三祝い ▼▼▼ 44

C 長寿を祈る縁起物の千歳飴／七五三の晴れ着／C 知恵を授かる「十三参り」も／¥ 七五三祝い

入園・入学祝い ▼▼▼ 46

¥ 入園・入学祝い／C 第2子にもお祝いを／? 第一志望の学校に合格できなかったとき／小学校入学を祝う手紙例（親戚へ）・中学校入学祝いへのお礼状例（伯母へ）

卒業・就職・成人祝い ▼▼▼ 48

¥ 就職祝い／C 就職祝いのお礼は初任給でプレゼントを／C 成人式は満20歳？ 18歳？／? 成人のお祝いをいただいたらお返しは？／¥ 成人祝い

［記念のお祝い］

結婚記念日 ▼▼▼ 50

¥ 結婚記念日の祝い／結婚記念日の名称と贈り物の例

長寿の祝い ▼▼▼ 52

¥ 長寿の祝い／C 古稀では紫のものを身につける／長寿祝いの名称と由来

新築・開店・開業祝い ▼▼▼ 54

× 無断で家の中を見て回る／? マンションや中古戸建てを購入したときは？／¥ 新築祝い／¥ 開店・開業祝い

受賞・受章・個展・発表会の祝い 56
受賞・受章祝い／発表会に来てくれた人へのお礼はどうすればいい？／子どもの発表会に招かれたら／個展・発表会の祝い

Column 厄年と厄祓い……58

第3章 結婚のマナー

【招待客側】

招待状が届いたら 60
電話などで返事をしはがきを出さない／返信はがきアートは親しい相手に／返信用はがきの書き方／連名で招待状が届いたときは

お祝いの贈り方・選び方 62
お祝いの品にはのし紙をかける／結婚祝い／お祝い金を送るときの手紙例（友人へ）

スピーチや余興を頼まれたら 64
スピーチの基本構成と例（友人から）／スピーチや余興で忌み言葉を使う

当日の係を頼まれたら 66
忌み言葉を使ってしまったら／披露宴当日のそれぞれの服装は？／係を頼まれたからとお祝い金を少なくする

装いのルール 68
「平服で」となっていたら／女性招待客の装い（和装）／肩の出るドレスを昼に着たい／小物やアクセサリー選びの注意点／女性招待客の装い（洋装）／ビジネス用の黒のスーツとは違う／男性招待客の装い（洋装）

披露宴でのマナー 74
受付でのやりとり、お祝い金の渡し方／ゲストカードは忘れずに持参する／バッグをテーブルの上に置く／アクシデントで遅刻しそうな場合／披露宴でのマナー違反／お酒が飲めないとき乾杯はどうするの？／トイレなどで中座したいとき／席札やメニューは必ず持ち帰る

親族の心得 78
親族を代表しスピーチをする場合は／両親よりも格上にならない服装を／親族紹介と記念撮影での心得

【本人・主催者側】

結婚が決まったら ▼▼▼ 80
Ⓒ職場への報告はまずは直属の上司に／婚約のスタイル

結納の基本 ▼▼▼ 82
結納品の品目とそれぞれの意味／Ⓒ結納品の内容も時代とともに変化

結納の進め方 ▼▼▼ 84
❓受け取った結納品の結納後の取り扱いは？／略式結納の進め方

両家食事会・婚約記念品 ▼▼▼ 86
❓食事会の費用はだれが払う？／食事会の進行例／Ⓒ誕生石を使った品も婚約記念品に人気

婚約披露パーティー・婚約通知状 ▼▼▼ 88
婚約通知状例

Column 婚約を解消することになったら……89

結婚式までの段取り ▼▼▼ 90
Ⓒ新居や新婚旅行のことも合わせて準備を／結婚式までのスケジュール

挙式・披露宴のスタイルを検討する ▼▼▼ 92
Ⓒブライダルフェアでイメージをつかむ／おもな挙式スタイル／Ⓒ写真だけのフォトウエディング／Ⓒ旅行をかねたリゾートウエディング

日取りと予算 ▼▼▼ 94
Ⓒ現在もカレンダーなどで見かける六曜の意味を知っておこう

披露宴会場の決定 ▼▼▼ 96
式場予約までの流れ／Ⓒ式場選びのチェックポイント／Ⓒ披露宴会場別に考えるメリットとデメリット

婚礼衣装の準備 ▼▼▼ 98
Ⓒ衣装選びのチェックポイント／新婦［洋装］／Ⓒ幸せになれる言い伝え「サムシング・フォー」／新婦［和装］／Ⓒ和装で結婚式が行える会場は？／Ⓒお色直しは少なめに　和装で簡単に印象変化／新郎［洋装］／新郎［和装］／Ⓒ男性の準礼装は色紋付羽織袴／Ⓒ両親の衣装も格式高く両家で格を揃える

招待客の決定と席次、引き出物 ▼▼▼ 104
Ⓒ手順を踏んで招待客を決める／披露宴の席次例

係をお願いする▼▼▼106
Ⓒ主賓のあいさつと乾杯の発声は招待状とともに依頼

謝辞と謝礼の準備▼▼▼108
新郎の謝辞　基本構成と例／¥心づけ／¥交通費

挙式・披露宴当日の心得▼▼▼110
?親族のうちのだれかが欠席しているとき／披露宴の流れ／Ⓒ新郎新婦の披露宴での心得／Ⓒウエディングドレスでの美しい立ち方、座り方、歩き方

両親の心得▼▼▼114
Ⓒ新郎新婦の両親の披露宴中のマナーポイント／両家を代表しての親の謝辞　基本構成と例

お礼・内祝いと結婚通知状▼▼▼116
主賓へのお礼状例／?結婚式や旅行で仕事を休んだときは／結婚通知状例

Column 1.5次会と2次会……118

第4章 葬儀・法要のマナー

［弔問客側］

危篤・臨終の知らせを受けたら▼▼▼120
Ⓒ訃報を聞いたときに確認すること／故人との対面のしかた／お悔みの言葉／ⓧ不幸を連想させる忌み言葉を使う

供物・供花、弔電の手配▼▼▼122
?通夜や葬儀に供物を持参するときは／宗教による供物・供花のポイント／弔電の文例

香典の準備▼▼▼124
¥香典／お悔みの手紙例

弔問の服装▼▼▼126
?子どもを連れて行くときの注意点は？／ⓧ弔問の装いでの光るものや派手な色／男性の服装／女性の服装

通夜に参列する▼▼▼128
?家族葬のときは弔問は遠慮する／香典の差し出し方／?香典を託されたときは自分の分と別に出す

葬儀・告別式に参列する▼▼▼130
?慶事と弔事が重なったときは／弔辞を依頼されたら

仏式拝礼の作法▼▼▼132
抹香焼香の作法／回し焼香の作法／線香焼香の作法／数珠の持ち方

神式拝礼の作法▼▼▼134
玉串奉奠のしかた／しのび手／手水の行い方

キリスト教式拝礼の作法▼▼▼136
献花のしかた

Column 葬儀後の心遣い……137
?不幸があったお宅へのお歳暮は？

法要に招かれたら▼▼▼138
法要に招かれたときの服装／?ふたりの法要をあわせて行う場合／¥供物料／?法要に招かれないとき

[遺族・喪家側]

臨終を迎えたら▼▼▼140
C臨終の儀式のために神父・牧師に連絡／必要な書類と手続きの流れ／C死亡と通夜、葬儀の連絡／?病院から遺体を引き取るには

寺院・神社・教会、葬儀社への連絡▼▼▼142
?菩提寺が遠い、菩提寺がわからない／C戒名とは仏の弟子になった証／葬儀社の検討ポイント／葬儀社の行うおもなサービス

末期の水、湯灌、死化粧▼▼▼144
一般的な末期の水のとり方／?特定の感染症などで亡くなった場合／C遺体を衛生的に保つエンバーミング

遺体の安置と納棺▼▼▼146
仏式の一般的な安置のしかた／C忌明けまで神棚封じをする／神式、キリスト教式の遺体の安置と納棺

喪主・葬儀方針を決める▼▼▼148
?故人に親族がいない場合／C葬儀にかかるおもな費用／葬儀のさまざまな形

世話役をお願いする▼▼▼150
C世話役の服装は遺族に準じて／世話役のおもな係と役割／?弔辞を依頼するときは立場の違う人に

弔問・会葬へのお礼を手配する▼▼▼152
C返礼品によく選ばれる品物／?当日に香典返しをするとき

喪服の準備 ▼▼▼ 154
C 喪服のときは片化粧で／遺族の装い／? 急なことすぎて喪服を準備できない

通夜を行う ▼▼▼ 156
通夜の進行例／通夜ぶるまい前の喪主あいさつ例／C 通夜、葬儀当日の僧侶のもてなし／¥ 交通費／¥ 食事代

葬儀・告別式を行う ▼▼▼ 158
葬儀・告別式の進行例／¥ 心づけ／出棺のあいさつ例

火葬と骨あげ ▼▼▼ 160
C 火葬許可証を忘れずに持参する／? 分骨をしたいときには葬儀社に相談を

還骨法要と精進落とし ▼▼▼ 162
? 後飾りの祭壇を片づけるとき／C 現在と異なる本来の精進落としの意味／精進落とし開始のあいさつ例

神式の通夜、葬儀 ▼▼▼ 164
C 生前の姓名を使った「諡」が授けられる／通夜祭、遷霊祭の進行例／葬場祭の進行例／神式儀式の言葉

キリスト教式の通夜、葬儀 ▼▼▼ 166
C 宗派による葬儀に対する考え方の違い／プロテスタントの通夜、葬儀で行うこと例／カトリックの通夜、葬儀で行うこと例

家族葬を行う ▼▼▼ 168
? 無宗教で葬儀を行いたいとき／C 密葬と家族葬は似ているようで違う

葬儀後のお礼と香典返し ▼▼▼ 170
¥ 宗教者へのお礼／¥ 世話役へのお礼／¥ 香典返し

相続などの手続き ▼▼▼ 172
? 故人との婚姻関係を解消したい／C 形見分けをして故人の愛用品を残す／相続税申告までに行うこと

墓の準備 ▼▼▼ 174
C 墓地を選ぶときに見るべきポイント／3種類の墓地の特徴／一般的な仏式の墓の構造例／神式の墓／キリスト教式の墓

いろいろな埋葬方法 ▼▼▼ 176
C 身近で供養する手元供養とは

納骨をする▼▼▼178
Ⓒ卒塔婆を立てる卒塔婆供養／？墓地が遠方にあり遺骨を運ぶ場合／？新しく建てた墓に納骨する場合／神式の納骨／キリスト教式の納骨

法要の時期としきたり▼▼▼180
仏式の葬儀後のおもな法要／神式の追悼儀式／キリスト教式の追悼儀式

法要を行う▼▼▼182
¥参列者への返礼品／？同じ年に年忌法要が2回ある場合／Ⓒ故人の霊が初めて家に帰ってくる新盆

墓参り▼▼▼184
✕酒やジュースを墓石にかける／Ⓒ一般的な墓参りのタイミング／？墓が遠方などでお参りできない場合／墓参りのおもな持ち物／墓参りの手順

日常の供養▼▼▼186
✕線香やろうそくの火を吹いて消す／？新しく仏壇を購入する場合／Ⓒ宗派によって違うお参りのしかた／神式の供養／キリスト教式の供養

Column 墓じまい……188

第5章 おつきあいのマナー

［贈答］

贈答の基本▼▼▼190
？表書きをどう書くか迷ったときは／お世話になったお礼の品の送り状例（伯父へ）

贈り物の体裁を整える▼▼▼192
のし紙、かけ紙のかけ方／包装紙での包み方（合わせ包みの場合）

風呂敷の活用▼▼▼194
平包みの包み方／？抱えて運ぶのが難しい場合

贈り物の選び方・贈り方▼▼▼196
Ⓒ食品を贈るときには健康状態なども考慮／Ⓒ「つまらないものですが」は本来失礼ではない言葉／✕相手や目的をよく考えずに品物を贈る

贈り物をいただいたとき ▼▼▼ 198
お歳暮をいただいたお礼状例（知人へ）／一般にお返し不要とされる贈り物／C内祝いは本来お返しではないもの／?贈り物を受け取れない、断りたい場合

お中元・お歳暮 ▼▼▼ 200
Cお中元・お歳暮の起源は「お供え」／×お世話になった年に1回だけ贈る／?相手や自分の家が喪中の場合

お年賀・お年玉 ▼▼▼ 202
Cお年賀とお年玉はどちらも年神様に由来／×年始のあいさつにカジュアルな服装

花を贈る ▼▼▼ 204
贈り物にされるおもな花のスタイル／×アレルギーの人に香りの強い花／C受け取りやすく花束を渡す

［訪問］
訪問の準備 ▼▼▼ 206
?あがらずに玄関先で失礼したい場合／C事前の電話でアポをとるときに伝えること・確認すること

玄関先でのマナー ▼▼▼ 208
?雨や雪の日に訪問するときは／玄関での靴の脱ぎ方／コートのたたみ方／C玄関で渡していい手土産もある

部屋に通されたら（洋室の場合） ▼▼▼ 210
洋室の席次／椅子・ソファの美しい座り方／洋室での入室から着席まで

部屋に通されたら（和室の場合） ▼▼▼ 212
和室の席次／×和室で気をつけたいNGな振る舞い／和室での入室から着席まで

茶菓をいただく ▼▼▼ 214
?苦手な食べ物が出されたときは／日本茶のいただき方／コーヒー・紅茶のいただき方／和菓子のいただき方／ケーキのいただき方／?予定外の食事をすすめられた場合

訪問先での過ごし方とおいとま ▼▼▼ 216
C「いただき立ち」とは食事後すぐに帰ること／?訪問中の「困った！」も失礼のないように対応

Column 美しい立ち居振る舞い……218

[おもてなし]

迎える準備・玄関での迎え方 ▼▼▼ 220

Ⓒ来客を迎えるときの準備のポイント／Ⓒ手を洗いたい人への気配りも大切／?お客様が突然訪ねてきた場合

部屋に通す ▼▼▼ 222

座布団の表裏と前後／客間のドアの開け方／?来客が子どもを連れてくる場合／手土産のいただき方

茶菓でもてなす ▼▼▼ 224

?用意していた茶菓子と手土産が同じ場合／茶菓の出し方／お茶とお菓子の配置／Ⓒお茶をかえるタイミングの目安／Ⓒ花を飾ってくつろげる空間づくり

お見送りする ▼▼▼ 226

?お客様がなかなか帰らないときは／?話が長引き食事の時間にかかったら／✕見送ったあとすぐにカギをかける

[見舞い]

病気・けが見舞い ▼▼▼ 228

¥病気・けが見舞い／✕病気のお見舞いに鉢植えの花を贈る／お見舞いに行くときの心得／?お見舞いを受けたが亡くなった場合のお返しは？

災害見舞いと陣中見舞い ▼▼▼ 230

¥災害見舞い／¥陣中見舞い

[引っ越し]

引っ越しのあいさつ ▼▼▼ 232

¥引っ越しのあいさつ／Ⓒ引っ越したときにあいさつをする範囲／?引っ越し前に餞別をいただいた場合

Column 近所づきあいの心得……234

第6章 季節の行事

二十四節気早見表 ▼▼▼ 236

1月 ▼▼▼ 238

正月／書き初め／七草／初釜／鏡開き／小正月

2月 ▼▼▼ 244

節分／初午／針供養／バレンタインデー

3月 ▼▼▼ 246
ひな祭り／ホワイトデー／春のお彼岸

4月 ▼▼▼ 248
エイプリルフール／入社式／入学式／花祭り／十三参り／イースター（復活祭）

5月 ▼▼▼ 250
八十八夜／端午の節句（こどもの日）／母の日

6月 ▼▼▼ 252
衣替え／父の日／夏越の祓

7月 ▼▼▼ 253
山開き／七夕／海の日／土用

8月 ▼▼▼ 255
八朔／お盆／終戦記念日

9月 ▼▼▼ 256
防災の日／重陽の節句／お月見／敬老の日／秋のお彼岸

10月 ▼▼▼ 258
衣替え／スポーツの日／恵比寿講／十三夜／ハロウィン

11月 ▼▼▼ 260
文化の日／亥の子の祝い／酉の市／七五三／勤労感謝の日

12月 ▼▼▼ 262
正月事始め／冬至／クリスマス／歳の市／大晦日

第7章 食事のマナー

和食のマナー ▼▼▼ 266
箸の取り上げ方／Ⓒ姿勢よく座ることで美しい所作ができる／⊗人を不快にさせる箸の使い方「忌み箸」／器と箸の取り上げ方／Ⓒ割り箸を割るときは扇を開くように／⊗汁がたれるのを「手皿」で防ぐ／ふたつきの器の扱い方／Ⓒ懐紙を利用してワンランクアップ

洋食のマナー ▼▼▼ 270
基本のテーブルセッティング／ナイフ・フォークの置き方／⊗フォークを右手に持ちかえて使う／?カトラリーを落としてしまったときは／Ⓒグラスに料理の油をつけない／ナプキンの置き方／気をつけたいテーブルでの振る舞い／⊗これはだめ 食べ方のマナー違反

中国料理のマナー ▼▼▼ 274
円卓の席次／⊗麺をすすり音を立てて食べる／気をつけたい円卓での振る舞い

酒席のマナー ▼▼▼ 276
❓お酌を断るとき、お酒が苦手なとき／Ⓒ無礼講と言われてもマナーは守る／Ⓒグラスは持たずにワインを注いでもらう

立食パーティーのマナー ▼▼▼ 278
Ⓒ美しく見せるには姿勢が大事／料理の取り方の基本／⊗使い終わった食器をメインテーブルに置く／Ⓒ人と話すときにはグラスだけ持つ／⊗パーティーの場で避けるべき話題／Ⓒ人を紹介するときは身内から／気をつけたい会場での振る舞い

第8章 手紙のマナー

手紙の基本構成 ▼▼▼ 282
手紙文の構成／はがきの構成／一筆せんの書き方

書き出しと結びの組み立て ▼▼▼ 286
頭語と結語の組み合わせ／書き出し文例／起こしの言葉／結びの文例／時候のあいさつ

手紙の書き方とポイント ▼▼▼ 290
お礼の手紙／お祝いの手紙／おわびの手紙／お願いの手紙

季節のあいさつ状 ▼▼▼ 294
年賀状／年賀欠礼状／寒中見舞い／暑中見舞い

封筒の書き方 ▼▼▼ 296
和封筒／洋封筒

索引 ▼▼▼ 298

第1章

祝儀・不祝儀袋のマナー

お祝いの気持ちやお悔みの気持ちを伝えるため、現金を贈るときに利用する祝儀袋と不祝儀袋。相手に気持ちがきちんと届くように、正しい選び方、使い方を知っておきましょう。

祝儀・不祝儀袋の基本

祝儀袋（のし袋）

不祝儀袋（香典袋）

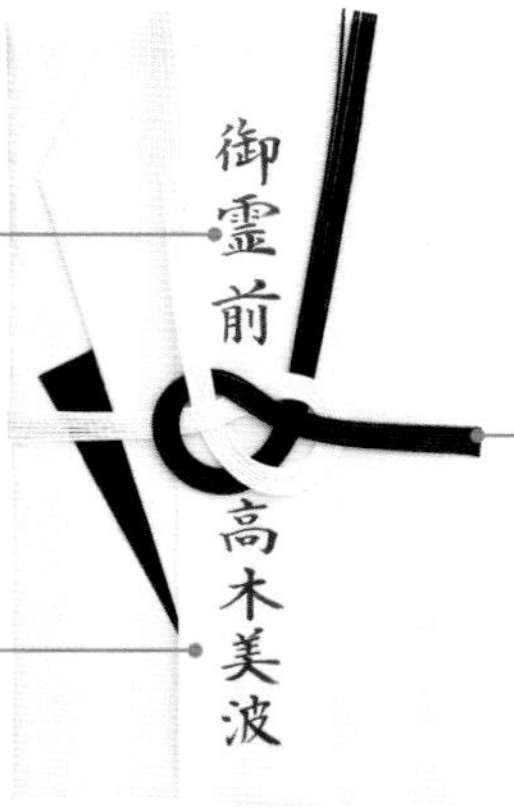

古来より伝わる贈り物を紙で包む習慣

慶事や弔事などに現金を贈る場合には、祝儀袋や不祝儀袋を利用するのが礼儀となっています。これは、あらたまった贈り物をする場合には紙で包むという、日本古来の習慣からきているもの。紙で包むのは、大切な贈り物を汚さないようにするためです。また、贈り物が汚れのない清浄な品であると示す意味で、包み紙には神聖な色とされる白い紙が用いられてきました。

現金を贈る際は、奉書紙《ほうしょし》で二重（弔事は一重）に包み、水引を結んで、弔事と病気・けが見舞い以外はのしを添えるのが正式なしきたり。現在では、あらかじめ水引やのしがついている市販の袋を利用することで、心を込めた贈り物をする体裁を整えているのです。

用途や贈る相手を考え それに合った袋を選ぶ

結婚、出産などの慶事に使うのは祝儀袋。のしがついているため、のし袋ともいわれます。一方、葬儀などの弔事に使うのは不祝儀袋で、香典袋ともいわれます。さまざまなものが売られていますが、用途に合ったものを選ぶことが大切です。次ページの水引・のしの基礎知識を参考にしてください。

祝儀袋は、白い紙を用いた基本的な形式のもの以外にもかわいらしい色合いのものや、模様が入ったものなど、凝ったデザインのものも数多く売られています。しかし、こうした袋は正式なものではなく、使える相手が限られます。カジュアルな祝いの場で、親しい間柄の相手であれば、その人好みの袋を選ぶことでより喜んでもらえることでしょう。迷うのであれば、基本の白い袋で贈るのが無難です。

こんなときどうする?

慶事・弔事に 現金を郵送するとき

お祝いやお悔みの気持ちを伝える現金は、できるだけ早く、直接相手に手渡すのが礼儀です。しかし、遠方の方に贈る場合などは郵送でもかまいません。その場合は、現金を目的に合わせた祝儀・不祝儀袋に入れてから、現金書留封筒に入れて送ります。必ずあいさつの手紙を同封しましょう。

現金書留封筒には、水引のついた祝儀・不祝儀袋が入る大きめのサイズのものもありますが、封筒にすっきりとおさめるには、水引やのしが印刷された祝儀・不祝儀袋を利用するのもいいでしょう。その場合には、質のよい和紙を使った手刷りのものなどを選ぶと、相手を大切に思う気持ちが伝わります。

CHECK!

祝儀袋に使われる奉書紙は 上質の和紙

奉書紙は、おもに儀式に用いられてきた、純白で厚くなめらかな上質の和紙です。つるつるしていて光沢のある表面に対し、裏面は少しざらざらしています。奉書（上位の者の意を受けて伝える文書）に用いられていたことが名前の由来です。

金品を包むほか、祝辞や弔辞、礼状を書くためなどに幅広く利用されていて、ネット通販でもさまざまなものが売られています。

白以外の祝儀袋は、好みもわかっているような親しい相手に。

水引・のしの基礎知識

慶弔によって異なる水引の色

水引は、和紙をこより状にして固めた飾りひも。固める際に水のりを引くことが名前の由来です。贈り物に水引を結ぶならわしは、遣隋使が持ち帰った天皇への贈り物に紅白の麻ひもが結ばれていたのが起源ともいわれています。水引を結ぶことは紙で包むことと同様、贈り物の清浄さを表します。

水引には多くの色がありますが、一般に祝儀袋に使うのは金銀か赤白の組み合わせ。金銀のほうが格が高く、おもに結婚祝いや長寿の祝いに使われます。赤白は結婚祝いから日常のお祝いまで幅広く使え、お見舞いでも用いられます。

不祝儀袋では、双銀か黒白が宗教を問わず使われ、双銀のほうが格上とされます。ほかにも白一色の双白はおもに神式の弔事に、黄白は関西や北陸など京文化が根付く地域で使われます。

水引の本数は本来、慶事は奇数、弔事は偶数とされましたが、現在は慶弔ともに5本とすることが多く、7本も使われます。また、結婚祝いでは両家が合わさる、幸せを重ねるといった意味合いから、5本の水引を合わせ10本にした水引もよく使われます。

色のほかに結び方も選ぶときのポイント

水引は色のほか、結び方も用途に合わせる必要があります。結び方は大きく分けて「結び切り」と「蝶結び」の2種類。結び切りは一度結んだら解けないため結婚や弔事、傷病の見舞い、快気祝いのように繰り返したくないことに使われるのが一般的。一方の蝶結びは一度結んでも解いて結び直せるため、何度もあってほしい出産祝いなどのお祝い事に広く使われます。

弔事や生ぐさものにのしはつけない

祝儀袋の右上につけるのしは、もともと、あわびを薄く伸ばし乾燥させたもと「のしあわび」を、折りたたんだ和紙で包んだもの。現在は紙で作ってあっ

水引の結び方による使い分け

蝶結び（行結び・花結び）

出産、進学、長寿など、結婚以外の一般的な祝い事に。

結び切り（真結び・結び留め）

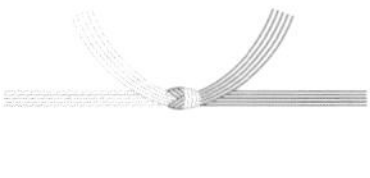

結婚、弔事、病気見舞いなどに。

結び切りの応用

輪結び

おもに結婚祝いに。

あわじ結び

慶弔どちらでも使える。

水引の色による使い分け

祝儀袋

赤白

祝い事全般、見舞いなどに。

金銀

おもに結婚祝いや長寿の祝いに。

※このほか皇室が使う「紅白」、門松などに使う「金赤」の組み合わせなどもある。

不祝儀袋

黒白

宗教問わず弔事全般に。

双銀

宗教問わず弔事全般に。

黄白

おもに関西、北陸地方などで使う。

双白

おもに神式の弔事に。

CHECK!

ちょっとした贈り物に使われるのし

のしがあるべき場所に、図案化されたのしという文字や、松葉などが印刷されたものを見たことがありませんか。これらものしの一種で気軽な贈り物に使われます。

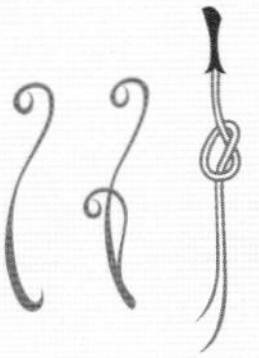

たり印刷されたりしていますが、中央の黄色い細片があわびを表しています。

のしは、縁や喜びを「伸ばす」ことにつながると古くから慶事の贈り物に添えられてきました。弔事の場合は、伸ばすことや、あわびのような生ぐさものを嫌うことからつけません。また贈り物が肉や海産物などの場合も、生ぐさもののあわびと中身が重複することからつけないとされています。

表書き・氏名の書き方

上段に表書き、下段に氏名を毛筆で書くのが基本

水引の上の部分に書く「寿」「御結婚御祝」「御霊前」などの文字を表書きといいます。表書きは相手に、どんな目的で贈り物をするのかを知らせるもの。市販の袋にはあらかじめ印刷されているものも多いので、目的に合った袋を選ぶようにしましょう。下段には、贈り主の氏名を書きます。

表書きも氏名も、毛筆で書くのが基本です。日常のちょっとしたお礼などなら黒のフェルトペンでもかまいませんが、結婚、葬儀など、儀礼的な贈り

基本の書き方

表書き
上段の中央、水引の結び目の上に書く。袋や水引とのバランスをみて文字の大きさや配置に気を配る。水引をはずして書く場合には水引にかからないように注意。

氏名
下段中央、水引の結び目の下に書く。水引にかかったり、下の空きが窮屈になったりしないようにバランスをとる。フルネームが基本だが、姓だけを書く場合もある。

NG 慶事に4文字の表書き

4が「死」につながり縁起が悪いとして、慶事には4という数を避ける慣習があります。祝儀袋の表書きも4文字を嫌う人がいるため工夫が必要。たとえば「御結婚祝」を「御結婚御祝」と5文字にしたり、「祝御結婚」として祝の字を大きめにし、御結婚との間を空けたりします。

物や、目上の人に対する贈り物の場合には筆を使いましょう。筆ペンでも大丈夫です。上手な字ではなくても、ていねいに読みやすく手書きすることで気持ちが伝わるでしょう。

慶事には濃墨 弔事には薄墨を使う

表書きや氏名は、慶事は濃墨を使って書きます。濃墨は、心を込めてじっくり墨をすったことを表すもの。一方、弔事（香典）は、薄墨を使って書くのがならわしです。薄墨は、悲しみの涙で墨が薄まった、また、突然のことで十分に墨をする時間もなく駆けつけたことを表すとされます。ただし香典で濃墨を使っても、心を込めたという意味になるのでマナー違反ではありません。また、弔事でも法要の際には、濃墨を使うのが一般的です。

さまざまな氏名の書き方

夫婦連名

中央よりやや右に夫の氏名を書き、妻の名前は夫の名前の高さに揃えて左側に書く。

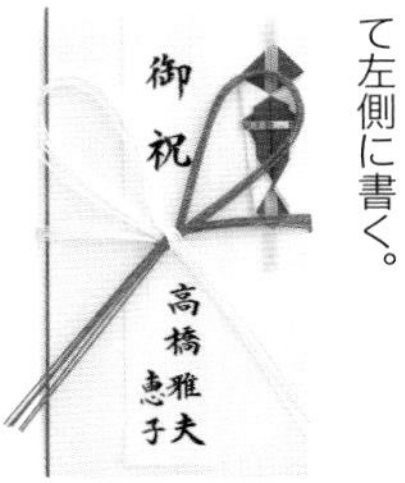

3名までの連名

目上の人から順に右から並べて書いていく。同格の場合は、右から五十音順にするとよい。同姓でも夫婦以外はそれぞれフルネームで。

4名以上で贈る

名前を並べて書くのは3名まで。4名以上になったら、代表者の名前を書き、その左にやや小さめの文字で「外一同」と書く。または「〇〇会一同」「〇〇部有志」など団体名を書く。どちらの場合も、贈り主全員の氏名や住所を書いた別紙を同封する。

肩書きを入れる

氏名だけでは相手にわかりづらいときなどには、氏名の右上に小さく会社名や団体名を添える。

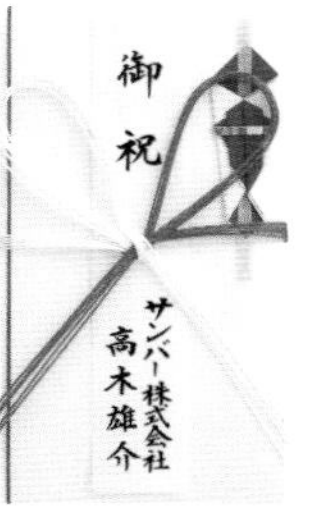

用途別

祝儀袋の使い方

結婚祝い

水引

金銀または赤白結び切り。

のし

結婚祝いのときには必ずつける。

表書き

「寿」「壽」「御結婚御祝」など。「寿」は行書で書いてもよい。「壽」は寿の旧字体。

氏名

濃墨を使い、フルネームを楷書ではっきりと。

時期

挙式1週間前までに自宅に届けるのが正式。披露宴に出席する場合には当日持参するのが一般的だが、前もって贈るほうが喜ばれる。

金額の目安

5000〜10万円。相手との関係性や披露宴に出席するしないによって大きく変わる（63ページ参照）。

贈る金額に応じて祝儀袋を選ぶ

結婚祝いの祝儀袋にはいろいろなものがありますが、包む金額に見合ったものを選ぶことが大切。5000円程度のお祝いなら、のしも水引も印刷されているものでかまいませんが、5万、10万と高額を包むなら格式の高い豪華な祝儀袋がふさわしくなります。

多くの場合、市販の祝儀袋には包む金額の目安が示されています。購入するときに注意して、お祝い金とバランスの取れた祝儀袋を選びましょう。

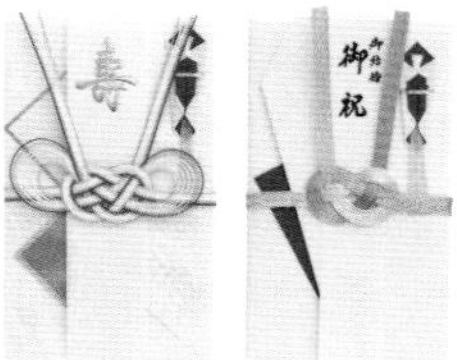

2万〜3万円程度であればスタンダードなもの（右）。5万円以上であれば豪華に（左）。

主催者側が準備するお礼・お返し

水引は赤白結び切り、のしあり。

主賓、遠方のゲストなどへの交通費

表書き…「御車代」など
氏名…媒酌人には両家の姓を連名で、主賓などには招待した側の姓
時期…披露宴当日
金額の目安…1万～3万円

受付など各係の知人へお礼

表書き…「御礼」「寿」など
氏名…両家の姓を連名で
時期…披露宴当日
金額の目安…役割に応じ5000～3万円

司会、着付けなどプロのスタッフへ心づけ

表書き…「寿」「御祝儀」など
氏名…両家の姓を連名で
時期…披露宴当日
金額の目安…3000～1万円
※赤のし（のしと水引の代わりに赤い線が印刷された）の祝儀袋でもよい。

披露宴出席者への返礼品（引き出物）

表書き…「寿」「内祝」など
氏名…両家の姓の連名。品物とお菓子を両方送る場合、お菓子は新しい姓の夫婦連名にすることも
時期…披露宴当日
金額の目安…5000～1万円程度の品物

披露宴出席者以外へ結婚祝いの返礼品

表書き…「内祝」「結婚内祝」など
氏名…新しい姓の夫婦連名
時期…挙式後1か月以内に
金額の目安…お祝い金の3分の1～半額程度の品物

？ こんなときどうする？

教会や神社、寺院へのお礼の表書き

教会や神社で挙式をした際に会場にお礼をするときには、両家連名にし、宗教に合わせた表書きにします。

仏式

赤白または金銀結び切り。のしなし。表書きは「御布施」。

神式

赤白または金銀結び切り。のしあり。表書きは「初穂料《はつほりょう》」「玉串料《たまぐしりょう》」など。

キリスト教式

白無地の封筒に表書きは「献金」。

成長のお祝い

お祝いの水引はすべて赤白の蝶結び。のしをつける。氏名は基本フルネームを書く。

お返しは不要とされるものが多いが、地方によっても異なる。不要な場合もお礼状を送るなど、お礼はしっかりと伝える。お返しの品には、赤白蝶結びの水引のついたのし紙をかける。

出産祝い

お礼・お返し

表書き…「内祝」「出産内祝」など
氏名…赤ちゃんの名前を書く。漢字には読み仮名をつけるといい
時期…1か月以内、お宮参りの時期が目安
金額の目安…いただいたお祝いの3分の1～半額程度

表書き…「御出産御祝」「祝 御出産」「御祝」など
時期…生後1週間(お七夜)～1か月(お宮参り)の頃までに
金額の目安…友人・知人は5000～1万円。親族は1万～2万円

初誕生祝い

お礼・お返し

お祝いの席に招いてお返しとし基本的に不要。お土産を用意してもいい。お招きできない人には、品物を返す。
表書き…「内祝」など
氏名…子どもの名前
時期…1か月以内に
金額の目安…いただいたお祝いの3分の1～半額程度

表書き…「初誕生御祝」「祝 初誕生」「祝 初誕生日」「御祝」など
時期…誕生日までに。お祝いの席に招かれていれば当日でも
金額の目安…5000～2万円

初節句祝い

お礼・お返し

お祝いの席に招いてお返しとし基本的に不要。ひなあられ、柏もちなどのお土産を用意してもいい。お招きできない人には、品物を返す。
表書き…「内祝」など
氏名…子どもの名前
時期…1か月以内に
金額の目安…いただいたお祝いの3分の1～半額程度

表書き…「初節句御祝」「御祝」「御初雛御祝」(女児の場合)「御初幟御祝」(男児の場合)など
時期…初節句の半月ほど前までに。お祝いの席に招かれていれば当日でも。人形などの飾り(その費用)を贈るときは1か月前が目安
金額の目安…5000～2万円。また、節句飾りの購入費用にあたる金額

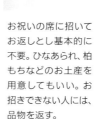

入園・入学祝い

お礼・お返し

基本的に不要。子どもからもお礼を伝えるよう電話をさせたり、子どもの書いた手紙を同封したお礼状を送ったりするなど。中学生以上であれば、子ども本人がお礼状を。

表書き…「御入園(入学)御祝」「祝 御入園(入学)」「ご入園(入学)おめでとう」「御祝」など
時期…入園(入学)の1週間ほど前までに
金額の目安…5000～2万円

七五三祝い

お礼・お返し

お祝いの席に招いてお返しとし基本的に不要。千歳飴など縁起物のお土産を用意してもいい。お招きできない人には、品物を返す。
表書き…「内祝」「七五三内祝」など
氏名…子どもの名前
時期…1か月以内に
金額の目安…いただいたお祝いの3分の1～半額程度

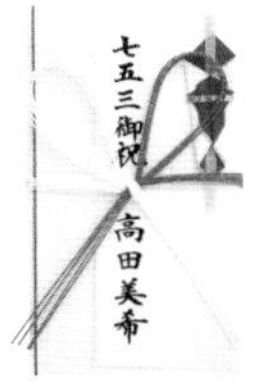

表書き…「七五三御祝」「祝 七五三」「御祝」、「御髪置御祝」(3歳)、「御袴着御祝」(5歳)、「御帯解御祝」(7歳)など
時期…七五三の1週間ほど前までに。お祝いの席に招かれていれば当日でも
金額の目安…5000～2万円

成人祝い

お礼・お返し

基本的に不要。本人がお礼状を出すなどして感謝を伝える。

表書き…「御成人御祝」「祝 御成人」「御祝」など
時期…成人式の前までに
金額の目安…5000～3万円

卒業・就職祝い

お礼・お返し

基本的に不要。本人がお礼状を出すなどして感謝を伝える。就職祝いをいただいたときは、初給料や初ボーナスが出たときに簡単な贈り物をするといい。

表書き…「御卒業御祝」「祝 御卒業」「御就職御祝」「祝 御就職」「御祝」など
時期…卒業祝いは卒業式後3月中に。就職祝いは初出勤前までに
金額の目安…5000～3万円

記念のお祝いなど

お祝いの内容や贈る目的に合わせて、祝儀袋や封筒を選ぶ。現金ではなく、品物を贈る場合もある。

お祝いの会などに招くことでお返しとし、お返しは不要な場合が多いが、お礼の気持ちはしっかり伝える。お祝いの会で記念品、引き出物を渡すことも。

長寿の祝い

お礼・お返し

基本的に不要。祝宴を開くときは記念品を用意してもいい。
水引…赤白蝶結び
のし…あり
表書き…「内祝」「○○内祝」（○○に還暦など賀寿名を入れる）
時期…1か月以内に
金額の目安…いただいたお祝いの3分の1～半額程度

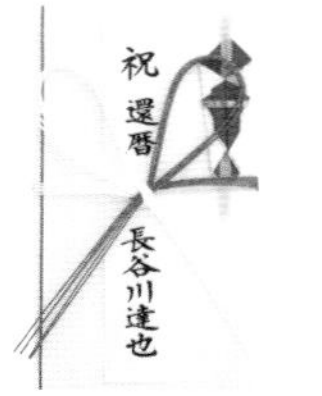

水引…金銀または赤白蝶結び
のし…あり
表書き…「寿」「寿福」「祝　○○」「御○○御祝」（○○に還暦など賀寿名を入れる）
時期…誕生日、または祝賀会のときに
金額の目安…1万～3万円

開店・開業祝い

お礼・お返し

披露パーティーを開いて招待し、引き出物を渡すことが多い。店や会社の名入りのものがいい。パーティーに来られなかった人には送る。
水引…赤白蝶結び
のし…あり
表書き…「開店（開業）記念」など
時期…1か月以内に
金額の目安…いただいたお祝いの3分の1～半額程度

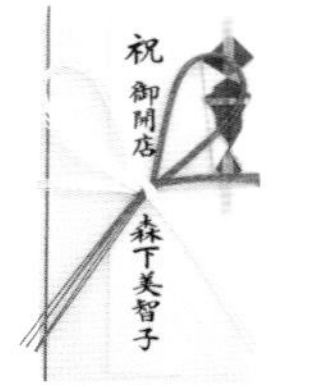

水引…赤白蝶結び
のし…あり
表書き…「御開店（開業）御祝」「祝 御開店（開業）」「御祝」
時期…開店・開業の1週間前までに。また披露の当日に
金額の目安…5000～2万円

新築祝い

お礼・お返し

新居へ招待し、もてなすことがお返しになる。招待できなかったときには内祝として品物を送る。
水引…赤白蝶結び
のし…あり
表書き…「内祝」「新築内祝」など
時期…1か月以内に
金額の目安…いただいたお祝いの3分の1～半額程度

水引…赤白蝶結び
のし…あり
表書き…「御新築御祝」「御祝」など
時期…転居1か月以内。新居に招待を受けたらその日に
金額の目安…5000～1万円

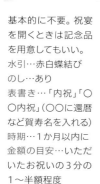

個展・発表会の祝い

お礼・お返し

基本的に不要。礼状を出す。お礼の品を送りたいときは、赤白蝶結びの水引ののし紙をかけ、表書きは「御礼」「粗品」などとする。

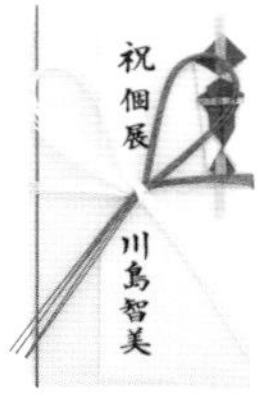

水引…赤白蝶結び
のし…あり
表書き…「祝個展」「発表会御祝」「御祝」、目上には「楽屋御伺」など
時期…会場を訪ねたとき
金額の目安…5000～1万円。招待されたときはチケット代を目安に。自分でチケットを購入したときは基本的にお祝い金の必要はない

受賞・受章祝い

お礼・お返し

祝賀会などを開いて招待し、引き出物を贈るのが一般的。品物には、氏名、賞(章)の名称、受賞(章)日などを入れても。
水引…赤白蝶結び
のし…あり
表書き…「内祝」「〇〇賞(章)受賞(章)記念」など
時期…1か月以内に
金額の目安…いただいたお祝いの3分の1～半額程度

水引…赤白蝶結び
のし…あり
表書き…「御受賞(受章)御祝」「祝 御受賞(受章)」「御祝」など
時期…受賞(受章)の知らせを聞いたら1～2週間以内。祝賀会があればその当日
金額の目安…5000～3万円

災害見舞い

お礼・お返し

基本的に不要。生活が落ち着いたら、お礼状を出し近況報告をする。

水引…なし。白封筒利用
のし…なし
表書き…「災害御見舞」「御見舞」、あるいは「地震御見舞」「水害御見舞」「火災御見舞」「類焼御見舞」など
時期…災害後少し様子が落ち着いた頃
金額の目安…5000～1万円

病気・けが見舞い

お礼・お返し

水引…赤白結び切り
のし…あり
表書き…「快気内祝」「全快内祝」
時期…退院、または病気やけがが快復したら
金額の目安…いただいた御見舞の3分の1～半額程度

水引…赤白結び切り。または水引なしで左端に赤い線
のし…なし
表書き…「御見舞」(目上には「御伺」)「祈 御全快」など
時期…入院中あるいは療養中
金額の目安…5000～1万円

用途別

不祝儀袋の使い方

葬儀（香典）

宗教を問わないとされる基本の形

袋に絵柄の入っていないものを選ぶ。

水引

黒白または双銀結び切りが宗教を問わずに使える。

のし

つけない。

表書き

本来は宗教によって異なるが、「御霊前」は現在どんな場合でも使われている。薄墨で書く。

氏名

薄墨を使い、楷書でフルネームを書く。

時期

通夜、あるいは葬儀・告別式に持参する。参列できない場合は、参列する人に託すか郵送する。

金額の目安

3000〜10万円。故人との関係、遺族とのつきあいにより変わる。（125ページ参照）

宗教に合ったもの金額に見合ったものを

香典を用意する場合、葬儀の形式がわかればその宗教に合わせた不祝儀袋、表書きを選びましょう。わからなければ基本の形のものを使うのが無難です。

また、金額に見合ったものを選ぶことも大切。高額を贈るときは、高級和紙を使った少し大判のものを利用するといいでしょう。水引を印刷したものは1万円以下を包むとき、また郵送するときに利用します。

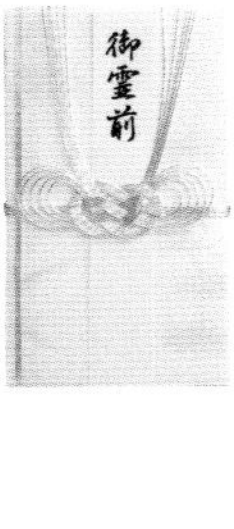

水引の本数が多いなど高価なものは、5万円以上包むのに使う。

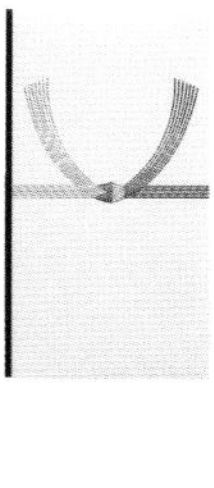

水引が印刷されたものは、郵送するときに便利。

宗教に合わせた袋と表書き

キリスト教式

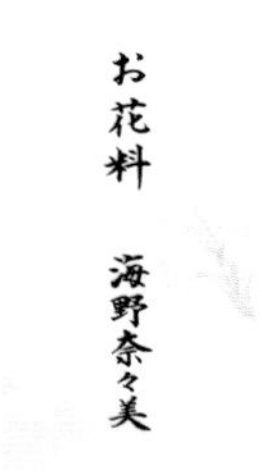

水引…なし。十字架やユリの花が印刷された専用の封筒か、白封筒を利用
のし…なし
表書き…「お花料《はなりょう》」。宗派によって異なる表書きを使うこともある

神式

水引…双白または黒白、双銀結び切り
のし…なし
表書き…「玉串料《たまぐしりょう》」「御榊料《おんさかきりょう》」など

仏式

水引…黒白または双銀結び切り。ハスの花の印刷された袋は仏式用
のし…なし
表書き…「御霊前」「御香料」「御香奠《おこうでん》(典)」など

無宗教

水引…黒白または双銀結び切り。あるいは白封筒を利用
のし…なし
表書き…「御霊前」、または献花が行われることが多いので「お花料」など

NG

浄土真宗で「御霊前」の表書き

仏教の宗派のひとつ浄土真宗には、信心をもっていれば往生するとすぐに成仏できる（仏様になれる）という考えがあります。そのため香典の表書きは「御霊前」ではなく、「御仏前」とするのが本来です。しかし、「御仏前」とするとほかの宗派の葬儀だった場合は使えません。そこで近年では、浄土真宗であっても「御霊前」とすることが一般的になっています。

ほかにも、仏式の葬儀であれば、「御香奠」や「御香料」とすれば、どの宗派でも使えます。

CHECK!

関西地方で使われる黄白の水引

最近は、香典には黒白が使われることも多くなってきましたが、京都などでは、弔事に黄白の水引が使われます。これは、古くから宮中で使われていた紅白の水引の紅の色が濃く、一見、黒白の水引のように見えることから、似たものを使うのは恐れ多いと黒白を避けたことがいわれとされます。不祝儀袋のほか、法要のお返しのかけ紙などにも黄白の水引が使われています。宗教だけでなく、地域の慣習にも配慮しましょう。

喪家側が準備するお礼・お返し

現金は白封筒を利用して渡す。

宗教者へのお礼

時期…通夜、または葬儀当日に渡すのが一般的

仏式

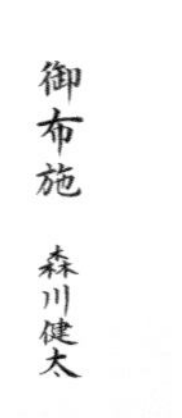

表書き…「御布施」「御礼」など
金額の目安…葬儀社や寺院に確認する

神式

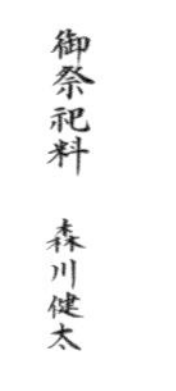

表書き…「御祭祀料」「御礼」など
金額の目安…葬儀社や神社に確認する

キリスト教式

表書き…「献金」「御礼」など
金額の目安…葬儀社や教会に確認する

世話役へのお礼

表書き…「御礼」「志」など
時期…葬儀終了時か後日
金額の目安…役割に応じ3000〜2万円

? こんなときどうする?

宗教者に交通費と食事代を渡すときは?

宗教者が通夜や葬儀の会場までの送迎や、通夜ぶるまい、精進落としなどの食事の席を辞退したときには、交通費や食事代を、葬儀の当日にそれぞれ渡します。

交通費
表書きは「御車代」など。金額の目安は5000〜1万円。

食事代
表書きは「御膳料」など。金額の目安は5000〜1万円。

運転手、葬儀担当者などへの心づけ

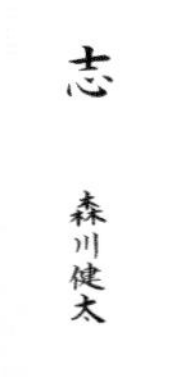

表書き…「志」「寸志」「御礼」など
時期…当日
金額の目安…2000〜5000円

香典の返礼品(香典返し)

水引…黒白または双銀結び切り。黄白結び切り(関西)
のし…なし
表書き…「志」が基本。「満中陰志」(仏式関西)、「偲び草」(神式、キリスト教式)など
氏名…姓、○○家、またはフルネームにすることもある
時期…仏教であれば四十九日後など、忌明け後が一般的。通夜、葬儀・告別式当日渡すこと(当日返し)も増えている
金額の目安…いただいた香典の3分の1〜半額程度の品物。当日返すのであれば2000〜3000円程度の品物が一般的

法要（供物料）

時期…法要当日
金額の目安…1万円〜。地域や親族の決め事があればそれに従う

仏式

水引…黒白または双銀結び切り。ハスの花の印刷された袋は仏式用
のし…なし
表書き…「御佛（仏）前」「御供物料」「御香料」など

神式

水引…双白または黒白、双銀結び切り
のし…なし
表書き…「玉串料《たまぐしりょう》」「御榊料」など

キリスト教式

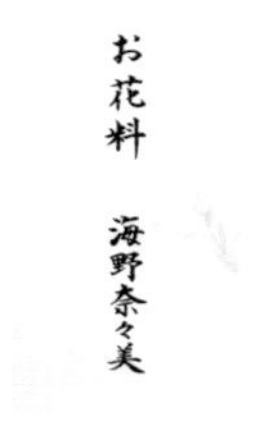

水引…なし。十字架やユリの花が印刷された専用の封筒か、白封筒
のし…なし
表書き…「お花料」。宗派によって異なる表書きを使うこともある

? こんなときどうする?

お供えの品を贈るときは?

供物料とは別に、お菓子などお供えする品物を持参するときには、弔事用のかけ紙をかけます。表書きは「御供物」「御供」、仏教であれば「御佛（仏）前」など。キリスト教では一般にお供物は贈りません。

施主側が準備するお礼・お返し

宗教者へのお礼

仏式・神式・キリスト教式ともお礼の体裁は、葬儀のときと同様。法要当日に渡す。必要に応じ、御車代、御膳料も準備。お礼の金額は、寺院、神社、教会に確認する。

参列者への返礼品（引き出物）

水引…黒白または双銀の結び切り。黄白結び切り（関西）
のし…なし
表書き…「志」が基本。「粗供養」（仏式）、「偲び草」（神式、キリスト教式）など
氏名…姓、○○家、またはフルネームにすることもある
時期…法要当日
金額の目安…3000〜5000円の品物

中包みの書き方、お金の包み方

表に贈る金額裏に住所氏名を書く

現金を贈るときは、まず「中包み」、それから「上包み」に包みます。市販の祝儀・不祝儀袋の多くにも中包みやそれにかわる封筒がついています。

中包みには、贈る金額や住所氏名を書きます。贈られた側が、お返しをするために必要な情報なので必ず記入しましょう。基本は下の通りですが、あらかじめ金額や住所氏名を記入する欄が設けてあるものなら、それに従い記入しましょう。横書きする場合には、数字も算用数字を使います。

基本の書き方

表

「金〇円」と、中央に贈る金額を書く。「円」「圓」のあとに「也」は不要。

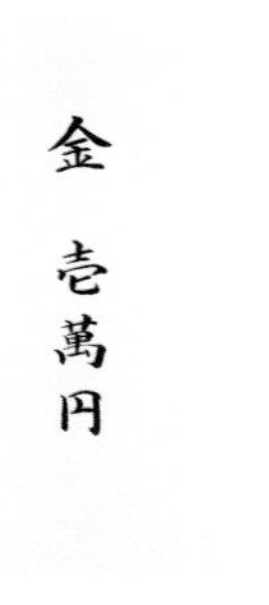

裏

のりづけのある中心より右に住所、左に氏名を書く。

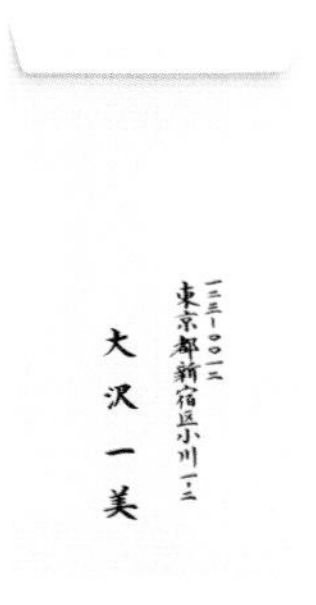

弔事の場合

慶事と同様に書く。もしくは左のように金額もすべて裏面に記入する。

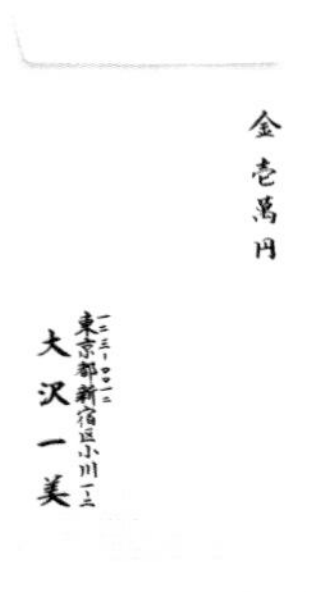

悲しみ事が二重になるのを嫌い、中包みをつけないという考えもある。

CHECK!

金額は大字《だいじ》を使って書くのが正式

金額を示す数字は「一万」なら「壱萬」、「三千」なら「参阡」というように大字と呼ばれる漢字で書くのが正式です。これは、通常の漢数字だと、線を加えるなどして書き変えることが可能なため。ただし、今では通常使っている漢数字で書いてもかまわないとされています。

よく使われる漢数字と大字

漢数字	一	二	三	五	十	百	千	万
大字	壱	弐	参	伍	拾	佰	阡	萬

※連名で贈る場合、裏には夫婦連名などの場合は上包み（21ページ）のように氏名を書く。そのほか書きにくい場合は、上包みの「4名以上」と同様に、全員の名前と住所を書いた別紙を上包みに入れる。

中包みの表と紙幣の表が揃うように包む

紙幣は肖像がある面が表。中包みの表と揃うように包みましょう。肖像画のある側を封筒の上部にくるように入れると、取り出したとき正面が相手に向きます。入れ方は慶弔どちらの場合も同じ。ものを渡すときには、相手に正面を向けるのがマナーだからです。

また、のりを使って中包みの封をする必要はありません。相手がすぐに取り出せるようにとの心遣いです。

相手が取り出したとき、紙幣が正面を向くように封筒に入れる。

上包みの折り方

慶事（祝儀袋）と弔事（不祝儀袋）では裏面の上下の重なりが逆になります。注意しましょう。

弔事　慶事

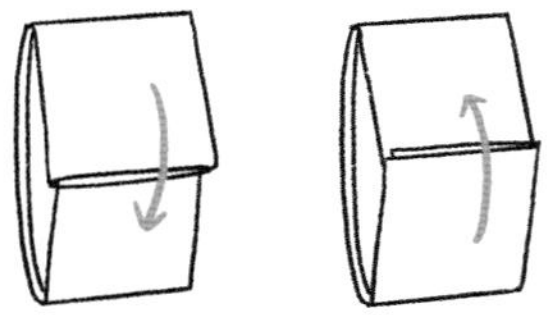

悲しみを流すように下向きに。

幸せをこぼさないように上向きに。

NG 使い古した紙幣を包む

包む紙幣は新札にします。弔事の場合は、新札に一度折り目をつけてから包むとよいでしょう。新札だと用意していたようでよくないといわれますが、贈り物には清潔なものを使うべき。古びたお札を包むのは考えものです。

中包みの折り方

中包みを折るには、A４サイズのコピー用紙が便利。簡単なお祝いやお礼であれば、この中包みに直接、水引やのしをつけて贈ることもできます。

1

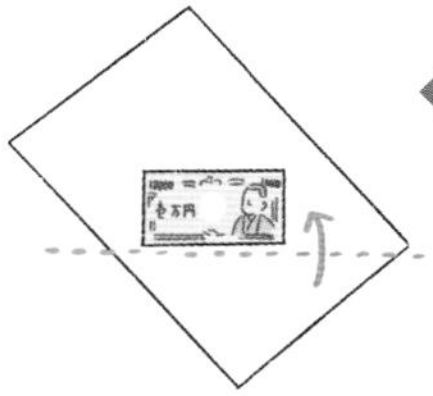

中包みの用紙の上に紙幣を表にしてのせ（図は慶事の場合の位置）、下の角を折り上げる。

2

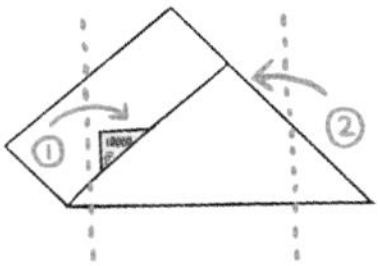

左の角、右の角をそれぞれ紙幣に合わせて折る。紙幣の端が折れないように。

3

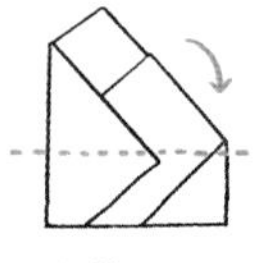

上の角を紙幣にかぶせるように折る。

4

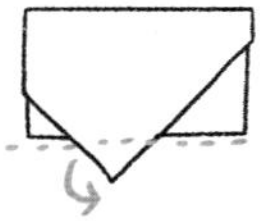

余った角を裏に折り込む。

折り上がり

弔事　慶事

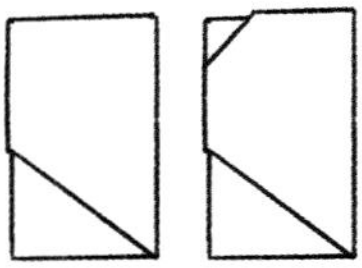

弔事の場合は悲しみで心を閉じるという意味で上の角を閉じる。❶で紙幣の位置を少し右に置き、折り上げたときに左上の角が欠けないように❷で左右を折る位置を調整する。

ふくさの扱い方

祝儀・不祝儀袋は
ふくさに包んで持参する

祝儀・不祝儀袋は汚れないよう大切に扱います。むき出しで持ち歩くのはNG。「ふくさ」に包んで持参するのが礼儀です。ふくさは小さな風呂敷のような布。金封をのせる盆のついた「台つきふくさ」や、略式にはなりますが札入れのようになった「金封ふくさ（はさみふくさ）」もあります。

さまざまな色のものがあり、基本的に朱、赤、ベージュなど暖色系のものは慶事に、緑、紺、グレーなど寒色系のものは弔事に使います。紫は、慶弔どちらにも使える便利な色です。

相手に渡すときには、必ずふくさから取り出し、たたんだふくさの上にのせて表書きが相手に向くようにして両手で差し出します。

基本の包み方

慶事と弔事で包み方が逆になるので注意しましょう。

弔事

1. ふくさを広げ、不祝儀袋をやや右に置き、右の角を折ってかぶせる。（爪のあるふくさは爪を左）

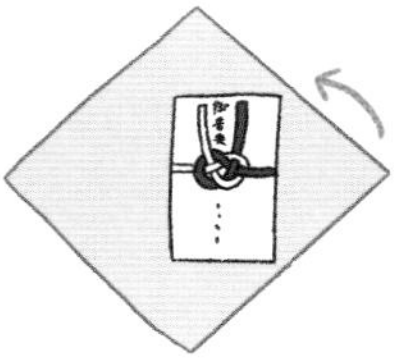

2. 下の角、上の角の順に折ってかぶせる。

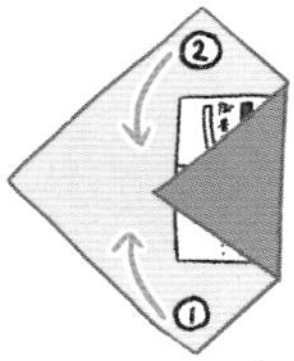

3. 左の角を、かぶせる。

4. 余った部分を裏に折り返して、完成。

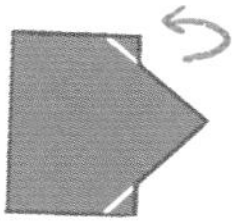

慶事

1. ふくさを広げ、祝儀袋をやや左に置き、左の角を折ってかぶせる。（爪のあるふくさは爪を右）

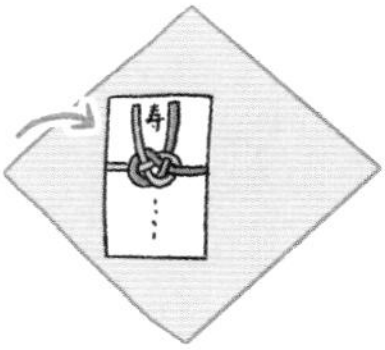

2. 上の角、下の角の順に折ってかぶせる。

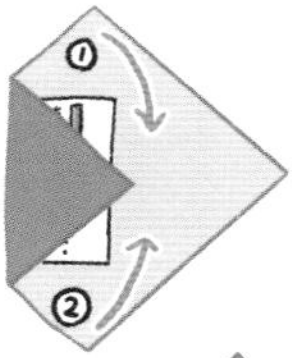

3. 右の角を、かぶせる。

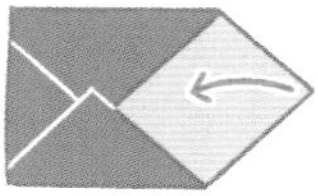

4. 余った部分を裏に折り返して、完成。

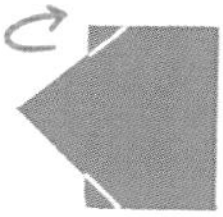

第2章

人生のお祝いのマナー

成長のお祝い／記念のお祝い

子どもが誕生して成人するまでのお祝いや、結婚や長寿など人生の節目にあるお祝いなど、暮らしの中にはさまざまなお祝い事があります。ポイントを知り、大切な人へ、心からのお祝いの気持ちを届けましょう。

帯祝い・出産祝い

安産を祈願して行う「帯祝い」の儀式

妊娠5か月の戌《いぬ》の日に、出産の無事を願って腹帯を巻くお祝いの儀式（着《ちゃく》帯《たい》の儀式）。出産が危険だった時代に、親戚や近親者が集まって安産を祈願したのが始まりとされます。戌の日に行うのは、多産でお産が軽い犬にあやかるようにとの願いを込めてのことです。

腹帯は「岩田帯《いわたおび》」ともいわれます。妻の実家から贈るとされていますが、夫の実家で用意しても、自分たちで用意してもかまいません。妻の実家から贈る場合は、赤白蝶結びの水引ののし紙をかけ、表書きは「御帯祝」「御祝」などとします。

帯祝いのときは、紅白二筋の絹に白いさらしの帯を重ねて巻くのが正式ですが、現在はさらしに「寿」と紅の文字が入った帯を巻くのが一般的です。またマタニティガードルやコルセット型の腹帯を利用するケースも増えています。

安産祈願に神社にお参りを

帯祝いに合わせ、神様に安産祈願のお参りをするのが一般的です。事前に安産祈願の予約は必要か、祈祷料《きとうりょう》はどのように用意すべきかなどを、神社に確認しましょう。祈祷料《きとうりょう》を包む場合は、赤白蝶結びの水引がついた祝儀袋に入れ、表書きを「初穂料《はつほりょう》」とします。

ただし安産祈願で有名な神社は、戌の日は混雑しがちです。祈願は戌の日でなければならないということはないので体調を優先させること。参拝はすいているときにして、戌の日は腹帯を巻くだけという方法もよいでしょう。

お祝いを贈るのは親しい身内のみに

帯祝いは身内で行う祝い事。このため、お祝いの席に招かれた場合や親戚などのごく親しい間柄に限ってお祝いを贈るのが一般的です。お祝いを贈るならば、妊娠中に役立つマタニティグッズや現金、ギフト券などが喜ばれるでしょう。

帯祝い

水引　赤白蝶結び
のし　あり
表書き　御帯祝、御祝
贈る時期　妊娠5か月の戌の日までに
金額の目安　3000～1万円
お返し　原則として不要（身内なので）。お礼状を

CHECK!

12日に1回ある戌の日

年と同様に、日にも十二支があてはめられているので、戌の日は12日に1回巡ってきます。妊娠5か月の戌の日のチャンスは2～3回あります。戌の日がいつかは安産祈願で有名な神社のホームページやいろいろなサイトで調べることができます。

出産祝いは産後1週間から1か月ぐらいの間に

赤ちゃんの誕生を祝い健やかな成長を願って贈る出産祝いは、誕生の知らせを受けてから贈るようにします。予定日を知っている場合でも、無事に誕生したことがわかるまでは贈らないのがマナーです。

出産祝いは母子が落ち着いてくる産後1週間から1か月の間に贈るのがベスト。直接会ってお祝いしたいところですが、出産後のママは体調もくずしやすく、そのうえ慣れない授乳で疲れがちです。休養が必要な時期なので、よほど親しい場合以外は、お祝いは配送したほうがよいでしょう。

訪問して直接渡すならば、退院直後は控え、産後1か月たって少し落ち着いた頃にしましょう。

出産祝い…P.24

水引　赤白蝶結び
のし　あり
表書き　御出産御祝、御祝など
贈る時期　出産後1週間～1か月以内
金額の目安　5000～2万円
お返し　子どもの名前で「内祝」を

こんなときどうする？

喜ばれる出産祝いの品を選ぶには

出産祝いの品は、親しい間柄ならば直接相手に何がほしいかを聞いてみるのがおすすめです。そのほうがほかの人との重複が避けられ、相手にも喜ばれるでしょう。聞けない場合は、いくつあっても困らない衣類や、現金、ギフト券などを贈るとよいでしょう。

お祝いをいただいたら子どもの名前で内祝いを

赤ちゃんが誕生したら近親者にはすぐに報告をします。そのほかの友人・職場などへの報告は、退院後、少し落ち着いてからに。親しい人や職場へは電話やメールで、目上の人には手紙で報告するのがていねいです。

出産祝いをいただいたら、まずは電話などでお礼を伝え、産後1か月頃に「内祝」を贈ります。内祝いののし紙には赤ちゃんの名前を入れます。本来、内祝いは、お祝い事の喜びをおすそ分けするもので、お祝いをいただいたかどうかにかかわらず、出産を知らせたいすべての人へ赤飯などを配るのがならわしでした。しかし最近では内祝いはお祝いのお返しとして贈るのが一般的になっています。

Letter

出産を祝う手紙例（知人へ）

真奈美さん、このたびはご出産おめでとうございます。

安産で母子ともに順調とうかがい、ほっといたしました。元気な男の子とのこと、淳一さんもさぞかしお喜びのことでしょう。おふたりに似てスポーツ万能な男の子になるのではないでしょうか。今から成長が楽しみですね。

別便にて心ばかりのお祝いをお送りいたしました。どうぞご笑納ください。

今は慣れない赤ちゃんとの生活で、お疲れもたまりがちのことでしょう。どうぞお体をできるだけ休めて、お大事になさってください。赤ちゃんの健やかな成長を心よりお祈り申し上げます。

まずは書中にてお祝いまで。

かしこ

出産報告の手紙例（伯母へ）

拝啓　桜のたよりが聞かれる頃となりました。

お変わりなくお過ごしのことと拝察申し上げます。

さて、三月二十五日に無事出産いたしました。三一〇〇グラムの女の子で、母子ともに元気にしておりますのでどうぞご安心ください。名前は心優しい人になってほしいとの願いを込めて優花（ゆうか）と名づけました。親として子どもといっしょに成長していけるよう、夫婦で力を合わせていきたいと思っています。落ち着いたら親子3人でごあいさつにうかがわせてください。

季節の変わり目ですので、どうぞご自愛くださいますようお祈り申し上げます。

敬具

成長のお祝い

お七夜祝い

命名式をかねて赤ちゃんの成長を願う

生まれてから7日目の夜に行うお祝いです。昔は乳児の死亡率が高かったため、赤ちゃんが無事に7日目を迎えられたことを、親族を招いて盛大にお祝いしていました。しかし現在では、産後の母体を気遣い、身内で簡単に祝うのが一般的になっています。

命名式では命名書を飾って赤ちゃんの健やかな成長を願います。命名書は神棚か床の間に飾りますが、赤ちゃんの寝る部屋に飾ってもよいでしょう。

命名書の書き方

略式

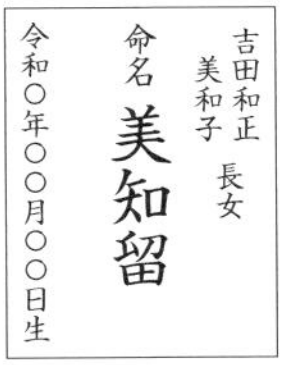

正式

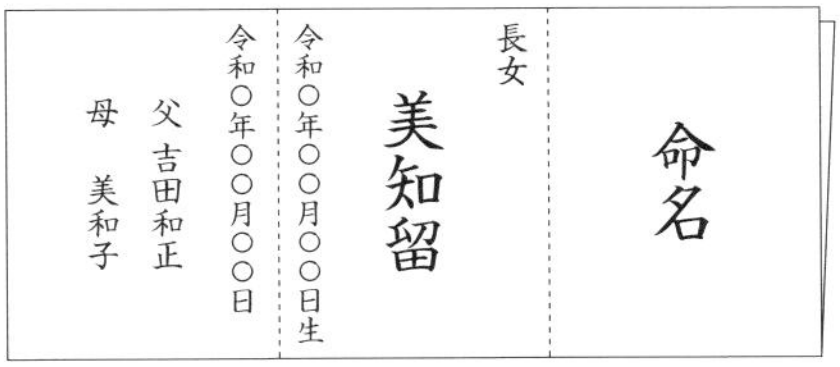

奉書紙《ほうしょし》を図のように折って折り目を下にし、さらに横を三等分に折る。

お七夜祝い

水引 赤白蝶結び
のし あり
表書き 祝 御七夜、祝命名
贈る時期 当日
金額の目安 5000～1万円
お返し 家に招くので基本的に不要。お礼状を

こんなときどうする?

お七夜《しちや》に招かれたときは

命名式をかねたお七夜に招かれたときには、当日お祝いを持参します。お花やお酒、お菓子などの手土産を持参するか、自分の祝い膳の費用を負担する程度の金額を包むのが一般的です。お七夜祝いと出産祝いとをかねる場合は、少し多めに包むようにしましょう。

お宮参り・お食い初め

赤ちゃんを連れて近所の神社にお参りを

お宮参りは、その土地に生まれたものを守ってくれるという「氏神様《うじがみさま》」にお参りする行事です。赤ちゃんを連れてお参りすることで赤ちゃんはその氏神の氏子《うじこ》の一員になるとされています。初めてお参りするので、「初宮参り《はつみやまいり》」ともいいます。

お宮参りは、生後1か月頃に行うのが一般的です。男の子が生後31日目、女の子が生後33日目に行うなどともいわれていますが、地域によって異なり、100日目に行うとする地域もあります。天候や母子の体調、家族の予定などに合わせて、日取りを決めるとよいでしょう。予約は不要な場合が多いですが、確認しておくと安心です。

神社への初穂料

水引　赤白蝶結び

のし　あり

表書き　初穂料《はつほりょう》、玉串料《たまぐしりょう》、御祈祷料《ごきとうりょう》

金額の目安　5000～１万円
※金額が決まっている神社もある

赤ちゃんを抱っこして祝い着をかける

お宮参りでは、父方の祖母が赤ちゃんを抱くならわしがあります。祖母は正式には紋付《もんつき》の色無地や訪問着、つけ下げなどの和装。赤ちゃんに白羽二重《しろはぶたえ》の内着を着せて祖母が抱き、その上から覆うように、男の子は羽二重地の紋付、女の子は綸子《りんず》かちりめん地に花柄などの祝い着をかけます。この祝い着は母方の実家から贈るとされています。

両親の服装は、父親はダークスーツ、母親は和装ならば訪問着、洋装ならばスーツや落ち着いたワンピースなどがよいでしょう。

しかし最近では内着を白いベビードレスにするなど、服装にこだわらない略式が一般的となっています。

初めて食べ物を口にする お食《く》い初《ぞ》めの儀式

赤ちゃんがこの先、一生食べ物に困らないように願うお食い初めの儀式。

生後100日目に行うことが多く、地域によって110日目、120日目に行うところもあります。お食い初めの日を100日目よりも先に延ばすことを「食いのばし」といい、赤ちゃんが長生きできると伝えられている地方もあります。

年長者が赤ちゃんに食べさせる真似事を

お食い初めの儀式は、母方の実家が用意した家紋入りの漆器を用いるのが正式です。男の子は朱塗りの器、女の子は外側が黒塗りで内側が朱塗りの器を用います。ただし最近では、離乳食用の新しい食器を使うケースも増えています。

お食い初めといっても、実際に赤ちゃんはまだ赤飯や魚が食べられるわけではありません。儀式では祝い膳の料理を赤ちゃんの口の近くに運び、食べさせる真似をします。

食べさせ役は長寿にあやかるという願いから、祖父母などの年長者にお願いします。

お食い初め祝い

水引 赤白蝶結び
のし あり
表書き 御初膳御祝、祝 御食初
贈る時期 当日
金額の目安 5000～1万円
お返し 身内なので基本的に不要。お礼状を

CHECK!

お食い初めの祝い膳の整え方

祝い膳は一汁三菜が基本。赤飯、汁物、尾頭付きの魚、煮物、香の物の5品を用意します。さらに赤ちゃんの歯が丈夫になるようにと「歯固め石」も添えます。また、しわができるまで長生きできるようにと願いを込めて、梅干を添えることもあります。

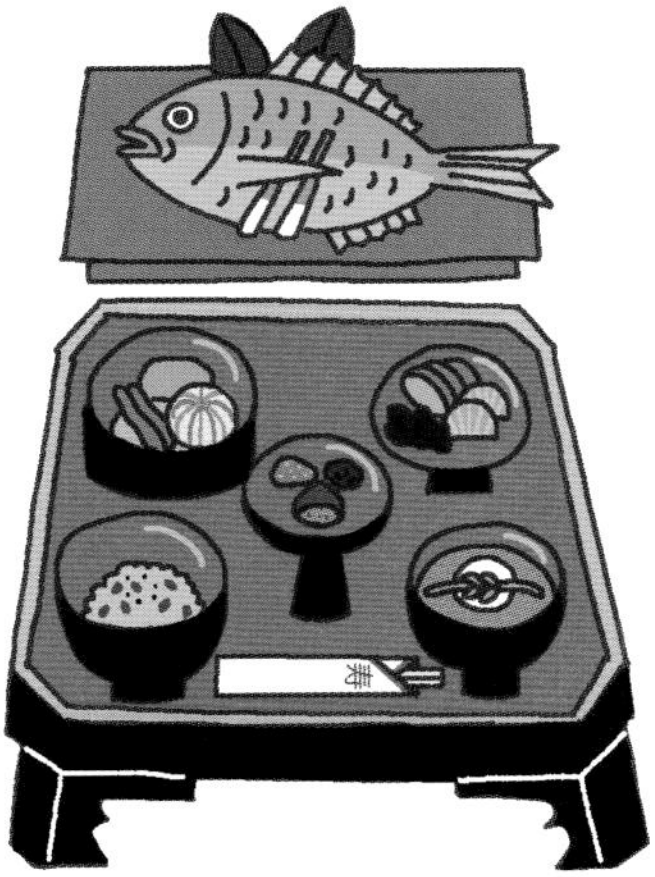

初節句・初誕生祝い

初めて祝う 桃の節句と端午《たんご》の節句

誕生して初めて迎える節句を初節句といいます。女の子は3月3日の桃の節句を、男の子は5月5日の端午の節句をお祝いして、健やかな成長を願います。ただし2月生まれの女の子のように、誕生後すぐに初節句を迎える場合は、初節句を翌年に延ばしてもかまいません。

桃の節句ではひな人形を、端午の節句では五月人形や鯉のぼりを飾りますが、これらは子どもを災いから守るとされています。

節句飾りは、母方の実家が贈るのがならわしとなっています。贈る場合は初節句の1か月ぐらい前に届くように準備すること。ただし住宅事情もあるので、どのような品にするかは子どもの両親と相談して決めるのがおすすめです。節句飾りのかわりに現金を贈る場合は、節句飾りに見合う金額を包むとよいでしょう。

初節句では家族で 祝い膳を囲む

初節句では祖父母や親族を招いてお祝いをします。桃の節句では、蛤《はまぐり》の潮《うしお》汁《じる》やちらし寿司、端午の節句では柏もちや粽《ちまき》をいただきます。

お祝いをいただいた場合は、この祝いの席でのもてなしがお返しとなります。お土産のかわりに赤飯やひなあられ、柏もちなどを渡すとていねいです。

また、お祝いの席に招けない場合は、お礼状とともに1か月以内に子どもの名前で内祝いを贈るようにしましょう。

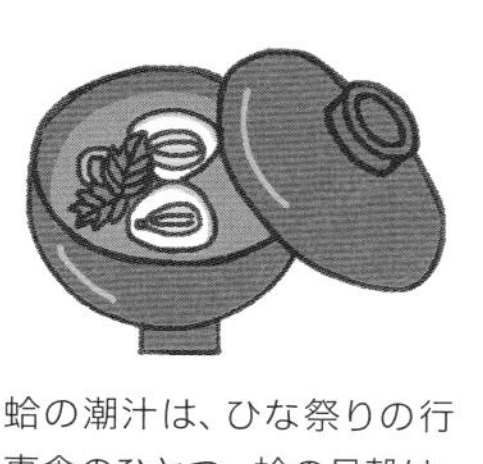

蛤の潮汁は、ひな祭りの行事食のひとつ。蛤の貝殻は、もとの貝どうしでないとぴったり合わないことから、夫婦円満などの象徴とされてきました。器に盛りつけるときは、開いたひとつの貝に2つの実を入れて盛りつけます。

柏の木は新芽が出るまで古い葉が落ちないことから、家系が絶えない縁起のよい木とされ、端午の節句では柏の葉で包んだ柏もちを食べて子孫繁栄を願います。また粽は厄除けの食べ物として中国から伝わったとされます。

初節句祝い…P.24

水引 赤白蝶結び
のし あり
表書き 初節句御祝など
贈る時期 初節句の半月前ぐらいを目安に
金額の目安 5000～２万円
お返し 招待しないときは子どもの名前で「内祝」を

こんなときどうする？

赤ちゃんが次男、次女の場合は？

ひな人形や武者人形などは、子どもひとりひとりのお守りとなります。ですから２番目の子にも、その子の人形を用意してあげましょう。飾るスペース的に同じものを用意できない場合は、長男には五月人形、次男には鯉のぼりというように違う品を贈るとよいでしょう。

一升《いっしょう》の誕生もちで祝う特別な誕生日「初誕生」

満1歳の誕生日を初誕生といいます。昔は乳児の死亡率が高く、1歳まで成長することは大きな喜びでした。そのため1歳の誕生日は特別に祝いました。

初誕生では、一生食べ物に困らないようにとの願いを込めて「一升」のもちをついて、赤ちゃんに背負わせたり踏ませたりしてお祝いをします。そのため初誕生は「もち誕生」ともいわれます。一升もちは、本来は家庭でついて作りますが、最近では和菓子店などで購入するケースがほとんどです。

初誕生のお祝いに招かれたらおもちゃなどのプレゼントを

かつては親戚などを招いて盛大にお祝いしていた初誕生ですが、現在は家族でホームパーティーを行うのが一般的です。初誕生のお祝いに招かれた場合は、おもちゃや絵本、少し大きめの服などのプレゼントやお菓子を持参しましょう。親しい間柄ならば、誕生祝いに何がほしいか直接聞いてみるのもおすすめです。自分が子どもの両親よりも目上の場合は、現金を包んでもよいでしょう。

初誕生祝い…P.24

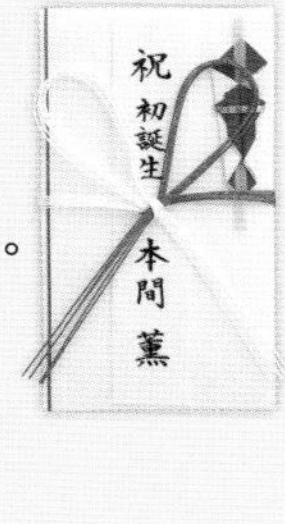

水引 赤白蝶結び
のし あり
表書き 初誕生御祝、祝 初誕生、御祝など
贈る時期 誕生日の当日までに。お祝いに招かれたら持参する
金額の目安 5000～２万円
お返し 招待するので基本的に不要。お礼状を

七五三祝い

子どもの成長の節目に行うお祝いの儀式

3歳の男女、5歳の男の子、7歳の女の子の成長を喜び、今後の健やかな成長を願う七五三。3歳はそれまで剃っていた髪を伸ばし始める「髪置《かみお》きの祝い」、5歳は初めて袴をはく「袴着《はかまぎ》の祝い」、7歳は初めて帯を締める「帯解《おびと》きの祝い」という、その昔、公家や武家で行っていた子どもの成長の節目の儀式が、一般に広まったものです。

本来は数え年で祝うものですが、現在では満年齢で祝うケースが増えています。

11月15日前後に氏神様《うじがみさま》に参拝する

七五三では、11月15日頃に子どもに晴れ着を着せて氏神様に参拝します。日取りに決まりはないので、家族の都合に合わせて決めればよいでしょう。

神社でお祓《はら》いを受けるときは、神社にお礼を渡します。赤白蝶結びの祝儀袋を用意して、表書きは「初穂料《はつほりょう》」「玉串料《たまぐしりょう》」とし、子どもの名前を記入します。

金額は神社で決まっていることが多いので、予約が必要かどうかも含めて確認しておくとよいでしょう。

お祝いは祖父母などの近親者が贈る

身内のお祝いなので、親しい間柄の場合に贈ればよいでしょう。晴れ着は母方の実家から贈るならわしがありますが、最近は記念撮影とセットになったレンタル衣装を利用するケースが主流です。その場合は衣装と撮影代金を合わせた金額相当を贈っても。

CHECK!

長寿を祈る縁起物の千歳飴

七五三で子どもが持つ千歳飴は、飴が引っ張ると伸びることから、長寿を願う縁起物として江戸時代の飴屋が始めたといわれています。お参りのあとで、親戚や普段お世話になっている人を訪ね、千歳飴と赤飯などを配る風習がある地域もあります。

七五三の晴れ着

7歳

本裁《ほんだ》ちの振袖《ふりそで》を肩上げ、腰上げをして着て、帯を結びます。さらに志古貴《しごき》という芯のない帯を巻いて、左腰の後ろに結んで飾ります。筥迫《はこせこ》を懐に入れ、房のついた扇子を帯にはさみます。

5歳

初めて袴をはくお祝いなので、鷹《たか》や兜《かぶと》など、勇ましく縁起のよい絵柄があしらわれた紋付《もんつき》羽織《はおり》袴《はかま》の晴れ着が基本です。扇子《せんす》と懐剣《かいけん》を身につけます。

3歳

女の子は晴れ着に兵児帯《へこおび》を結び、「被布《ひふ》」という袖なしの上着を着ます。男の子は5歳と同様に羽織、袴を着ることもありますが、被布を着ることもあります。羽織か被布かは、好みで決めてOK。

七五三祝い…P.25

水引 赤白蝶結び
のし あり
表書き 七五三御祝、祝 七五三、御祝など
贈る時期 1週間ほど前までに。招かれたら当日でも
金額の目安 5000～2万円
お返し お祝いの席に招かない場合は子どもの名前で「内祝」を

CHECK!

知恵を授かる「十三《じゅうさん》参り」も

男女ともに数え年で13歳になる年の4月13日に、知恵を授かるようにと虚空蔵菩薩《こくうぞうぼさつ》をお参りするのが「十三参り」です。もともとは女の子が知識豊かな女性になるようにと願う行事でした。参拝の帰り道で後ろを振り向くと、授かった知恵をなくすという言い伝えがあります。

成長のお祝い

入園・入学祝い

お祝いの品は年齢に合ったものを

入園や入学は、身内のお祝いなので祖父母や親しくしている親戚はお祝いを贈るのが一般的ですが、それ以外では贈らなくても失礼にはなりません。ただし、自分の子どもにいただいている場合は贈るようにしましょう。

お祝いの品は、その子の年齢に合った品を選ぶこと。入園祝いならば、絵本や図鑑、知育玩具などがおすすめです。また小学校入学では、祖父母がランドセルや学習机などを贈ることが多いので、贈る場合は本人の希望や両親の意向を確認してから準備しましょう。祖父母以外が贈るならば文房具や図書カード、ギフト券などを。本人や両親の希望があるかを聞いてみるのもよいでしょう。

中学校、高校、大学となると、本人の好みがはっきりしてくるので、本人からほしいものを聞くか、現金を包むのがいちばん喜ばれるでしょう。

お祝いをいただいたら親子でお礼を

入園・入学祝いのお返しは必要ありません。いただいたらていねいなお礼状を送るようにしましょう。中学校以上ならば、子どもからのお礼状も添えるとよいでしょう。

ただし相手に子どもがいないときや、高価な品をいただいた場合には、お礼状といっしょに内祝いを。お菓子やフルーツなどの食品に「内祝」ののしをかけて贈るとよいでしょう。金額の目安はいただいたお祝いの3分の1〜半額程度です。

入園・入学祝い…P.25

水引　赤白蝶結び
のし　あり
表書き　御入園御祝、ご入学おめでとうなど
贈る時期　入園（入学）の1週間前までに
金額の目安　5000〜2万円
お返し　基本的に不要。お礼状を

こんなときどうする？

第一志望の学校に合格できなかったとき

受験の結果、第一志望に合格できずにほかの学校へ入学した場合も入学祝いは贈ります。ただし相手の気持ちを考慮し、お祝いの手紙ではあまり大げさに「入学おめでとう！」という表現は控えましょう。

合否がわからない場合は、直接たずねるような行為は控えて。知らせてこないのはそれなりの理由があってのことと心得ましょう。

CHECK!

第2子にもお祝いを

長男長女の入園・入学を祝ったら、第2子のときにも同じくお祝いを贈るようにしましょう。ついついおろそかになるケースが少なくないようです。気をつけましょう。

Letter

小学校入学を祝う手紙例（親戚へ）

春のうららかな日が続いております。ご家族の皆様には、お変わりなくお過ごしのことと存じます。

この4月、正樹くんが小学校にご入学されるとのこと、誠におめでとうございます。ランドセルを背負って元気に登校する姿が目に浮かぶようです。ご両親のお喜びもひとしおのことでしょう。

ささやかながら、お祝いのしるしを同封いたします。学用品などにお役立ていただければ幸いです。

末筆ながら、ご家族の皆様のご健康とご多幸をお祈りいたします。

かしこ

中学校入学祝いへのお礼状例（伯母へ）

新緑がまぶしく感じられる今日この頃、いかがお過ごしでしょうか。

このたびは由美の中学入学祝いをありがとうございました。日頃より私たち家族のことを気にかけてくださり、お礼の言葉もございません。

由美は中学ではかねてから希望していたテニス部に入部し、学校生活にも慣れてきた様子です。制服姿の写真を同封いたしますので、ご覧いただけたら幸いです。

朝夕は肌寒いときもございますので、どうぞ体調をくずされませんようご自愛ください。

まずは書中にてお礼申し上げます。

かしこ

成長のお祝い

卒業・就職・成人祝い

卒業祝いは入学祝いとかねても

卒業は進学や就職の時期と重なります。高校を卒業して進学する場合は入学祝いを、高校や大学を卒業して就職する場合は就職祝いとして贈るとよいでしょう。お祝いは卒業してから次の進路に進むまでのあいだに渡します。品物を贈るならば、本人に希望を聞くのがいちばんです。不明なときには、現金やギフト券がよいでしょう。

高校を卒業しても大学受験に失敗したり、大学を卒業しても就職が決まっていなかったりと、進路が決まっていない場合には、お祝いすべきか迷いがちです。しかし卒業はひとつの区切りなので、「御卒業御祝」や「祝卒業」としてお祝いを贈るとよいでしょう。

就職祝いは社会人として役立つ品を

就職のお祝いは、これからの新生活で役立つ品を選びます。名刺入れやネクタイ、腕時計、バッグなどのほか、ひとり暮らしを始めるならば小型の家電もおすすめです。

相手の好みがわからない場合は、やはり現金やギフト券を贈るとよいでしょう。

CHECK!

就職祝いのお礼は初任給でプレゼントを

就職祝いをいただいたら、本人がお礼をするのがマナー。お返しは必要ありませんが、すぐに電話か手紙でお礼を伝えましょう。そして初任給が出たら、ちょっとしたプレゼントを贈るとていねいです。就職でお世話になった人にも、初任給でお菓子などを贈るとよいでしょう。

¥

就職祝い…P.25

水引 赤白蝶結び

のし あり

表書き 御就職御祝、祝 御就職など

贈る時期 入社までに

金額の目安 5000～3万円

お返し 基本的に不要。お礼状を

成人のお祝いは18歳でも20歳でもかまわない

大人としての門出を祝う成人式。これまで成年年齢は20歳と定められていましたが、２０２２年４月から18歳に引き下げられました。これにともない、成人のお祝いをこれまで通り20歳で贈るのか、18歳で贈るのか迷うことでしょう。

成人祝いを贈る時期に決まりはありません。成人式を迎えるときに合わせて渡すことが多いのですが、それとは別に18歳や20歳の誕生日に成人として特別に祝ってもよいでしょう。

お祝いの品は、成人の記念となるような品を選びましょう。男性の場合はスーツや腕時計など、女性の場合は長く使えるパールのアクセサリーなどがおすすめです。

CHECK!

成人式は満20歳？ 18歳？

これまでは１月の第２月曜日の成人の日に、各自治体が満20歳の人を祝う成人式を行っていました。しかし18歳から成年となると、成人式はどうなるのでしょうか。成人式については、いつ行うという決まりはなく、これまでも各自治体が主体となって実施してきました。今のところこれまで通り20歳で行う自治体が多いようですが、18歳で行うところもあるなど、各自治体の判断にゆだねられています。

成人祝い…P.25

水引 赤白蝶結び
のし あり
表書き 御成人御祝、祝 御成人など
贈る時期 成人式の前までに
金額の目安 5000～3万円
お返し 基本的に不要。お礼状を

こんなときどうする？

成人のお祝いをいただいたらお返しは？

成人のお祝いも身内のお祝いなので、お返しは必要ありません。しかし大人の仲間入りをしたという意味でのお祝いなので、ていねいなお礼状を自分で書いて送るのがマナーです。自宅に招待して、家族とともにお祝いの食事会を設けてもよいでしょう。

記念のお祝い

結婚記念日

お互いに相手に感謝し夫婦で祝う記念日

毎年やってくる結婚記念日。1年目から15年目までは毎年名称がついています。この名称は紙から始まり、木、鉄、銅、銀、金、ダイヤモンドへと、年を重ねるごとに夫婦の絆が強くなることを意味しています。

この結婚記念日を祝う習慣は、もともとはイギリス発祥とされています。日本では1894年（明治27年）に明治天皇が「大婚二十五年祝典」として銀婚式を行ったことをきっかけに広まりました。

結婚記念日に夫婦で食事に出かける、プレゼントを交換するなど、記念日の祝い方は夫婦によってさまざまです。お互いにこれまでを感謝し、今後もよろしくという意味を込めた記念日を過ごせるとよいでしょう。

銀婚式と金婚式は特別にお祝いを

結婚25年目の銀婚式と、50年目の金婚式は、節目の記念日として特別に祝う習慣があります。

銀婚式では、記念になる銀の写真フレームやアクセサリーをプレゼントし合う、夫婦で旅行するなど、心に残る記念日を過ごしたいものです。

金婚式では、おもに子どもたちが主催してパーティーを行い、両親を祝うと喜ばれます。祝われた夫婦は、お礼の意味を込めて内祝いを渡すとよいでしょう。

お祝いをいただいた場合も、夫婦連名で内祝いを贈ります。表書きは「銀婚式（金婚式）記念」とします。

結婚記念日の祝い

水引 赤白蝶結び
のし あり
表書き 祝結婚記念日、銀婚式御祝、金婚式御祝、御祝など
贈る時期 結婚記念日に
金額の目安 1万～2万円
お返し 夫婦連名で内祝いを

結婚記念日の名称と贈り物の例

1年目	紙婚式《かみこんしき》	本、手帳、日記帳、アルバム、ペーパーフラワーなどの紙製品
2年目	綿婚式《めんこんしき》・藁婚式《わらこんしき》	ハンカチ、パジャマ、エプロンなど木綿でできた品
3年目	革婚式《かわこんしき》・糖菓婚式《とうかこんしき》	バッグや財布、ブックカバーなどの革製品
4年目	花婚式《はなこんしき》・花実婚式《かじつこんしき》	花束や花模様の雑貨など
5年目	木婚式《もっこんしき》	木製の品や観葉植物、ふたりで植樹など
6年目	鉄婚式《てつこんしき》	フライパンや鍋、置物など鉄製品
7年目	銅婚式《どうこんしき》	タンブラーやカトラリー、アクセサリーなどの銅製品
8年目	青銅婚式《せいどうこんしき》・ゴム婚式	ゴムの木やゴムバンドの腕時計など
9年目	陶器婚式《とうきこんしき》	ペアの食器や花瓶などの陶器
10年目	錫婚式《すずこんしき》・アルミニウム婚式	ビアグラス、ケトルなど錫やアルミニウムを使った品
11年目	鋼鉄婚式《こうてつこんしき》	鉄やステンレスのキッチンアイテムなど
12年目	絹婚式《きぬこんしき》・麻婚式《あさこんしき》	ネクタイやスカーフなど絹や麻の製品
13年目	レース婚式	ハンカチやテーブルセンターなどのレース製品
14年目	象牙婚式《ぞうげこんしき》	象牙のアクセサリーなど
15年目	水晶婚式《すいしょうこんしき》	クリスタルグラス、時計など、水晶製品かクリスタル製品
20年目	磁器婚式《じきこんしき》	花瓶、夫婦茶碗、食器類など、磁器でできた品
25年目	銀婚式《ぎんこんしき》	ジュエリー、フォトフレーム、銀食器などの銀製品
30年目	真珠婚式《しんじゅこんしき》	パールのジュエリーや小物など
35年目	珊瑚婚式《さんごこんしき》	珊瑚をあしらったジュエリーや置物
40年目	ルビー婚式	ルビーをあしらったジュエリーや赤い品
45年目	サファイア婚式	サファイアをあしらったジュエリーやブルーの品
50年目	金婚式《きんこんしき》	金箔をあしらった品やゴールドのジュエリー、腕時計など
55年目	エメラルド婚式	エメラルドをあしらったジュエリーやエメラルドグリーンの品
60年目	ダイヤモンド婚式	指輪、時計などダイヤモンドのついた品

※結婚記念日の名称にはこのほかにもさまざまなものがあります。

長寿の祝い

長寿の祝いは還暦《かんれき》からスタート

平均寿命が延びて、60歳といっても長寿のイメージはわかない現代ですが、長寿のお祝いは満60歳（数え年61歳）で祝う還暦から始まります。

還暦では生まれた干支に還り、赤ちゃんに戻るという意味から、赤いちゃんちゃんこを贈る風習があります。現在は赤いセーターやジャケット、バッグなど、実用性のある赤い品を贈ることが多いようです。

長寿のお祝いは普段は言えないことを伝えるよいチャンスです。「これまで元気でいられてよかったね」「今までありがとう。これからも元気でいてね」、そんな素直な思いを伝えるとよいでしょう。またこの機会を利用して、家族で記念になるイベントを企画するのも楽しいものです。

現役を退いてから本格的なお祝いを

60歳は現役の人が多く、年寄り扱いされているようで祝ってもらうのを嫌う人もいます。長寿のお祝いは、それぞれ本人の生活スタイルに合わせる配慮が必要です。本格的にお祝いするのは、現役を退いてからが好まれます。

CHECK!

古稀《こき》では紫のものを身につける

昔は70歳まで生きることが稀であったため、古稀と呼ばれるようになりました。古稀では紫色の座布団や衣類などを贈る風習がありますが、この紫色は高貴な人だけが身につけることを許された色とされ、古稀を迎えた人を敬う気持ちが込められています。

¥

長寿の祝い…P.26

水引 金銀または赤白蝶結び
のし あり
表書き 寿、還暦御祝、祝 還暦、寿福など
贈る時期 誕生日または祝賀会のときに
金額の目安 1万～3万円
お返し 祝賀会では記念品を

長寿の祝いの名称と由来

60歳 還暦（かんれき）	60年で十干《じっかん》（甲・乙・丙・丁・戊・己・庚・辛・壬・癸）と十二支を組み合わせた60種類の十干十二支が一巡し、生まれた年と同じ干支に戻ることから。「本卦還り（ほんけがえり）」ともいう。
66歳 緑寿（ろくじゅ）	6が重なることにちなんで、「ろく」と読む「緑」の字をあてている。
70歳 古稀（こき）	中国・唐の時代に広く知られていた詩人・杜甫（とほ）の詩「曲江」の一節「人生七十古来稀なり」に由来する。
77歳 喜寿（きじゅ）	「喜」の文字を草書体にしたときの「㐂」の形が七・十・七に見えることから。「喜の字の祝い」ともいう。
80歳 傘寿（さんじゅ）	「傘」の文字の略字「仐」を分解すると、「八」と「十」になることから。
81歳 半寿（はんじゅ）	「半」の文字を分解すると、「八」「十」「一」になることから。将棋盤の目が81マスあることから盤寿（ばんじゅ）ともいう。
88歳 米寿（べいじゅ）	「米」の文字は、分けると「八」と「十」と「八」になることに由来している。
90歳 卒寿（そつじゅ）	「卒」の文字の略字「卆」を分解すると、「九」と「十」になることに由来している。
99歳 白寿（はくじゅ）	「百」の文字から「一」を引くと、「白」になることから。あと1歳で百歳になるという意味。
100歳 百寿（ひゃくじゅ）	百賀（ひゃくが）、上寿（じょうじゅ）ともいい、百歳という年齢に由来。1世紀を生きたことから紀寿（きじゅ）ともいう。
108歳 茶寿（ちゃじゅ）	「茶」の文字を分解すると「十」「十」「八十八」となり、合計108になることから。
111歳 皇寿（こうじゅ）	「白」は「九十九」、「王」を分解すると「十」「二」になり、合計すると111になることから。
120歳 大還暦（だいかんれき）	二度目の還暦という意味。

※長寿の祝いは、もとは数え年で行っていたが、現在は満年齢で行う人が多い。

新築・開店・開業祝い

新築をしたら親しい人にお披露目を

新居を建てたときは、引っ越しがすんで落ち着いた頃に親しい人を招いて新居のお披露目をしましょう。招く人の都合を考え、お披露目の日程は休日の明るい時間に設定します。新住所と交通機関を記した招待状を送り、自家用車で来る人のために駐車スペースについても明記しておくと親切です。

当日は家の中を案内し、軽い食事でもてなします。事前にお祝いでいただいているインテリア用品などがあったら飾っておくことを忘れないようにしましょう。

新築祝いをいただいた場合、新居に招待することがお返しになります。もし招かない場合には、いただいたお祝いの3分の1から半額程度の品物を「新築内祝」として贈りましょう。

火を連想させる新築祝いの品は避けて

新築のお祝いとして品物を贈る場合、キャンドルや灰皿、ストーブなど、火を連想させるものは避けるのがマナー。火を連想させる赤い色のものも避けたほうがよいでしょう。ただし本人が希望する場合は贈ってもかまいません。

絵画や置物などのインテリア用品は、本人の好みに合わないとかえって迷惑になります。自分の好みで選ばずに、相手の希望を確認してからにしましょう。一般的に観葉植物や日用品、シャンパンや日本酒などのお酒、大皿やグラスなどの台所用品などがお祝いの品として選ばれています。

お披露目会に招かれた場合は、品物ならば前日までに届くように送り、現金を包む場合は当日持参します。

NG

無断で家の中を見て回る

いくら招待されたからといっても、見てよい場所とそうでない場所があります。相手に案内されたところしか入らないようにするのがマナー。また、調度品や間取りなどについて、マイナスイメージとなる言葉も控えましょう。

こんなときどうする?

マンションや中古戸建てを購入したときは?

新築マンションを購入したときや、中古のマンション・戸建てを購入した場合は、新しく家を建てた新築とは違うため、お祝いの表書きは「御新居御祝」とします。

増築や改築をしたときに渡すお祝いは、表書きを「御祝」としましょう。

新築祝い…P.26

水引 赤白蝶結び
のし あり
表書き 御新築御祝、祝 御新築、御新居御祝など
贈る時期 転居1か月以内に。招待を受けたら当日
金額の目安 5000～1万円
お返し 招かない人には「新築内祝」を

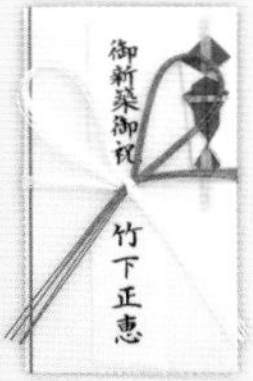

お披露目パーティーに招き記念になる引き出物を

新しく店を開店したり、会社を立ち上げたときは、披露パーティーを行います。取引先や関係者、知人、今後顧客となってほしい人などに案内状を送り招待しましょう。当日は出席者のひとりひとりにていねいにあいさつをして、今後のおつきあいを願います。

パーティーのお開きのときは、引き出物として記念品を渡します。品物の表書きは「開店記念」「開業記念」とします。

開店・開業祝いでは花や縁起のよい品を

開店や開業の知らせを受けたら、早めにお祝いを贈りましょう。お祝い品としては、招き猫や七福神のような縁起のよい品がよいとされますが、花や観葉植物も好まれます。鉢植えは「根づく」という意味で縁起がよいとされているからです。本来目上の人に現金を贈るのは失礼ですが、開店・開業祝いは現金を贈っても失礼にあたりません。避けたほうがよい品としては、火を連想させるライターや灰皿、鉢植えの花でも苦・死を連想させるシクラメンは控えたほうがよいでしょう。

開店・開業祝い…P.26

水引 赤白蝶結び
のし あり
表書き 祝 御開店、御開店御祝、御開業御祝など
贈る時期 開店1週間前までに。披露当日でも
金額の目安 5000～2万円
お返し 「開業記念」として3分の1～半額程度を

記念のお祝い

受賞・受章・個展・発表会の祝い

受賞や受章が決まったらまずはお祝いの言葉を

「受賞」とはコンテストや競技会などで賞を受けること、「受章」とはさまざまな分野の功労者が国から勲章や褒章を受けることです。どちらも大変すばらしいことなので、受賞や受章を知ったときには、電話やメール、祝電などですぐにお祝いの気持ちを伝えるようにしましょう。お祝い品の準備はそのあとでかまいません。

公的な祝賀会に招かれたときには、ご祝儀を持参します。お祝いに品物を贈る場合は、会場へは持参せずに、自宅に送るようにしましょう。

ホームパーティーのような私的なお祝い会に呼ばれた場合ならば、シャンパンや日本酒などを持参するとよいでしょう。ご祝儀も持参しますが、会費制の場合にはお祝い金は贈る必要はありません。

受賞・受章祝い…P.27

水引 赤白蝶結び
のし あり
表書き 御受賞御祝、祝 御受章、御祝など
贈る時期 知らせを受けたら１～２週間以内に
金額の目安 5000～３万円
お返し 「内祝」として３分の１～半額程度のお返しを

発表会の案内は親しい人だけに

せっかくの発表会、できるだけ多くの人に来てもらいたいと思うのは当然のことです。しかし誘ったことで相手の負担になる場合もあるので、誘う際には「もしご都合が合えば」とひと言添えて、無理強いをしないようにしましょう。

チケットが必要な場合は、招く側で用意するのがマナーです。ただし相手の出席の確認が取れる前にチケットを送ると、絶対に行かなくてはならない状況を押しつけることに。必ず相手から出席の返事をもらってから送るようにしましょう。

チケット代を相手に支払ってもらい

たい場合は、相手にわかるように「チケット代がかかりますがよろしいでしょうか」と伝えること。誘われた相手は招待なのか購入すべきなのかがわからず戸惑ってしまうからです。了承を得たうえで、来てもらえるかを確認し、チケットを渡すようにしましょう。

？ こんなときどうする？

発表会に来てくれた人へのお礼はどうすればいい？

忙しい時間をさいて来てくれた人へは、できれば当日会場でお礼を伝えましょう。当日会えなかった場合には、後日ていねいなお礼状を送ります。

お祝いの花束やプレゼントのお返しは基本的に必要ありません。それでも何かお礼の気持ちを伝えたい場合には、お礼状といっしょにお菓子などを送るとよいでしょう。

招待を受けたときは出向くのがいちばんのお祝い

発表会や個展などに招かれたときは、できる限り会場に足を運びましょう。直接見たり、楽しんだりすることが何よりのお祝いになります。

絵画展や書道展では、本人がいつも会場にいるわけではありません。事前に確認し、できるだけ本人のいる時間帯にうかがいましょう。お祝いにはお花やワイン、お菓子などを持参します。現金を包んでもよいでしょう。

演劇のような有料の招待状をいただいた場合は、代金に見合う額に少しプラスした金額をお祝いとして包みます。表書きは「楽屋御見舞」、目上の方へは「楽屋御伺」とします。ほかに花や休憩時間にみんなで食べられるお菓子や飲み物なども喜ばれるでしょう。

？ こんなときどうする？

子どもの発表会に招かれたら

子どもの発表会に招かれたときは、本人に渡すちょっとしたプレゼントを持参しましょう。花束やお菓子、文房具など、相手の負担にならない程度の品を選ぶとよいでしょう。本番終了後に本人に手渡し、「とても上手ですばらしかった」など感想を伝え、子どもをほめてあげましょう。

¥ 個展・発表会の祝い…P.27

- **水引** 赤白蝶結び
- **のし** あり
- **表書き** 祝個展、楽屋御見舞、御祝
- **贈る時期** 当日に持参
- **金額の目安** 5000～1万円。チケット代を目安に
- **お返し** 基本的に不要。お礼状を

Column

厄年《やくどし》と厄祓《やくばら》い

厄年は古くから人生の節目とされる年

厄年とは、一生のうちで災厄が多く起こるとされている年齢です。男性の厄年は数え年の25歳、42歳、61歳。女性の場合は数え年の19歳、33歳、37歳です（61歳を含めることも）。

それぞれの年齢を「本厄《ほんやく》」といい、その前の厄の兆しがあらわれる年を「前厄《まえやく》」、そして厄が残る翌年を「後厄《あとやく》」といいます。なかでも男性の42歳と女性の33歳は「大厄《たいやく》」といわれ、前後の年を合わせた３年間は特に注意すべき年齢とされています。

しかし、厄年は悪いことが起こるとおそれる年ではありません。ちょうどこれらの年齢は、身体的にも社会的にも大きな山を越えなくてはならない節目の時期にあたるので注意しなさいという、警告のようなものと考えるとよいでしょう。

厄年を迎えたら、生活態度を見直して、病気やけがに注意して過ごすように心がけましょう。

厄年

男性	女性
25歳	19歳
42歳	33歳
61歳	37歳

※年齢は数え年

厄年には神社や寺院で厄祓いをしてもらっても

厄から逃れて無事に過ごせるようにと、厄年には神社や寺院を参拝して厄除けの祈祷《きとう》をしてもらったり護摩《ごま》をたいてもらったりするのが一般的です。これは厄落とし、厄祓いなどとも呼ばれ、地域や宗教などによってしきたりに違いがあります。

また「厄祝い」といって、厄年の正月や誕生日に、親しい人を招いてもてなすしきたりがある地域もあります。これは来てくれた人々に少しずつ厄を持ち帰ってもらって厄を祓おうというものです。招かれた人に災いがあることはないので、厄祝いに招かれたときには、お互いさまのことと、快く参加するようにしましょう。

第3章

結婚のマナー

招待客側／本人・主催者側

結婚は人生の大きな門出です。挙式・披露宴に招かれたときには、心からのお祝いを伝えられるように、そして結婚式を執り行うときには招待客に感謝の気持ちを伝えるために、基本的なマナーをしっかり覚えておきましょう。

招待客側

招待状が届いたら

主催者のことを考え できるだけ早く返事を出す

招待の返事は1週間以内に、できれば2、3日のうちに出しましょう。早く返事をすれば、主催者側の準備もスムーズに進みます。たとえ欠席の返事であっても、それが早くわかれば、ほかの人に招待状を送るなどの対応がとれるでしょう。相手の迷惑にならないように考えることが大切です。

ただ、あまりに早く欠席のはがきが届くと、少しも検討する余地がなかったかのような印象を与え、招待してくれた相手を悲しませることも。まずは電話で直接、招待のお礼と祝福、欠席の事情とおわびを伝え、それからはがきを出すとていねいです。

仕事、出産などすでに動かせない欠席の理由は具体的に伝えます。病気や不幸が理由の場合、お祝い事では縁起を重視するため「やむを得ない事情で」などとぼかして伝えましょう。

予定が見通せず返事がギリギリになってしまいそうなら、あらかじめ電話でその旨を連絡しておきます。いつ頃になれば返事ができるかを伝え、もしも返信の期限を過ぎてしまいそうなら、欠席とさせてもらったほうが迷惑をかけません。

CHECK!

返信はがきアートは親しい相手に

返信はがきに絵を描いたりシールを貼ったり、装飾して出す人が増えています。親しい友人同士であれば、きっと相手にとってうれしいメッセージになるでしょう。でも、そのデザインをするために返信が遅くなるなら考えもの。また、相手が目上の場合などには失礼になることもあります。自分と相手との関係性、喜んでもらえる相手かどうかを考えて出しましょう。

NG

電話などで返事をしはがきを出さない

普段の会話や電話、SNS、メールなどのやりとりで、出席、欠席の返事をしたからと、それだけですますのはNG。どんなに親しくても、招待状を受け取り、返信用はがきが同封されていたのなら、必ずはがきを出しましょう。

返信用はがきの書き方

- 黒か濃紺のインクの筆記具、または筆ペンを使う。
- 表の相手の名前には敬称をつけ、裏の「御(芳)」の文字は消す。1文字なら2本斜め線で、2文字以上は2本平行線で。「行」の字はお祝いの気持ちを込めて、上から赤いペンで「寿」と書いて消す方法もある。
- あいているスペースやメッセージ欄には招待へのお礼や祝福の言葉を書き添える。欠席の場合にはおわびや欠席の理由も。忌み言葉(65ページ参照)に注意。区切り、終わりを意味する句読点は使わない。

表

□□□-□□□□

東京都千代田区〇〇町〇-〇-〇

高橋健人 ~~行~~ 様

行の文字を2本斜め線で消し、横に様と書く。あて名が連名の場合は、それぞれの下に書く。

裏

~~御~~(出)席

~~御欠席~~

このたびは　ご結婚
おめでとうございます
喜んで出席させていただきます
当日を楽しみにしております

~~御~~住所　東京都新宿区〇〇町〇-〇

~~御芳~~名　田中優実

御住所の御、御芳名の御芳を消す。

出席するとき

出席の上の御の文字を消し、出席の文字を丸で囲む。御欠席の文字を消す。

欠席するときは逆に、欠席の上の御の文字を消して欠席の文字を丸で囲み、御出席の文字を消す。

メッセージの例

出席

ご結婚おめでとうございます　ご招待いただきとてもうれしいです　準備が大変とは思いますが晴れの日までお体おいといください　おふたりの晴れ姿を楽しみにしています

欠席

ご結婚おめでとうございます　せっかくのお招きなのですが仕事の都合でうかがうことができません　申し訳ありません　おふたりの末永い幸せをお祈りしております

こんなときどうする?

連名で招待状が届いたときは

届いた招待状のあて名が夫婦や家族の連名だったときには、返信はがきの名前欄も連名にし、出席者全員の名前を書きます。メッセージにも「ふたりでうかがいます」「家族3人でうかがいます」などと書き添えておくと、相手にも出席の人数がはっきりわかるのでよいでしょう。

もし、揃って出席できないときには、名前の欄には出席できる人の名前を記し、欠席する人のことについては理由やおわびをメッセージとして書きましょう。

~~御~~(出)席

~~御欠席~~

ご結婚おめでとうございます!
お招きいただきありがとうございます
残念ながら夫翔太は長期出張中のため優実のみ出席させていただきます
結婚式を楽しみにしております

~~御~~住所　東京都新宿区〇〇町〇-〇

~~御芳~~名　田中優実

ひとりだけ出席の場合

招待客側

お祝いの贈り方・選び方

お祝い金を披露宴に持参するのが一般的

結婚のお祝いは、招待を受けてから挙式の1週間前までに本人に直接届けるのが正式なマナー。これは現金、品物どちらの場合も同様です。しかし現在では、新郎新婦が好きなように使える現金を贈ることがほとんどで、披露宴に出席する際に持参するのが一般的になっています。

品物を贈る場合には、挙式当日に渡すのは迷惑になります。挙式1週間前までに届けますが、新郎新婦は準備で何かと忙しい時期。手間をとらせないよう気遣って、品物の購入先から配送することが多くなっています。

品物選びは相手に聞くのが無難

お祝いの品には新生活に役立ちそうなものを選びます。できれば、新郎新婦に何がほしいか直接たずねましょう。不要なものを贈らずにすみます。

刃物類や、ガラス・陶磁器などの割れ物は避けるべきとされていますが、本人たちのリクエストであれば贈ってもかまいません。友人らと何人かでお金を出し合えば、高価なものを贈ることができ喜ばれます。

お祝いを送るときには必ず手紙を添える

お祝いの現金や品物を送るときは、手紙を添えるか、先に届くように別便で手紙を出して祝福を伝えます。長い文章を書くのが苦手なら、カードを使えば短い文章でまとめることができます。品物だけ、現金だけを送ってすますことのないようにしましょう。

CHECK!

お祝いの品にはのし紙をかける

お祝いの品物は、正式には奉書紙《ほうしょし》を2枚重ねて包み、のしをつけ、金銀または赤白の水引を結び切りにします。表書きは「寿」か「御祝」。現在はのしや水引が印刷されたのし紙を使うのが主流です。届ける場合は、風呂敷（194ページ参照）に包み持参します。

お祝い金の金額は似た立場の人と合わせる

友人の場合3万円が相場といわれるお祝い金。迷ったら、自分と同じような立場の人にいくら包むか聞いて合わせましょう。以前自分がお祝いをいただいたことがあるなら、同じだけ包みます。偶数の金額は割れるので避ける傾向がありますが、8は末広がりで縁起がよい数字。2もペアと考え気にされなくなっています。奇数でも「9（苦）」は避けたほうがいい数です。

披露宴に欠席する場合、親族なら出席時と同じだけ、友人などは出席時の3分の1程度が目安とされます。ただし、急に出席を取りやめた場合は出席時と同額包みましょう。

結婚祝い…P.22

水引 金銀または赤白結び切り

のし あり

表書き 寿、壽、御結婚御祝など

贈る時期 挙式1週間前までに。披露宴に出席する場合は当日持参

金額の目安

間柄	披露宴に出席	出席しない
友人	2万〜3万円	5000〜1万円
同僚	2万〜3万円	5000〜1万円
部下	3万〜5万円	1万円
甥姪	5万〜10万円	5万〜10万円
いとこ	3万〜5万円	1万円
兄弟姉妹	5万〜10万円	5万〜10万円

※夫婦で出席する場合はふたり分包むと考え3万×2で6万。偶数を嫌い5万か7万円にすることも多い。

Letter

お祝い金を送るときの手紙例（友人へ）

優奈ちゃん、このたびはご結婚おめでとうございます。そして、披露宴にご招待いただきありがとうございます。

本当にうれしく、かなうことならうかがいたかったのですが、先日ご連絡したように、出産予定日まぎわのため、欠席させていただきます。申し訳ありません。

花嫁姿の優奈ちゃん、きれいでしょうね。その場にいられないのがとても残念です。落ち着いたら、ゆっくりと写真など見せてくださいね。

本日は、心ばかりのお祝いをお送りします。お納めください。

準備などで忙しいと思いますが、どうぞ体に気をつけて。末永い幸せをお祈りしています。

招待客側

スピーチや余興を頼まれたら

できるだけ快く引き受け自分の立場を確認

披露宴でのスピーチや余興を頼まれたら、新郎新婦からの信頼の証と考え、快く引き受けましょう。そして、自分がどんな立場で、スピーチや余興をすればいいのかを確認します。

これは、ほかの人と内容が重なることを防ぐうえでも大切です。学生時代の友人代表、会社の同僚代表、といった立場がわかると、どういった内容を話すべきかも絞られてきます。また、新郎新婦からのリクエストもあるかもしれません。

スピーチでは新郎新婦の人柄を伝える

スピーチでは、新郎新婦の具体的なエピソードを紹介し、その人柄を伝えます。おめでたい席にふさわしい話であるかよく考え、学生時代の思い出や、職場での活躍など、自分の立場に合った内容にしましょう。

原稿ができたら、声に出して練習を。録音をして聞いてみるのもおすすめです。文字で見ればわかる内容も、耳で聞くとわかりづらいかもしれません。

当日は、笑顔で明るく話しましょう。姿勢よく、会場全体を見渡すようにすると好印象です。ずっと下を向いたまま原稿を読むのはよくありませんが、メモは用意しておいてもOKです。

余興は、その場の全員が楽しめるものを

余興は披露宴を盛り上げる大切なプログラム。だれもが楽しめる内容のものにすることを心がけましょう。避けたいのは、仲間だけで盛り上がるようなものや、下品なもの。歌や演奏を披露する場合には、結婚祝いとしてふさわしいものであるか歌詞も気をつけてチェックします。

会場によって、使えるスペースや借りられる機材なども異なります。注意事項も含め、あらかじめ新郎新婦や会場に確認して準備を進めて。事前に通して練習し、持ち時間をこえないように調節しておきましょう。

スピーチの基本構成と例（友人から）

お祝いの言葉
まずは祝福の言葉から。

光一さん、百合子さん、本日はご結婚おめでとうございます。また、ご両家の皆様にも、心よりお祝いを申し上げます。先程から幸せそうなおふたりを見ていて、胸がいっぱいになっています。

↓

自己紹介
新郎新婦との関係を簡単に伝える。

ご紹介にもありましたように、私は大学時代百合子さんと同じスキーサークルに所属しておりました森田と申します。百合子さんとは卒業後もずっと親しくさせていただいております。

↓

人柄が伝わるエピソード
新郎新婦の魅力が伝わるものを選び、あまりたくさん盛り込まない。

百合子さんの細やかで用意周到な性格はご存知の方も多いと思います。実は学生時代、サークル仲間では彼女のカバンを四次元ポケットと呼んでいました。合宿のときなど、何か足りないものがあったら百合子さんに聞くとすぐに取り出してくれるからです。「必要になると思ったんだ」とニコっと笑って渡してくれて……。気の利かない私は本当にお世話になりました。見た目は私と変わらない大きさのカバンなのに、どうやって整理して入れているのだろうと、いつも感心して見ていたのを覚えています。

↓

はなむけの言葉
はげましの言葉やアドバイスなど。

そんな百合子さんですから、家庭もうまくまとめていかれると確信しています。そして、そんな百合子さんが頼りになると選んだ光一さん。どうぞ百合子さんのことをよろしくお願いします。これからは家族ぐるみでおつきあいさせていただけたらうれしいです。

↓

結びの言葉
幸せを祈る言葉や祝福の言葉でしめくくる。

おふたりの末永い幸せを心よりお祈りしております。本日は誠におめでとうございました。

NG

スピーチや余興で忌《い》み言葉を使う

縁起が悪いため、使うのを避けるべき言葉が忌み言葉です。結婚をお祝いするときには「死ぬ」「終わる」「切れる」といった不幸や別れを連想させる言葉、「ますます」「繰り返し」といった再婚を連想させる重ね言葉などが忌み言葉。「ケーキを切る」を「ナイフを入れる」、「最後に」を「結びに」というように言いかえるなど工夫して、忌み言葉を使うのを避けましょう。

結婚祝いでの忌み言葉の例

別れる、割れる、離れる、壊れる、戻る、捨てる、衰える、冷える、消える、ほどける、去る、失う、再び、たまたま、次つぎ、たびたび、重ね重ね、わざわざ、いよいよ、いろいろ、くれぐれも　など

※上記のスピーチ例の目安時間は、1分30秒～2分。

招待客側

当日の係を頼まれたら

司会は準備が重要 打ち合わせと台本作りを

司会は披露宴を進行するという大きな役割があります。それとともに、会場の雰囲気を盛り上げていくのも大切な役割。新郎新婦がどんな披露宴にしたいと思っているのかイメージを共有できるように、よく打ち合わせをしましょう。イメージによって話し方なども変わってくるものです。友人・知人が司会をするからこその、あたたかな雰囲気を新郎新婦も望んでいるのではないでしょうか。

当日までに行っておきたいのは、タイムテーブルを作り、それに合わせ、新郎新婦や招待客の情報などを盛り込んだ台本を仕上げておくこと。紹介する人の名前を間違えるのは大変失礼なので、読み方や肩書きはしっかり確認しておきましょう。

受付係は笑顔でさわやかに招待客をお迎えする

主催者にかわり招待客をお迎えする受付係は、披露宴の第一印象を決める大事な係。芳名帳《ほうめいちょう》の記入をお願いしたり、ご祝儀を受け取って席次表を渡したりするのがおもな仕事です。

スムーズに作業をするため、通常、当日は早めに会場に入って打ち合わせをします。大金を預かる仕事でもあるので、それぞれが役割をしっかりと確認するようにしましょう。

受付にいるときは主催者側に立っていることを忘れずに、ていねいに失礼のないよう務めます。招待客に出席を感謝しながら、笑顔と落ち着いた振る舞いが大切です。ご祝儀を受け取ったり、何か差し出したりするときには、必ず両手を添えるようにしましょう。

こんなときどうする？

忌《い》み言葉を使ってしまったら

司会をするときにも忌み言葉はできるだけ避けるべきですが、気にしすぎて固くなるより、自然に話すことのほうが大事。うっかり使ってしまったときには、あわてて言い直したりするとよけいに強調されるので、そのまま進めましょう。

撮影はプランを立てて撮りこぼしのないように

晴れの日を記録に残す撮影係は、大切な瞬間を撮りこぼさないようにすることが重要。どんなシーンを撮る必要があるか、新郎新婦に確認しておきましょう。当日の進行スケジュールがわかると撮影プランが立てやすくなります。人物はまんべんなく、また会場の様子や小物などを撮っておくのもおすすめです。機材の点検は前日までにしっかりしておきましょう。

会場では、立ち入れない場所などもあります。あらかじめ会場に確認し、迷惑にならないようにしましょう。撮影が進行の妨げにならないように動くことが大切です。

CHECK!

披露宴当日のそれぞれの服装は？

司会

基本は一般の招待客と同様です。男性ならブラックスーツやフォーマルなダークスーツ。女性はあらたまった雰囲気のワンピースかツーピースで。華やかさは必要ですが新郎新婦よりも控えめにすること。

受付係

招待客に好印象を与えることが大切な受付は、清潔であることはもちろん、行われる披露宴の格に合わせた、違和感をもたれない服装を意識しましょう。暗い色調の服ばかりが並ばないよう、女性は上品で華やかな色味のものを選ぶといいでしょう。

また、ご祝儀を受け取ったりするときに指先が目立つので、男女とも爪の手入れをきちんとしておくこともポイントです。

撮影係

ほかの招待客と同様にあらたまった服装にしますが、動き回ると目立つのでやや控えめに整えるといいでしょう。歩きやすいようにとスニーカーをはいたり、上着を脱いだまま動き回ったりしないように気をつけましょう。

NG

係を頼まれたからとお祝い金を少なくする

司会などの係を頼まれていても披露宴に招待を受けているのであれば、一般の招待客と同様にお祝い金を用意します。新郎新婦から特に何も言われていないのに、勝手に金額を少なくするのはNGです。もし実費でかかるものがあれば新郎新婦に相談し、お祝い金とは別に考えましょう。

招待客側

装いのルール

招待客は主役より格の低い準礼装や略礼装で

招待客の装いも、披露宴の雰囲気を左右します。会場を晴れの場にふさわしく彩るよう、あらたまった装い（礼装）で出席しましょう。

礼装は、「正礼装」「準礼装」「略礼装」に分けられます。最も格の高い正礼装は、主役である新郎新婦やその両親、媒酌人が着用するもの。招待客の装いの基本になるのは、正礼装に準ずる装いの準礼装で、略礼装は形式ばらない披露宴や二次会などにふさわしいスタイルです。

華やかさは必要ですが、主役のふたりより目立ってしまうのは失礼。花嫁や花婿が身につけるような華美なアイテムは控えましょう。

こんなときどうする？

「平服で」となっていたら

招待状に「平服で」とあっても、普段着で来てくださいという意味ではありません。正装でなくてもいいということで、女性ならワンピースやツーピース、男性ならダークスーツの略礼装で行くのが正解。通勤用のものでもかまいませんが、小物で華やかさを演出しましょう。

和装では、紋の数や柄、帯など立場に合った格に統一して

和装は、同じ色留袖でも五つ紋は正礼装、三つ紋か一つ紋は準礼装となるように紋の数や柄などで格が変わってきます。また、帯や小物なども着物の格に合わせる決まりがあります。迷うときには知識のある人に相談すると安心です。披露宴の雰囲気に合った、格調高く上品な色柄のものを選びましょう。一般の招待客にふさわしい訪問着やつけ下げは、既婚未婚を問いません。

招待客は正礼装をしないのがマナーですが、和装では未婚の場合、正礼装の振袖を着るのが一般的。これは、成人式などで仕立てるのは中振袖がほとんどで、花嫁衣裳の大振袖とは仕立てや着こなしが異なるためです。

女性招待客の装い（和装）

正礼装

色留袖《いろとめそで》（既婚の場合）

留袖は裾《すそ》に模様を配した着物で親族の装い。五つ紋の色留袖や地色が黒の黒留袖は既婚女性の正礼装。末広《すえひろ》（扇）を帯に挿す。

- 金地、銀地の錦織や唐織《からおり》などの格調高い柄の帯を二重太鼓《にじゅうだいこ》に結ぶ。
- 帯締め、帯揚げは白が基本。白地に金銀が入ったものも。
- バッグと草履は金、銀、佐賀錦など。セットになったものにするのが基本。

振袖（未婚の場合）

招待客は中振袖《ちゅうふりそで》までにする。未婚であれば年齢に制限はない。

- 錦織《にしきおり》の袋帯をふくら雀《すずめ》などに結ぶ。
- 帯揚げは総絞り色物。帯締めは金、銀、ぼかしなどの組みひも。
- バッグと草履は金、銀、佐賀錦、エナメルなど。草履はかかとが高めのものに。

略礼装

色無地（紋なし）

- 地紋や色味がおめでたいものを。
- 帯や小物は準礼装と同様。

ほかの装い

江戸小紋《えどこもん》（紋なし）

つけ下げ…訪問着のように見えるが、柄がつながっていない着物。

小紋…パターンで同じ模様が繰り返される着物。おめでたい吉祥文様《きっしょうもんよう》や古典柄を。

準礼装

訪問着

襟、肩、裾にかけて柄がつながる絵羽模様《えばもよう》の着物。紋がなくても格調の高い柄を選べばOK。

- 錦織などの袋帯を二重太鼓に結ぶ。
- 帯揚げと帯締めは淡い色にすると上品。
- バッグと草履は礼装用のものを。

ほかの装い

色留袖（三つ紋・一つ紋）

色無地（三つ紋・一つ紋）…一色で染められた着物。地紋や色味がおめでたいものを。

江戸小紋（三つ紋・一つ紋）…一色染めで一見無地に見えるような細かい柄の入った着物。格が高い柄を。

洋装の基準は時間によっても変わる

日本ではあまり強く意識されていませんが、洋装の場合は、披露宴が行われる時間帯によっても装いの基準が変わります。午後5時から6時くらいを境にし、昼の時間帯は肌の露出や光沢感を抑えめにし、夜の時間帯は逆に肩を出した装いや光沢のある素材を選ぶのが原則。靴、バッグなどの小物やアクセサリーも、昼はあまり光らないもの、夜は輝きのある華やかなものを身につけるようにします。

白一色の装いや喪服のような装いはタブー

白は花嫁の色。部分的に白が入っているようなものならかまいませんが、白一色のドレスを着るのはマナー違反。白に見えるような淡い色味のものも、できれば避けましょう。

また、黒の服にも注意が必要です。黒という色自体は問題ありませんが、シンプルで「喪服かな？」と思わせてしまうドレスはNG。光沢のある素材や華やかなデザインのものを選び、アクセサリーやコサージュで色を加えて黒一色とならないようにしましょう。

CHECK!

小物やアクセサリー選びの注意点

靴は細めのヒールのパンプスが基本。ヒールが3〜5cmはないとカジュアルな印象になり、また高さがあるほうが足がきれいに見えます。オープントゥやバックストラップのものも問題ありません。NGなのはミュールとブーツ。ミュールでは足が固定されずきれいに歩けません。ストッキングはナチュラルなものが原則で、黒のストッキングやタイツ、ラフに見える素足はNGです。

バッグはパーティー用の小さめのクラッチバッグやハンドバッグを。

アクセサリーは、花嫁のようにゴージャスになりすぎないよう気をつけます。昼は光らないもの、夜は照明できらめくものにしましょう。

腕時計はもともとカジュアルなアイテムなので、フォーマルの場には好ましくなく、時計をしていると時間を気にしているようにも見えるのではずしましょう。パーティー用の華奢な作りのものはOKです。

? こんなときどうする？

肩の出るドレスを昼に着たい

肩の出るドレスでも、上に羽織るものを用意すれば肌の露出を抑えられ、昼の時間帯にも着ることができます。羽織るものにはきちんとした印象になるボレロがおすすめ。ショールもよく用いられますが、ずり落ちるのを直す姿はいただけません。ブローチやコサージュを使ってとめましょう。

女性招待客の装い（洋装）

準礼装

夜

カクテルドレス

胸元や背中、肩を出したワンピース。丈はひざ下からふくらはぎの中ほどまでの間で。華やかな素材のもの。ただし、過度な露出は控える。袖があってもかまわない。

昼

セミアフタヌーンドレス

首元がつまっていて袖のついている、肌をあまり露出しないワンピースやアンサンブル、ツーピースなど。ひざが隠れるくらいの丈で、上質で光沢のない素材が基本。

略礼装

夜

ドレッシーなワンピースやツーピース。昼よりやや華やかなもの。

昼

あまり光らない素材のドレッシーなワンピースやスーツ。

小物・アクセサリー

夜

- カーフ革や、金や銀、ラメ・メタリックのような素材など、華やかなパンプス。またはサンダル。
- ビーズやエナメル、布製などの小型のバッグ。
- 宝石や金銀など光る素材のアクセサリー。

昼

- スエードやカーフなど革製のパンプス。
- 布製か、スエードやカーフなど革製のドレッシーな小型のバッグ。
- パールなど光らない素材のアクセサリー、コサージュ。

男性はブラックスーツが広く用いられる

男性の場合、和装は新郎や新郎新婦の父親などが五つ紋付《もんつき》羽織《はおり》袴《はかま》を着用し、招待客は洋装にするのが一般的。なかでもよく用いられるのが、昼夜を問わずに着られるブラックスーツです。

昼の準礼装であるディレクターズスーツ、夜の正礼装であるタキシードより格下にはなりますが、ブラックスーツも準礼装にあたります。格式のある披露宴からカジュアルなパーティーまで広く対応できるのも魅力。日本独自のスーツで、慶弔も問わず着られます。ズボンの裾はシングルにするのが基本で、上着はダブルでもシングルでもかまいません。シングルジャケットにベストを合わせると、よりフォーマルな装いになります。

シャツは白で長袖が基本、ボタンダウンのシャツはカジュアルな印象になるので控えましょう。靴下は必ず黒を着用します。白や色柄ものはNGです。

華やかさやフォーマル度がアップするポケットチーフは、麻または絹の白無地のものが正式。ネクタイピンやカフスはつけなくてもよいですが、つけたほうがよりフォーマルになります。

CHECK!

ビジネス用の黒のスーツとは違う

準礼装のブラックスーツは、上質なウール生地を使い礼服用に仕立てられたスーツ。ビジネス用の黒のスーツとは違います。色を比べるとブラックスーツのほうが深く濃い黒をしているはず。同じ黒のスーツでもビジネススーツでは略礼装になり、格の高い披露宴には向きません。

子どもの服装に特別な決まりはない

子どもも披露宴にふさわしいフォーマルな装いが望まれますが、特に決まりはありません。学生なら制服が礼装。靴は革靴などきちんとしたものにしましょう。制服がない場合には、男の子ならブレザーにズボン、女の子ならワンピースなどであらたまった感じに整えて。髪もセットすると、フォーマル感が増します。

男性招待客の装い（洋装）

正礼装

夜

タキシード

夜の正礼装ですが、日本では昼の着用も可。蝶ネクタイとカマーバンドが特徴。「ブラックタイ」と指定があるときにはタキシードで。

準礼装

昼

ディレクターズスーツ

黒のジャケットにベスト、グレーの縦縞のズボンを合わせた、モーニングコートの略装。

略礼装

昼・夜

ダークスーツ

ダークグレーや濃紺などの落ち着いた色の、無地か無地に近いスーツ。小物を使い、ビジネスシーンとは違った装いを。

昼・夜

ブラックスーツ

黒のジャケットに共布のズボンを合わせたスーツ。夜はファンシータキシードやファンシースーツも準礼装になる。

小物

靴

黒革のシンプルなひも靴。つま先にいくつも小さな穴が模様のように空いているタイプはカジュアルなので避ける。タキシードにはエナメルのオペラパンプスが正式。

ベルト

黒革のシンプルなデザインのもの。大きなバックルのあるものやヘビやワニの革製は避ける。サスペンダーが正式。

ネクタイ

シルバーグレーか白黒ストライプ。タキシードには黒の蝶ネクタイを。ブラックスーツでも夜は黒の蝶ネクタイをしてもいい。略礼装なら、明るい色のネクタイもOK。

シャツ

レギュラーカラーかウイングカラーなどの白シャツ。略礼装では淡い色のものも可。

招待客側

披露宴でのマナー

20〜30分前に到着受付ではお祝いを伝える

当日は披露宴会場に早めに着けるように、時間に余裕をもって家を出ましょう。開始時間の20〜30分くらい前の到着を目指します。

会場に着いたら、まずコートや大きな荷物をクロークに預けましょう。披露宴の会場には、小型のバッグ以外は持ち込まないのがマナー。受付に向かう前には、洗面所で身だしなみを整えるといいでしょう。

受付では、まずお祝いの言葉を述べます。受付係の人が知り合いであっても、受付係をしている間は主催者側の立場。ていねいなやりとりを心がけましょう。用意してきたお祝い金を手渡し、芳名帳《ほうめいちょう》に記入し、席次表などを受け取って、案内に従って控室に移動します。

受付でのやりとり、お祝い金の渡し方

❶お祝いの言葉を伝える

「本日はおめでとうございます」

▼

❷新郎新婦との関係や名前を伝える

「新婦佳奈さんの友人の高木真奈美と申します」

▼

❸お祝い金を手渡す

「心ばかりのお祝いですがどうぞお納めください」

▼

❹芳名帳《ほうめいちょう》への記入、席次表を受け取るなど

お祝い金はふくさから取り出して正面が相手に向くように向きを直し、ふくさの上に乗せて両手で差し出す。

CHECK!

ゲストカードは忘れずに持参する

最近は、受付の混雑緩和などを考え、招待状に受付で渡すゲストカードが同封されていることが増えています。ゲストカードは芳名帳のかわりに記念に残るもの。あらかじめていねいに記入しておき、当日は忘れずに持って行きましょう。「御（芳）」を消すのは、返信はがきと同様です。

控室ではなごやかに過ごし新郎新婦や両親にあいさつを

控室では、ほかの招待客となごやかに過ごします。周囲の人に話しかけてみましょう。友人が多く招かれていても、仲間内だけで盛り上がることのないようにします。椅子はなるべく年配者にゆずる心配りもしましょう。

無理をしてまで探すことはありませんが、新郎新婦や、その両親をロビーなどで見かけたら「本日はおめでとうございます。お招きいただきありがとうございます」と、お祝いの言葉とともに招かれたお礼を伝えましょう。両親と初対面の場合は、簡単に自己紹介もします。ただし、新郎新婦や両親と話し込むのはNG。ほかの招待客もいます。主催者を独占することのないようにしましょう。

指示に従って入場周囲にあいさつをし着席する

係の人に案内をされたら、流れに乗って披露宴の会場に入ります。入り口では新郎新婦と両親が迎えてくれる場合もあるので、「おめでとうございます」とひと言伝え軽く頭を下げて通り過ぎます。そこでていねいなあいさつをしたり、入場の順番をゆずり合ったりしていると、入場の流れを止めてしまうことになります。スムーズに移動することを第一に考えましょう。

会場に入ったら席次表を確認して自分の席に着きます。着席するときは、同じテーブルの人に軽く会釈を。披露宴で共にふたりを祝福していくためにも、隣席に初対面の人がいたら、自己紹介をして会話のきっかけをつかんでおくといいでしょう。

？ こんなときどうする？

アクシデントで遅刻しそうな場合

思わぬアクシデントで披露宴に遅れてしまいそうなときは、遅れることがわかった時点で早めに会場に連絡を入れましょう。到着後も勝手に会場に入らず、係の指示に従って席に着いて。万が一、当日急に欠席することになったときも会場に連絡し、主催者に伝えてもらいます。

NG

バッグをテーブルの上に置く

小型のバッグだからいいだろうと、テーブルの上にバッグを置くのはマナー違反。テーブルの上は清潔にしておくべきところ。バッグはひざの上か、背中と椅子の背の間に置きましょう。あるいは、バッグをかけられるバッグハンガーを準備していき、テーブルにかけましょう。

披露宴を楽しみ あたたかく盛り上げる

ふたりを祝福し、披露宴をあたたかく盛り上げていくのが招待客の役割です。宴の進行に協力し、拍手などのリアクションをしていきましょう。何より、自分も楽しむ気持ちになって、笑顔でいることが大切です。

まずは、新郎新婦入場の際に、大きな拍手で迎えること。披露宴の幕開けを盛大にお祝いしましょう。その後、乾杯まではセレモニーの時間になります。静かに話している人の声に耳を傾けましょう。

食事中であっても 拍手は欠かさずに行う

披露宴で振る舞われる料理は、新郎新婦が心を込めて用意したもの。楽しんでいただきましょう。

スピーチや余興のときには、できれば食事の手を止めて注目したいものですが、食事を続けていてもマナー違反にはなりません。ただし、最初と最後の拍手だけは欠かさないこと。周囲の人とのおしゃべりも控え、食事をしながらもしっかりと耳を傾けることが大切です。

食器の音を立てたり、ひじをついたりするのは、そもそも食事のマナーに反していますが、スピーチをしている人にも失礼です。スピーチ中は食器の音も意外と響くので気をつけましょう。

NG

披露宴でのマナー違反

マイペースな食事

周囲と会話もせずにもくもくと食べ続けているのはNG。披露宴に参加しましょう。また、食事のペースはできるだけ周囲の人と合わせるようにします。

おしゃべりに夢中

隣席に友人がまとまっていると話に花が咲きがちですが、セレモニーやスピーチ、余興の最中には控えて。仲間内だけで盛り上がるのはやめましょう。

写真を撮るのに夢中

幸せそうなふたりや、会場の雰囲気を写真におさめたいと夢中になっていると、周囲のことが見えなくなり、迷惑になることもあるので気をつけて。

スマホをいじる

テーブルの下でスマホをいじるのは大変失礼。通話などもってのほかです。着信音が披露宴の進行を邪魔することもあるので、マナーモードなどにしておきましょう。

飲み過ぎ

おめでたい席ではお酒も進みますが、酔っ払うほど飲まないように。また、係の人がついでくれるので、基本的に周囲の人にお酌をする必要はありません。無理にすすめたりしないようにしましょう。

話題に注意して なごやかな会話を

歓談中は、おめでたい席にふさわしい、明るい話題づくりを心がけます。新郎新婦の思い出話も出ると思いますが、ふたりの失敗談や裏話などは話さないこと。ふたりの印象を悪くするような話題は避けるべきです。

一般的にタブーとされる、政治や宗教、金銭、病気などの話題も避けます。相手のことを詮索するように、いろいろ聞くのもやめましょう。

お開きになったら 速やかに退席をする

お開きが近くなると、両親へ花束贈呈などのセレモニーが行われます。食事はやめ、厳粛に見守りましょう。

お開きになったら、同じテーブルの人に「ありがとうございました」と軽く礼をし、速やかに退席します。新郎新婦や両親のお見送りには、招待のお礼とともに「すてきな披露宴でした。お幸せに」といった言葉を添え手短にあいさつを。入場のときと同様に流れを止めないように気を配りましょう。

? こんなときどうする?

お酒が飲めないとき 乾杯はどうするの?

乾杯はお祝いの儀式。披露宴に参加している全員が起立をし、グラスをかかげます。お酒が苦手でも参加して、実際に飲まなくてもいいのでグラスに軽く口をつけましょう。

フォーマルな場では、グラスを合わせて鳴らすのはマナー違反になるので、周囲の人とはグラスを合わせません。

トイレなどで 中座したいとき

スピーチや余興の最中を避け、歓談の時間や、スピーチとスピーチの合間に、できるだけ目立たないように会場の出入りをしましょう。中座するときには、ナプキンは軽くたたんで椅子の上に置くか、椅子の背にかけます。

本来は、お開きまで席を立たないようにするのがマナー。トイレは披露宴前にすませておきましょう。

CHECK!

席札やメニューは 必ず持ち帰る

席を立つときには、席札やメニュー、受付で渡された席次表、プロフィールパンフなどを忘れずに持って帰りましょう。そうしたペーパーアイテムは新郎新婦が招待客のために用意したもの。メッセージが書き込まれていることもあります。その場に残していくのは大変失礼です。

招待客側

親族の心得

親族の慣習に合わせてお祝いを用意する

親族であっても、招待状を受け取ったら、必ず、そしてできるだけ早く、返信はがきを出しましょう。両親や本人と電話で話し、それですませてしまわないようにします。

お祝い金は、本人との関係を考えて準備しますが、自分側が祝われたことがあれば、それと同じように包むなど、親戚内で今までやりとりしてきた慣習に従いましょう。年長の親戚に相談するのもいいかもしれません。

お祝い金は1週間前までに自宅に届けるのが正式でしたが、今は親戚でも披露宴当日に持参するのが主流。お祝い品を贈るときには、親戚で同じものにならないよう、本人にリクエストをしてもらうといいでしょう。披露宴1週間前までに、自宅に配送します。

とどこおりなく進むよう進行に協力する

当日は余裕をもって30分前には会場に到着するようにします。到着し、手荷物をクロークに預けたら、まずは新郎新婦や両親にあいさつに行き、お祝いを述べましょう。

案内があったら、挙式場に移動します。厳粛な気持ちで参列し見守りましょう。挙式前後には、親族紹介、写真撮影なども行われます。限られた時間内で進めていかなくてはならないので、なごやかな中にも緊張感をもって、指示されたら速やかに動きましょう。ゆずり合って動かなかったり、おしゃべりをしていて指示を聞かなかったり、注文をつけたり、進行の妨げにならないように気をつけます。

こんなときどうする?

親族を代表しスピーチをする場合は

親族としてスピーチをするときには、冒頭のあいさつに披露宴の出席者に感謝する言葉を加えましょう。主催者側のひとりとして、ふたりを祝うために集まってくれたことへのお礼を伝えます。親族だからこそ知る幼い頃のエピソードなどを盛り込むのがおすすめです。

招待客でもあり迎える側でもある立場

親族も披露宴が始まる前に受付をすませます。用意してきたお祝い金を渡しましょう。披露宴では招待された立場と、ほかの招待客を迎える主催者側の立場をかねることになります。開始を控室で待つときには一般の招待客に気配りをして、来ていただいたお礼を伝えたり、ひとりでいるような人に話しかけるなど、あたたかな場になるよう心がけましょう。

新郎新婦や両親は忙しいので、雑用があれば引き受けます。ただし前に出すぎないこと。親族は控えめにしていることも大切です。披露宴会場への入・退場のときには、順番を指示されなければ、ほかの招待客の移動を見守って、最後に移動するようにします。

CHECK!

両親よりも格上にならない服装を

親族の服装は、基本的に一般の招待客の考え方と変わりません（68～73ページ参照）。主役のふたりや両親より格上にならないように整えます。親族として上品に、派手になりすぎないようにしましょう。

男性はブラックスーツが一般的です。兄弟など、まだ若い男性の場合は、ダークスーツでもいいでしょう。既婚女性は黒留袖を着るのが主流。若い既婚女性なら色留袖や訪問着、未婚の女性は振袖や訪問着を。洋装なら準礼装のセミアフタヌーンドレス、カクテルドレスにします。

更衣室を利用したいときは、会場に確認を。着付けをお願いしたいときには事前に予約しましょう。

CHECK!

親族紹介と記念撮影での心得

親族紹介では、通常両家の父親が、それぞれの親族をひとりずつ紹介していきます。並ぶ順番が決められているはずなので、指示に従い並びましょう。紹介されたら立ち上がり相手側の親族に向かい一礼をします。ひと言あいさつをすることもあります。自分の前に紹介された人にならって行えばいいでしょう。

記念撮影の際の立ち位置などはカメラマンが指示してくれます。指示の声が通るよう、おしゃべりはつつしんで、指示に従いましょう。新郎新婦に迷惑をかけないよう、言われた通りに並ぶことです。並び出してからあわてないように、身だしなみは事前に整えておいて。笑顔でカメラに向かいましょう。

本人・主催者側

結婚が決まったら

結婚の約束を公表し結婚への意識を高める婚約

結婚の約束を交わす婚約は、法的に認められた契約です。口約束でも婚約は成立しますが、周囲の第三者に立ち会ってもらうと、より確かなものになります。お互いの意思に責任をもつためにも、何かしらの方法で周囲に婚約を公表するとよいでしょう。

結婚の準備を進めていくうえで、婚約破棄などのトラブルがないとも限りません。そんなときに第三者を交えて婚約を成立させておくと、法的に相手に責任を求めやすくなるでしょう。

婚約スタイルは両家で相談して決める

次のページに示すように、婚約にはいろいろなスタイルがあります。昔は結納を交わすことが一般的でしたが、現在は形式にこだわらず、両家の顔合わせをかねて食事会を開き、その場で簡単な婚約の儀式を執り行うのが主流となっています。また、ふたりで婚約記念品を交換するだけですませたり、特に何もしないケースも多くなっています。

どのようなスタイルにするかは、ふたりのライフスタイルに合った形を選びましょう。その際に、双方の親の意見を聞いてみることも忘れずに。子どもの結婚は親にとっても大きな喜びです。その気持ちを大切にするためにも、自分たちだけで決めずに、親の意見も参考にして判断しましょう。

CHECK!

職場への報告は まずは直属の上司に

結婚が決まったら、できれば入籍前に、直属の上司に最初に伝えるようにしましょう。同僚に結婚することを話して、それがうわさで上司の耳に入るというのは避けたいものです。結婚式に招待する予定の場合は、報告のときにあらためて招待状をお渡ししますのでと、出席のお願いをしておきます。招待しない場合には、「式は親族のみで行う予定です」と伝え、式を挙げない場合もその旨を伝えておくとよいでしょう。

婚約のスタイル

婚約記念品の交換

結納のかわりに婚約記念品をお互いに交換する。男性からは婚約指輪が、女性からは腕時計やスーツなどを贈ることが多い。

結納

結納品や結納金を取り交わす日本独特の婚約の儀式。現在ではホテルや料亭に両家が集まって結納を取り交わす略式結納が主流。

婚約披露パーティー

友人たちを招いてパーティーを開き、婚約を発表。欧米で一般的に行われているもので、レストランや女性宅で行われることが多い。

両家食事会

両親や兄弟姉妹など、両家の顔合わせをかねて料亭やレストランで会食をする。婚約記念品の交換など婚約の儀式を行うことも。

婚約通知状

はがきやカードで婚約を知らせる、欧米ではポピュラーなスタイル。結婚式に招待したい人へ事前に知らせるときにも活用できる。

婚約式

キリスト教の聖職者の前で婚約を誓い合う儀式。参列者がその証人になる。ホテルや結婚式場で人前婚約式を行うケースも。

結納の基本

結納には正式結納と略式結納がある

昔から行われてきた正式な結納は、仲人が使者となって、両家を行き来して結納品を届ける形で行われていました。しかし仲人の負担を軽くするために仲人と両家が一か所に集まって執り行う略式結納がしだいに増え、さらに現在では、仲人を立てずに両家だけで行う略式結納が主流になっています。

また略式結納を行う場所も、以前は男性側が女性宅を訪問して行うことが一般的でしたが、現在は料亭やレストラン、ホテル、結婚式場などで行うケースが増えています。結納と食事会がセットになった「結納プラン」が用意されているところも多く、これを利用すると当日の進行もプロにサポートしてもらうことができて安心です。

関東と関西では結納のとらえ方が異なる

結納は関東と関西でも大きく違います。関東では男性も女性も結納品を用意し、結納当日に交換するのが一般的です。これに対して関西では、おもに男性が結納品を贈り、女性は男性に結納返しをしないか、日をあらためて返礼品を贈ります。そのため関東では「結納を交わす」といい、関西では「結納を納める」と表現します。

結納品の飾り方も関東と関西で異なり、関東式は一式まとめて白木の台にのせますが、関西では1品ずつ別々の白木の台にのせて納めます。

結納の日取りと場所、服装を決める

結納の時期は、挙式の半年ぐらい前が多いようです。おめでたいことなので大安や友引が好まれますが、両家の都合を調整して決めるとよいでしょう。

自宅にするのか、ホテルなどを利用するかなど、結納を行う場所も両家でよく相談して決めましょう。特に両家が離れている場合は、男性側が女性側の地域に出向くケースが一般的ですが、これも双方の都合に合わせればよいでしょう。

結納品の品目とそれぞれの意味

正式な結納品は、7品の縁起物に目録と金包を加えた9品目です。最近は7品目、5品目、3品目と数を減らした略式の結納品も増えています。この場合、「決して2つに別れない」という理由から奇数にします。

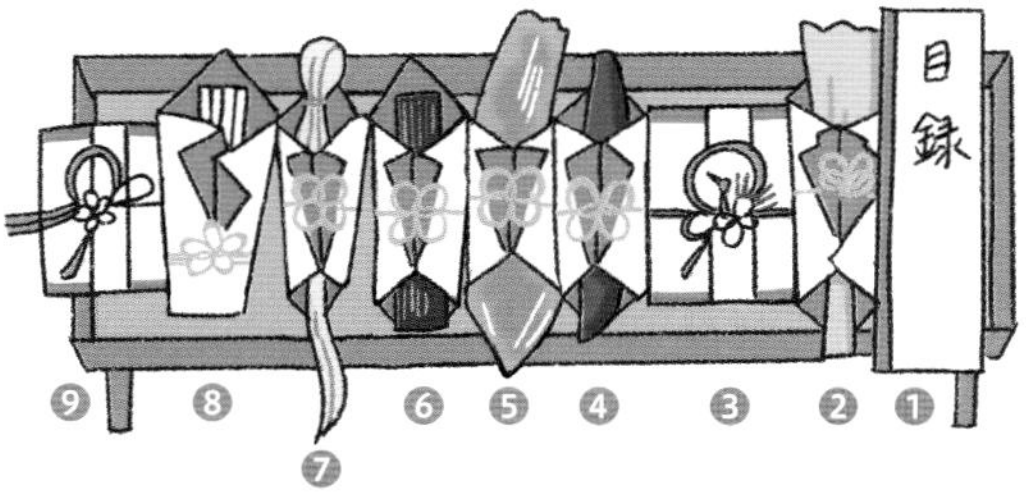

関東式の結納品

❶目録（もくろく）…結納の品目と数を箇条書きに記した用紙。1品目として数える。

❷長熨斗（ながのし）…あわびを長くのしたもの。長寿、不老の象徴。

❸金包（きんぽう）…結納金。目録には、男性からは「御帯《おんおび》料《りょう》」、女性からは「御袴料《おんはかまりょう》」と記す。

❹勝男武士（かつおぶし）…男性の力強さを象徴する。するめと同じ意味も。男性からのみ贈る。

❺寿留女（するめ）…長期保存が可能な食料であることから、末永い強い生命力を願う。

❻子生婦（こんぶ）…繁殖力のある昆布に子孫繁栄の願いを。“よろこぶ”という意味も。

❼友志良賀（ともしらが）…白い麻糸を白髪にたとえ、共に白髪になるまで仲よく長生きすることを願う。

❽末広（すえひろ）…白無地の扇子2本。末広がりに家が繁盛することと、純真無垢を表す。

❾家内喜多留（やなぎだる）…清酒。柳樽とも書き、柳の穏やかな様に家内円満を願う。酒肴料《しゅこうりょう》として現金を包む場合が多い。

CHECK!

結納品の内容も時代とともに変化

最近では結納を交わしても、結納返しが大変だから、かわりに新居費用を出してもらうなどの理由で、結納金を省略することも増えています。また結納品も、結婚記念品といった意味合いで時計や婚約指輪、アクセサリーなどにすることもあります。両家の両親などとよく相談して決めましょう。

そのほかに用意するもの

結納品のほかに、結納を確かに受け取ったという、受領書にあたる「受書」や、家族書・親族書も必要です。

家族書には同じ戸籍内の家族を書き、親族書にはそのほかの3親等までの親族を書きます。奉書紙《ほうしょし》に毛筆で書くのが正式ですが、白い便せんに万年筆や筆ペンなどで書いてもかまいません。ただし近年はプライバシーなどの観点から、家族書や親族書を省略する場合も増えています。

※関西式の正式な結納品は、熨斗、寿恵廣《すえひろ》、小袖料《こそでりょう》、柳樽料《やなぎだるりょう》、松魚料《まつうおりょう》、高砂《たかさご》、結美和《ゆびわ》、子生婦、寿留女の9品目（目録は1品目に数えない）。

※女性側の結納品は、男性側が9品目であれば7品目とし、品数を減らす。

本人・主催者側

結納の進め方

結納の服装は両家の格を揃える

結納での服装は、正式結納ならば正礼装。略式結納の場合は準礼装が基本で、略礼装でも可能です。本人同士の服装の格を、揃えるようにします。

女性本人は、和装ならば訪問着やつけ下げ、華やかな振袖も結納では最適です。振袖は正礼装なので、それに合わせて男性も正礼装のモーニングコートにすべきところですが、この場合はブラックスーツでもよいでしょう。女性の洋装では、上品なワンピースやツーピースなど。男性はダークスーツにします。

親の装いは本人たちの装いに格を揃え、母親は和装ならば黒留袖や訪問着、つけ下げなど。洋装ならばワンピースやツーピースに。父親はブラックスーツかダークスーツにします。

両家が一か所に集まり男性の父親が進行役に

仲人が男性からの結納品を女性宅に届け、女性からの受書と結納品を男性宅に届け、さらに男性からの受書を女性宅に届ける、この仲人が両家を一往復半するのが関東式の正式な結納です。それ以外はすべて略式結納となります。

仲人を立てない結納では、男性の父親が進行役も務めます。結納の最中は、口上とあいさつ以外の言葉は交わさないのがしきたりです。

結納のあとは両家でお祝いの会食をします。ホテルや結婚式場の結納プランでは、祝い膳もセットになっているので便利です。

? こんなときどうする?

受け取った結納品の結納後の取り扱いは?

結納品は結婚式当日まで家の床の間などに飾っておきます。結納の日から結婚式まで日がある場合は、いったんしまっておいて、結婚式の1か月前頃にあらためて飾ります。結婚式後は記念に保管しておいてもOK。昆布やかつお節など、食べられるものは早めに食して、水引や包みのみを保管しましょう。処分したい場合は、神社のお焚き上げを利用するとよいでしょう。

略式結納の進め方

※関東式・仲人を立てずに両家が一か所に集まる形式

❶席に着く
男性側から入室し、上座に結納品を飾ってから着席する。続いて女性側も同様に行う。結納では本人たちが上座、続いて父、母の順番に両家が向かい合って座る。

❷男性父のあいさつ
進行役を務める男性の父があいさつする。不在の場合は母や男性本人が進行役となる。

男性父「このたびは、愛美様と私どもの長男亮介に、素晴らしいご縁をいただき、誠にありがとうございます。本日はお日柄もよく、略式ではございますがこれより結納の儀を執り行わせていただきます。」

❸男性側から結納品を女性側に納める
男性母が結納品をのせた台を女性本人の前に運んで一礼し、席に戻る。

男性父「そちらは私どもからの結納でございます。幾久しくお納めください。」

❹女性側は目録に目を通す
女性本人は一礼し、受け取った結納品の中の目録に目を通す。さらに父→母の順に目録に目を通す。女性母は目録をもとの台の上に戻す。

女性父または本人「ありがとうございます。幾久しくお受けいたします。」

❺女性母は結納品を飾り、受書を運ぶ
女性母は受け取った結納品を上座に運ぶ。飾ってあった女性側の結納品を上座からおろし、そこに男性側から受け取った結納品を飾り、女性側からの受書を男性本人の前に運んで一礼する。

女性父「そちらは私どもからの受書でございます。幾久しくお納めください。」

男性父「ありがとうございます。幾久しくお受けいたします。」

❻女性側から結納品を男性側に納める
女性母が男性側に納める結納品をのせた台を男性本人の前に運んで一礼し、席に戻る。

女性父「そちらは私どもからの結納でございます。幾久しくお納めください。」

❼男性側は目録に目を通す
男性本人は一礼し、受け取った結納品の中の目録に目を通す。さらに父→母の順に目録に目を通す。男性母は目録をもとの台の上に戻す。

男性父または本人「ありがとうございます。幾久しくお受けいたします。」

❽男性母は結納品を飾り、受書を運ぶ
男性母が受け取った結納品を上座に運び、男性側からの受書を女性本人の前に運び、一礼して席に戻る。

男性父「そちらは私どもからの受書でございます。幾久しくお納めください。」

女性父「ありがとうございます。幾久しくお受けいたします。」

❾結びのあいさつ
男性側があいさつし、次いで女性側があいさつする。

男性父「本日は誠にありがとうございました。おかげさまでとどこおりなく結納の儀を執り行うことができました。今後とも末永くよろしくお願い申し上げます。」

女性父「こちらこそありがとうございました。今後とも末永くよろしくお願い申し上げます。」

※関西式は男性側からのみ結納品を納めるため、進め方が異なる。

※受書は、差し出す人の利き手側に広盆などにのせ、ふくさをかけて置いておく。

本人・主催者側

両家食事会・婚約記念品

両家食事会で家族同士の顔合わせを

婚約スタイルの中で増えているのが、両家の顔合わせをかねた食事会スタイルです。結納のかわりとする婚約スタイルて、結納のように決まった形式はないので、両親だけでなく兄弟姉妹も同席して紹介し合ってもよいでしょう。

ただの食事会ではないので、食事の前に本人たちから婚約の報告のあいさつをしましょう。婚約記念品の交換といった儀式を取り入れると、あらたまった雰囲気をプラスすることができます。家族を紹介するペーパーアイテムを用意したり、記念写真を撮ったりするのもよいでしょう。

場所は個室のあるレストランや料亭、結婚式をするホテルなど、落ち着いて会話ができるところが適しています。

食事会の進行例

❶あいさつ
男性本人が進行役となり、初めのあいさつをする。

▼

❷家族紹介
男性本人が自分の家族を紹介し、次いで女性も同様に行う。

▼

❸婚約記念品の交換
婚約記念品を交換し、出席者の前で披露する。

▼

❹乾杯
乾杯のあと、なごやかに歓談しながら食事をする。

▼

❺結びのあいさつ
本人たちから、本日集まってくれたことへのお礼と、今後のおつきあいをお願いする。

？こんなときどうする？

食事会の費用はだれが払う？

食事会の費用については、両家で折半するのが一般的です。ただしどちらかが遠方から来る場合は、交通費や宿泊費などに配慮し、もう一方が食事費用を負担することもあります。当日の会計をスマートにすませられるように、事前にしっかりと決めておきましょう。

婚約記念品は心に残る品を選んで

結婚するカップルの多くが、婚約記念品の交換を行っています。男性から女性に贈る品としては、圧倒的に婚約指輪が多く、女性から男性へは腕時計やスーツなどが主流です。

婚約指輪を手に男性が女性にプロポーズというのは映画のワンシーンのようでとてもドラマチックですが、男性から指輪をサプライズで渡すというよりは、女性もいっしょに選ぶケースが増えています。ふたりで選んだほうがサイズやデザインなど、女性が好みの指輪を選ぶことができるからです。

カップルによってはペアの腕時計を選んだり、趣味の品を選んだりと婚約記念品はさまざま。ふたりの記念になる品を選ぶことがいちばん大切です。

できる範囲の予算で贈り物を選んで

「婚約指輪は給料の3か月分」というのをよく耳にしますが、これは単なる広告のフレーズです。これから結婚式の費用や新居の費用などもかかってくることを考慮し、婚約記念品の予算は、無理のない範囲で考えましょう。

女性からは男性からいただいた金額の3分の1から半額くらいを目安にお返しの品を贈るのが一般的です。

CHECK!

誕生石を使った品も婚約記念品に人気

身につけていると幸運をよぶという誕生石。2021年に新たに10石が加えられました。指輪やペンダント、ピアスなど、婚約記念品としても人気です。

1月	ガーネット
2月	アメシスト、クリソベリル・キャッツ・アイ
3月	アクアマリン、サンゴ、ブラッドストーン、アイオライト
4月	ダイヤモンド、モルガナイト
5月	エメラルド、ヒスイ
6月	真珠、ムーンストーン、アレキサンドライト
7月	ルビー、スフェーン
8月	ペリドット、サードオニックス、スピネル
9月	サファイア、クンツァイト
10月	オパール、トルマリン
11月	トパーズ、シトリン
12月	トルコ石、ラピス・ラズリ、タンザナイト、ジルコン

本人・主催者側

婚約披露パーティー・婚約通知状

家族や友人と楽しむ婚約披露パーティー

欧米では広く行われている婚約披露パーティーは、家族や友人たちに婚約したことを正式に発表する場です。本人たちが主催する場合と、友人が主催する場合があります。両家食事会では家族しか集まれませんが、婚約披露パーティーでは友人たちにも、婚約を披露することができます。

決まっている形式はありませんが、その場に集まった人たちの前で婚約を誓う人前婚約式を行ったり、婚約記念品の交換などを行ってもよいでしょう。

婚約通知状で婚約を正式に知らせる

婚約したことを知らせる婚約通知状は、簡単に婚約を発表できる方法のひとつ。婚約通知状は婚約の正式な証明にもなります。

ただしだれにでも出すのではなく、結婚式に招待する予定の人に送るのが基本です。結婚式に招かない場合は、「結婚式は親族のみで行う予定です」など、一文を入れておくようにしましょう。また職場などで毎日会う人には、通知状で知らせるよりも直接会ったときに伝えるほうがよいでしょう。

Letter

婚約通知状例

拝啓　新緑の美しい季節となりました
皆様にはますますご清祥のこととお慶び申し上げます
さて　このたび私たちは3年間の交際を経て
正式に婚約いたしました　これまで見守ってくださった皆様に
まずはご報告申し上げます
なお　挙式は来春を予定しております
今後とも何かとお世話になるかと存じますが
どうぞよろしくお願い申し上げます

敬具

〇〇年〇月〇日

吉岡拓海
伊藤京香

※おめでたいことなので、婚約通知状では句読点は使いません。

Column

婚約を解消することになったら

納得いくまで じっくりと話し合って

婚約してから結婚するまでに、お互いの意見の相違や両家の考え方の違い、また人生観などに違和感が生じ、それが決定的な問題へと発展するケースは少なくありません。とはいえ、結婚まで決意したふたりなのですから、じっくりと話し合えば解決できることもあります。まずは冷静に腹を割って話し合うことです。

それでも解決できずに婚約を解消するという結論に達したら、両親への報告や式場のキャンセルなど、できるだけ早急に行動をしましょう。

現金や品物は返し キャンセル料などの費用は折半に

ふたりで話し合い、お互いに合意のもとで婚約解消をした場合は、結納でいただいた金品、交換した婚約記念品は相手に返します。すでに予約している結婚式場にはすぐにキャンセルの連絡を入れ、キャンセル料については両家で折半にします。また新生活のために購入したものがあれば、購入した側が引き取るか話し合いによって費用を折半します。

一方的にされた婚約破棄は 慰謝料を請求できる場合も

理由も明確にしないまま、相手が一方的に婚約破棄を申し入れてきたり、相手の不誠実な行為によって婚約を破棄することになった場合は、原因を作った側が婚約から結婚準備にかかったすべての費用を負担します。

また被害を受けた側は、それにともなう慰謝料や損害賠償を請求できる場合もあります。

婚約解消の通知状例

取り急ぎご報告申し上げます。
昨年末に婚約成立の通知を差し上げておりましたが、このたびやむを得ない事情により、婚約を解消することとなりました。これまでのご厚意にお応えすることができず、誠に心苦しく感じております。
ここに謹んでご報告いたしますとともに、今後とも変わらぬおつきあいのほどを何卒よろしくお願い申し上げます。　草々

※女性が出す場合は「草々」ではなく「かしこ」にする。

※友人などからお祝いをもらっている場合は、お祝い金ならば同額の現金を、品物ならばそれに見合う金額のギフト券などをお返しする。

本人・主催者側

結婚式までの段取り

早めに準備を進め納得のいく結婚式を

結婚式を挙げると決めたら、当日を迎えるまでにやらなくてはならないことは山積みです。自分たちが漠然と思い描いている結婚式のイメージを形にできるよう、しっかりと準備を進めていきましょう。

教会式にするのか神前式にするのかといった挙式スタイルから、衣装、披露宴の料理、テーブルの花は何を飾ろうかといった細かなことまで、ひとつひとつをふたりで決めていかなくてはなりません。

お互いに仕事をしながら準備を進めていく場合、時間にも限りがあります。準備で疲れてしまわないように、余裕をもって早め早めに行動するよう心がけることが大切です。遅くとも半年前には結婚式の準備をスタートさせましょう。

効率よく準備を進めるには、結婚式当日までのスケジュールをきちんと立て、ノートやパソコンで管理し、ふたりで進捗具合を共有できるようにしておくとよいでしょう。予算の計画や管理、演出のアイデアなども忘れずにメモしておくと、後々、役立つかもしれません。

CHECK!

新居や新婚旅行のことも合わせて準備を

結婚後に新たに新居を構える場合は、その準備も必要です。新居の物件探し、家具や生活用品の購入、引っ越しの荷造りや公共料金関係の手続きなど、やるべきことをリストにして、計画的に進めましょう。

結婚式のあとに新婚旅行に行く場合は、その準備も必要です。海外に行く場合は、婚姻届け提出後ならばパスポートを新姓に変更する手続きをしておいたほうがよいでしょう。何かトラブルがあったときに本人確認に手間がかかることがあるからです。また仕事を休む際の段取りなども考えなくてはなりません。

結婚式までのスケジュール

〜6か月前

- □両家の両親への報告・あいさつ
- □結納・両家顔合わせ食事会など、婚約の儀式を行う
- □婚約記念品の購入
- □挙式・披露宴スタイルの決定
- □予算、招待客のおおよその人数の決定
- □日取りの決定
- □会場の下見・予約
- □衣装の下見

3か月前

- □衣装・小物・ブーケなどの予約
- □招待客のリストアップ
- □招待客に出欠を打診する
- □招待状の作成
- □ブライダルエステの開始
- □結婚指輪の購入
- □司会の依頼

2か月前

- □招待状の発送
- □スピーチ、余興の依頼
- □受付などスタッフの依頼
- □披露宴プログラムの決定
- □遠方の招待客の交通・宿泊の手配
- □引き出物の決定・注文

1か月前

- □式場係との打ち合わせ
- □司会者との打ち合わせ
- □披露宴の招待客数の決定
- □衣装合わせ
- □席次の決定
- □ヘアメイクリハーサル
- □謝辞を考える
- □親への感謝の手紙を考える

1〜2週間前

- □挙式・披露宴の最終打ち合わせ
- □謝辞・両親への手紙などの準備
- □引き出物の数を最終決定
- □持ち込み品の確認
- □謝礼の準備
- □主賓、司会者などにあいさつ

前日

- □当日の荷物の準備と最終確認

本人・主催者側

挙式・披露宴のスタイルを検討する

代表的な4タイプの挙式スタイル

ウエディングドレスでバージンロードを歩きたい、白無垢で三三九度の杯を交わしたいなど、挙式に対するイメージはいろいろふくらんでいることでしょう。おもな挙式スタイルには「神前式」「キリスト教式」「仏前式」「人前式」の4タイプがあり、それぞれ結婚を何に誓うかが変わってきます。

信仰にかかわらず、あこがれや着たい衣装などのイメージで挙式スタイルを選びがちですが、まずはそれぞれの挙式の特徴を知ることが大切。そして両家の親の考えも含めてよく相談して、納得のいくスタイルを決めるといいでしょう。

披露宴会場選びは招待客のことも考えて

披露宴をどこで行うかも、式場と合わせて検討していきます。披露宴会場としては、ホテル、専門結婚式場、レストラン、ゲストハウスなどがありますが、挙式から披露宴までを1か所で行える会場を選ぶケースがほとんどです。そのほうが挙式から披露宴への移動の手間がなく、新郎新婦だけでなく、招待客の負担も抑えることができます。

披露宴は時間をとってふたりの結婚式のために集まってくれた招待客に感謝を伝え、これからのおつきあいをお願いする場です。自分たちの希望ばかりを優先させずに、料理の質や交通の便などを含めて、どのようにしたら招待客に満足してもらえるかをいちばんに考え、会場を選ぶように心がけましょう。

CHECK!

ブライダルフェアでイメージをつかむ

式場や披露宴会場の様子を知るには、ブライダルフェアに参加してみるとよいでしょう。模擬挙式の見学や、婚礼料理の試食会、婚礼衣装の試着会、会場コーディネートなど、いろいろな体験ができます。挙式・披露宴を、具体的にイメージすることができるだけでなく、会場によっては特典があるところもあります。

おもな挙式スタイル

仏前式

ふたりが出会ったことを先祖に感謝し、仏前で先祖に結婚を報告し、来世まで連れ添うことを誓う。寺や先祖代々の菩提寺などのほか、自宅に僧侶を招いて行うこともある。またホテルや式場で仏前式を扱っているところもある。

神前式

日本の伝統的な挙式スタイル。神社や式場内の神殿で神様に結婚を誓い、三三九度の杯を交わし、玉串奉奠《たまぐしほうてん》を行う。本来、親族しか参列できないとされていたが、最近では友人や知人の列席が可能なところも増えている。

人前式

挙式に列席した親族や知人・友人たちに結婚を誓い、列席者全員に結婚の証人となってもらう。決まった式次第もないので、自由に自分たちらしい結婚式を行える。場所もホテルや専門結婚式場のほか、レストランやテーマパーク、ゲストハウスなど、本人たちの好きな場所での挙式が可能。

キリスト教式

教会や式場内のチャペルで、神と参列者の前で結婚を誓う、最も人気のある挙式スタイル。カトリックやプロテスタントといった宗派があり、式場のチャペルで行われているのは通常はプロテスタント式。教会は信者の挙式しか受けつけないところや、勉強会などへの参加が必要な場合がほとんど。

CHECK!

写真だけのフォトウエディング

挙式や披露宴は行わずに、写真撮影だけを行うフォトウエディング。婚礼衣装とメイク、写真撮影がセットになっているプランで、記念になる写真が残せます。結婚式を挙げるよりも費用が抑えられるので、挙式・披露宴にお金をかけたくないカップルにも人気です。

旅行をかねたリゾートウエディング

美しい自然に囲まれたリゾート地で、招待客とゆったりと過ごせるリゾートウエディング。新婚旅行をかねたり、両親といっしょに楽しんで家族のよい記念にしたりします。結婚後の記念日に、ふたりが選んだ特別な場所として訪れるカップルも多いようです。

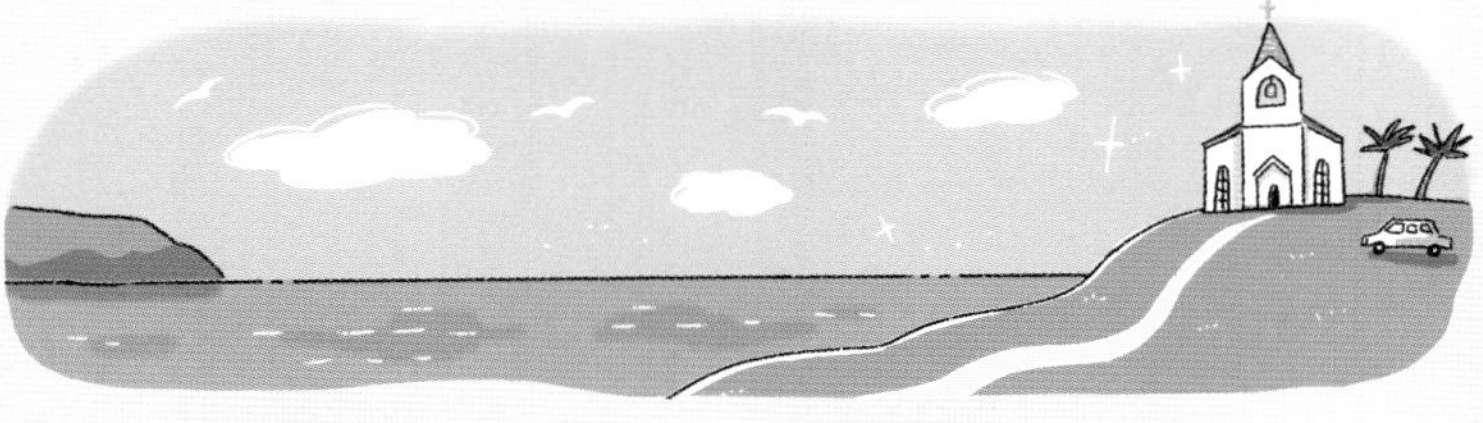

本人・主催者側

日取りと予算

招待客に負担にならない日取りを選んで

結婚式の日取りは、ふたりの仕事の都合や家族・親族らの都合に合わせて希望日をしぼっていきます。その際に、招待客にとっても出席しやすい日を考えることも大切です。たとえば3連休の中日や、お盆休み、年末年始など、一般的に予定が入りそうな休日は避けたほうがよいでしょう。また猛暑の時期も、年配の招待客にとってはつらいもの。遠方からの招待客が多い場合は、日帰りできる時間帯にするなど、挙式・披露宴の時間帯選びも大切です。

結婚式では六曜《ろくよう》を気にする人も

六曜というのは六輝《ろっき》ともいい、もともとは中国の陰陽五行説に基づいた、「一日の時間」の吉凶を定めたものです。それがしだいに「日」の吉凶とされるようになりました。

結婚のようなお祝い事には、大安が好まれますが、最近ではあまり気にしない人も増えています。休日と重なる大安は式場が混雑してあわただしいからと、ゆったりできる仏滅をあえて選ぶカップルもいます。

もしお日柄が気にならないというのなら、吉日にこだわらずに日取りの選択肢を広げてみるといいでしょう。ただし年配の人の中には、お日柄を気にする人もいるので、家族で相談することも大切です。

CHECK!

現在もカレンダーなどで見かける六曜の意味を知っておこう

大安（たいあん・だいあん）
終日吉。祝い事に最適。

赤口（しゃっこう・しゃっく）
正午だけ吉、午前と午後は凶。

先勝（せんしょう・せんかち）
午前は吉、午後は凶。急いで吉。

友引（ともびき・ゆういん）
午前と午後は吉。正午は凶。凶事を忌む。

先負（せんぷ・せんまけ）
午前は凶、午後は吉。平静を保って吉。

仏滅（ぶつめつ）
終日凶。葬儀・法事はかまわない。

ポイントをしぼりながら予算を立てる

結婚にかかる費用は、婚約記念品から挙式・披露宴、新生活の準備、新婚旅行など総額で考えておきましょう。新婚旅行は行わずに入籍だけですませたり、新婚旅行はカットするなど、人によって違いはありますが、挙式・披露宴だけでも300万円前後が相場ともいわれています。

まず自分たちの結婚プランを整理し、それぞれにかかる費用を具体的に算出してみましょう。

出せる金額には限りがあります。披露宴の料理だけはいいものを選びたい、あこがれのチャペルで挙式したいなどこだわりポイントをしぼり、お金をかけるところ、抑えるところを検討するとよいでしょう。

費用はふたりで折半するのが基本

結婚にかかる費用は、原則としてふたりで折半します。ただし衣装代はそれぞれの負担にしたり、披露宴の招待客の人数に合わせて負担額を調整したりするなど、お互いが納得いく分け方にすればよいでしょう。

結婚式が近づいてくると、準備に追われ分担がうやむやになることも多いので、予算を立てる段階でしっかりとふたりのルールを決めておきましょう。

入ってくるお金も予算にあてられる

予算を立てるうえで、招待客からのご祝儀も収入として予算に組み込み、自分たちの貯金にご祝儀をプラスした金額が使えるお金の総額と考えます。

ただしご祝儀は披露宴後に手元に入るお金なので、式場への支払いが前払いの場合は、親から借りるなどしなければなりません。カード払いやブライダルローンが利用できたり、支払い方法によって特典がついたりするところもあるので、式場の見積もりをとったときに、支払い時期と方法についてもよく確かめておきましょう。

親からの援助もあるかもしれませんが、最初からあてにするのは厳禁です。あくまでも自分たちでまかなえる範囲で考えるのが基本と心得ましょう。

ふたりの貯金額
＋ご祝儀
＋（親からの援助）
－婚約・新居・新婚旅行などの費用

＝挙式・披露宴の予算

本人・主催者側

披露宴会場の決定

披露宴会場は下見をしてから選ぶ

披露宴会場はどのような雰囲気のところがよいか、まずはイメージをかためます。そして気になったところがあったら、資料請求して検討し、可能な挙式スタイル、招待客の人数、予算、アクセスなどの条件に合ったところを数か所ピックアップしましょう。気になる会場をすべて下見することは時間と労力を消耗するので、ある程度しぼり込むことがポイントです。

式場がしぼられたら、下見に行きましょう。実際に行って見るのとパンフレットでは印象が違うことも多いので、下見は必須です。ブライダルフェアに参加するのもおすすめです。

見積もりの鉄則は同じ条件で取ること

下見の際に気に入ったところがあったら、見積もりを取ります。ほかの会場と比較できるように、見積もりの条件はどの会場も同じ招待客数、同程度の内容で取っておきましょう。その際に、見積もりの項目もしっかりとチェック。どこの式場も料理のグレードが何段階かあるので、見積もりに入っている料理がどのランクのものかも確認を。料理はあとからグレードアップすると最初の見積もりよりも金額が大きくアップするからです。

このほか、見積もりで不明なことがあったら、この段階で式場担当者にしっかりと聞いておくようにしましょう。

仮予約して検討をキャンセル料の確認も

気に入った式場があったときにはすぐに予約をしないで、仮予約をして検討します。お日柄のよい日はすぐにうまってしまうので、仮で押さえておいたほうが安心です。仮予約の期間は1週間〜10日程度のところが多いので、その間にほかの候補会場と比較検討するようにしましょう。

本予約をする際には、内金が必要です。念のためキャンセル料についても確認をしておきましょう。

CHECK!

式場選びのチェックポイント

- □希望の挙式ができるか
- □披露宴会場の雰囲気・収容人数
- □スタッフの対応
- □料理の種類・味・センス
- □衣装の品揃えは十分か
- □控室・美容室などの設備
- □希望する演出ができるか
- □交通の便がよいか
- □駐車場の有無
- □駅からの送迎の有無

式場予約までの流れ

❶希望条件を話し合って決める

▼

❷情報を収集する

▼

❸3～4軒にしぼって下見する

▼

❹気に入ったら見積もりを取る

▼

❺ほかの候補にあがっている会場がある場合は、仮予約をして比較検討

▼

❻予約へ

CHECK!

披露宴会場別に考えるメリットとデメリット

ホテル

メリット

洗練された雰囲気とサービスが見込め、スタイリッシュな挙式・披露宴がかなう。宿泊もできるので、遠方からの招待客が多い場合には便利。

デメリット

基本的にほかの会場よりも料金が高め。人気の高いホテルは、吉日の予約が取りにくい。

専門結婚式場

メリット

婚礼専門のため、挙式から披露宴までいっさいを安心して任せられる。細かなリクエストにも柔軟に対応してくれるところが多い。

デメリット

吉日に混み合う。オリジナルの趣向を凝らそうとすると料金がかさむ。引き出物などの持ち込み料がかかるところが多い。

レストラン

メリット

招待客に喜んでもらえるおいしい料理を提供できる。格式張らずに、なごやかで落ち着いた雰囲気が作れる。

デメリット

衣装や写真、引き出物など、すべて自分たちで手配しなければならないことが多い。スペースに限りがあり、大人数は招けないところも。

ゲストハウス

メリット

自宅に招いたような、アットホームな雰囲気の中で、招待客にくつろいでもらえる。新郎新婦と招待客がいっしょに披露宴を楽しめる。

デメリット

カジュアル感が強すぎると、まとまりがつかなくなる。料理などのクオリティが下がる場合も。

婚礼衣装の準備

衣装の準備は早めにスタートさせて

結婚式の日取りが決まったら、衣装選びはなるべく早めに始めましょう。人気の衣装はすぐに予約が入ってしまうので、着たい衣装を選べなくなることがあるからです。シーズンによっては、試着の予約さえ取りにくいこともあります。

衣装選びの最初のステップは、自分の着たい衣装を、雑誌やインターネットなどで探して、イメージを具体化すること。それができたら、イメージに合う衣装を扱っているショップに予約を取って試着してみます。

自分の好みの衣装と、自分に似合う衣装は違うこともあるので、いろいろ試着してみるとよいでしょう。試着したら、写真を撮ったり、動いている様子がわかる動画を撮って、家族など親しい人の意見も聞きながら検討するとよいでしょう。

挙式・披露宴の会場に合ったものを

教会での挙式では、神の前で肌を出すことはタブーとされているので、肩や背中のあいたドレスは不向きです。ボレロを羽織ったり、白の長手袋をしたりと、肌の露出を控えるようにしましょう。また披露宴会場の雰囲気に合わせることもポイントです。コンパクトな会場でゴージャスなドレスを着ると、招待客のテーブルをまわりづらいことも。衣装を選ぶ際には会場との調和も考えるようにしましょう。

いろいろ見ているうちに、予算オーバーになりがちなのが、この衣装料金です。予算をしっかり頭に入れて選ぶことも大切です。

CHECK!

衣装選びのチェックポイント

- □自分に似合うか
- □新郎新婦がつり合っているか
- □挙式・披露宴会場と調和がとれているか
- □予算はオーバーしていないか

※そのほか、必要と思うことをあらかじめ書き出しておくとよいでしょう。

新婦［洋装］

カラードレス

カラードレスを選ぶ際は、昼は肌の露出は控えたアフタヌーンドレスが、夜ならば適度に肌を見せるカクテルドレスやイブニングドレスが正式。最近ではあまり気にしないで、自由に選ぶ人がほとんど。

ウエディングドレス

ヘッドドレス
ティアラやクラウン、カチューシャなどの髪につける飾り。ブーケと合わせた生花でヘッドドレスを作るのも人気。

アクセサリー
ドレスに合わせたネックレスやチョーカー、イヤリングなどを。清楚なパールが基本。

手袋
肌の露出を抑えるためのもの。袖が短いドレスには、ひじまでかくれる長手袋を。

ドレス
身につけるものすべてを白で統一するのが基本。肩や腕を露出しないように、長袖に手袋をつけ、床に裾を引くロングドレスが正式。

ブーケ
挙式用のブーケは、白い花とグリーンが基本。差し色が入ってもよい。ドレスのデザインや体形に合ったものを。

靴
革やエナメルなどでもよいが、ドレスと同じ布地を使ったパンプスが正式。

ベール
床まで届く長いタイプが正式。長いほど格式が高くなる。ドレスとのバランスで長さを決める。

CHECK!

幸せになれる言い伝え「サムシング・フォー」

結婚式で４つのサムシングを身につけた花嫁は幸せになれるという、ヨーロッパの言い伝えがあります。

サムシング・オールド
古いもの。祖母や母からゆずり受けた指輪など。新しい生活と家族をつなぐ。

サムシング・ボロウ
借りたもの。幸福な人からアクセサリーやハンカチなどを。幸せの共有。

サムシング・ニュー
新しいもの。ドレス、ベール、手袋、下着など。無事な門出を願う。

サムシング・ブルー
青いもの。下着など目につかないところに身につける。青は花嫁を幸せにする色。

新婦［和装］

白無垢

日本古来の最も格式の高い正礼装で、打掛、帯、小物など身につけるものすべてを白で統一。純粋無垢の象徴である白には「婚家の色に染まる」という意味が込められています。白無垢は挙式だけという習慣の地方もありますが、披露宴で着てもかまいません。ただし披露宴では、綿帽子や角隠しははずします。

綿帽子
白無垢にのみ合わせられる綿帽子は真綿を伸ばして作られたかぶりもので、「挙式が終わるまで新郎以外には顔を見せない」という意味がある。

CHECK!

和装で結婚式が行える会場は？

和装で結婚式が行えるのは、神前式と人前式、仏前式の３種類。人前式であれば、場に合うかはさておきホテルなどの施設のチャペルでも、不可能ではありません。また、最近は和装でもアレンジされた着物や髪型で行う場合がありますが、神社によっては断られる場合があります。

神前式で映える日本の伝統的な婚礼衣装

日本ならではの伝統的で格式のある和装は、神前式の挙式で選ぶことが多い衣装です。

挙式のときは、文金高島田《ぶんきんたかしまだ》に結った髪の上に白無垢ならば綿帽子や角隠《つのかく》しを、色打掛や引き振袖ならば角隠しをつけ、披露宴ではこれらをはずします。最近では色打掛や引き振袖に洋風の髪型を合わせ、モダンに着こなすスタイルも注目されています。

文金高島田のかつらは自分にぴったり合ったサイズを

和装の髪型の文金高島田は、江戸時代に流行した「島田髷《しまだまげ》」という未婚女性などが結った髪型が変化したもので、伝統的な格調高い花嫁の髪型です。自

色打掛

白無垢と同様に格式ある色打掛は、赤や黄、黒などさまざまな色地に、金糸銀糸で鶴亀、鳳凰、末広などのおめでたい柄の刺繍がほどこされた色鮮やかで豪華な着物。挙式では角隠しをつけ、披露宴でははずします。

角隠し

文金高島田に結った髪を飾る布で、「角を隠し、嫁ぎ先の家に従う」という意味がある。白無垢、色打掛、引き振袖に合わせることができる。

引き振袖

江戸時代の武家の正式な婚礼衣装で、裾を引きずるように仕立ててあることから「お引きずり」とも呼ばれています。黒地のものは「黒引き振袖」といい、昭和初期まで一般的な花嫁衣裳でした。挙式では角隠しをつけ、披露宴でははずしますが、洋風の髪形と合わせるスタイルも増えています。

分の髪で結う人もいますが、ほとんどの人がかつらを利用しています。

かつらには、まげの高さや形、髪の色など、多少の違いがあります。かつら合わせのときにいろいろ試して、自分に似合う形を選びましょう。ゆるすぎるとお辞儀をしたときにずれてしまい、きついと頭が痛くなることも。しっかりとかぶり心地も確認しましょう。

CHECK!

お色直しは少なめに 和装で簡単に印象変化

お色直しの時間は、主役が披露宴を中座し招待客を待たせることになります。できればお色直しは2回までにしておきたいものです。和装では、白無垢で挙式し、披露宴では白の打掛から色打掛に変えると、時間をかけずに印象を変えられるので人気です。

※成人式の振袖(中振袖)は婚礼衣装の振袖(大振袖)とは異なりますが、思い入れがある場合など、着てもかまいません。

新郎[洋装]

昼

フロックコート

昼の正礼装。ひざあたりまでの長めのジャケット丈が特徴。ダブルで黒の上着、白黒の縞模様のズボンを合わせるのが正式ですが、シングルのタイプも増えています。新婦が長いトレーンをひくドレスのときにバランスがよいクラシカルなスタイルです。

モーニングコート

昼の正礼装。前裾が斜めにカットされ、後ろの丈はひざまであるのが特徴。黒の上着に黒とグレーの縦縞のズボンを合わせるのが一般的ですが、シルバーグレーの上着も人気。ベストを着用し、タイは白黒の縞柄のネクタイや、シルバーグレーのアスコットタイ。白の手袋を持ちます。

夜

タキシード

夜の正礼装ですが、テールコートよりは格が下がります。黒が基本で、ベストまたはカマーバンドを着用し、側章つきのズボンを合わせます。グレーや白のタキシードも人気で、昼の披露宴でも選ぶ人が多数。

テールコート

夜の正礼装。上着の前はウエスト丈で、後ろは裾がツバメの尾のように長く割れていることから燕尾服とも呼ばれます。タキシードより格が高いスタイルで、上下黒が正式。ベストと蝶ネクタイは白。

新郎の衣装は新婦の衣装に合わせる

新婦が和装ならば新郎も和装に、洋装であれば洋装にと、新郎の婚礼衣装は新婦に合わせるのが基本です。新婦の衣装とのバランスを考えて決めるようにしましょう。

和装では五つ紋付羽織袴《もんつきはおりはかま》が正礼装ですが、洋装では披露宴の時間帯によってふさわしい服装が変わります。午前中や昼間ならば、モーニングコートやフロックコートが正礼装、夕方以降ならばテールコート（燕尾服）やタキシードが正礼装となります。

現在ではあまりこだわらない傾向が見られ、昼夜の区別なくタキシードを選ぶ人が増えています。色も基本の黒だけでなく、ネイビーやブラウン、グレー、白なども人気です。

CHECK!

男性の準礼装は色紋付羽織袴

黒五つ紋付羽織袴は男性の最も格が高い正礼装で、色物の紋付羽織袴は準礼装になります。女性が白無垢、色打掛、引き振袖の場合は、格を合わせて男性は黒五つ紋付羽織袴に。女性がお色直しで大振袖を着る場合には、男性は色紋付羽織袴にします。ただし最近では格にとらわれずに、挙式にも色紋付羽織袴を選ぶケースも見られます。

両親の衣装も格式高く両家で格を揃える

招く側として格式高い装いで迎えるのがマナー。父親は昼ならばモーニングコートが一般的で、夜はテールコートやタキシード。和装の場合は黒五つ紋付羽織袴にします。母親は黒留袖を着ることが多く、洋装の場合にはアフタヌーンドレスに。両家で格を揃えるようにしましょう。

新郎［和装］

五つ紋付羽織袴

黒羽二重の五つ紋付羽織に仙台平《せんだいひら》の縞柄の袴を合わせます。五つ紋は背中、両胸、両後ろ袖の計5か所に紋を白く染め抜いたもの。白い羽織ひも、白足袋、白い鼻緒の雪駄と、小物類はすべて白一色にします。

本人・主催者側

招待客の決定と席次、引き出物

優先順位を決めて招待客をリストアップ

招待客は、自分たちの行う披露宴の規模に合った人数におさまるように選ばなくてはなりません。それには優先順位をつけて招きたい人をリストアップしていくとよいでしょう。

以前は両家で招待客の人数をバランスよく揃えるのが基本でしたが、今はあまり気にしなくなりました。親戚の人数や職場の環境などで、差が出てくるのはしかたないこと。この場合は、席次を決めるときに両家の境があまり目立たないように調整しましょう。

招待状は遅くとも挙式の2か月前に発送を

招待客が決まったら、招待状を送ります。出欠の返事をもらう時間が必要なので、遅くとも挙式・披露宴の2か月前には発送しましょう。

ただし招待状をいきなり送るのではなく、あらかじめ電話や手紙、メールなどで結婚報告をしましょう。そして結婚式に来てほしい旨を伝え、相手の了解を得てから招待状を送るのがていねいです。

スピーチや余興をお願いする人には、招待状に依頼の文面を同封します。これもあらかじめ連絡して、内諾を得てからにしましょう。

CHECK!

手順を踏んで招待客を決める

❶ 主賓を決める。
❷ 親族、恩師、職場の上司、親友など、絶対にはずせない人を選ぶ。
❸ できれば招待したい人を選ぶ。
❹ ❸から、過去に結婚式に招待してくれた人がいたらマークする。
❺ リストアップした人数が足りないときは❸を加え、多いときは❸から❹以外の人を除くなどして、残りの人を調整する。

席次は慎重に失礼のないように決める

披露宴の席次は新郎新婦の席に近い席が上席、離れたところが末席です。

披露宴の席次例

丸テーブル

一般的なスタイルで、テーブルに座った人同士が話しやすいのが特徴。メインテーブルにやや背を向ける席の人は、新郎新婦が見えにくくなる。

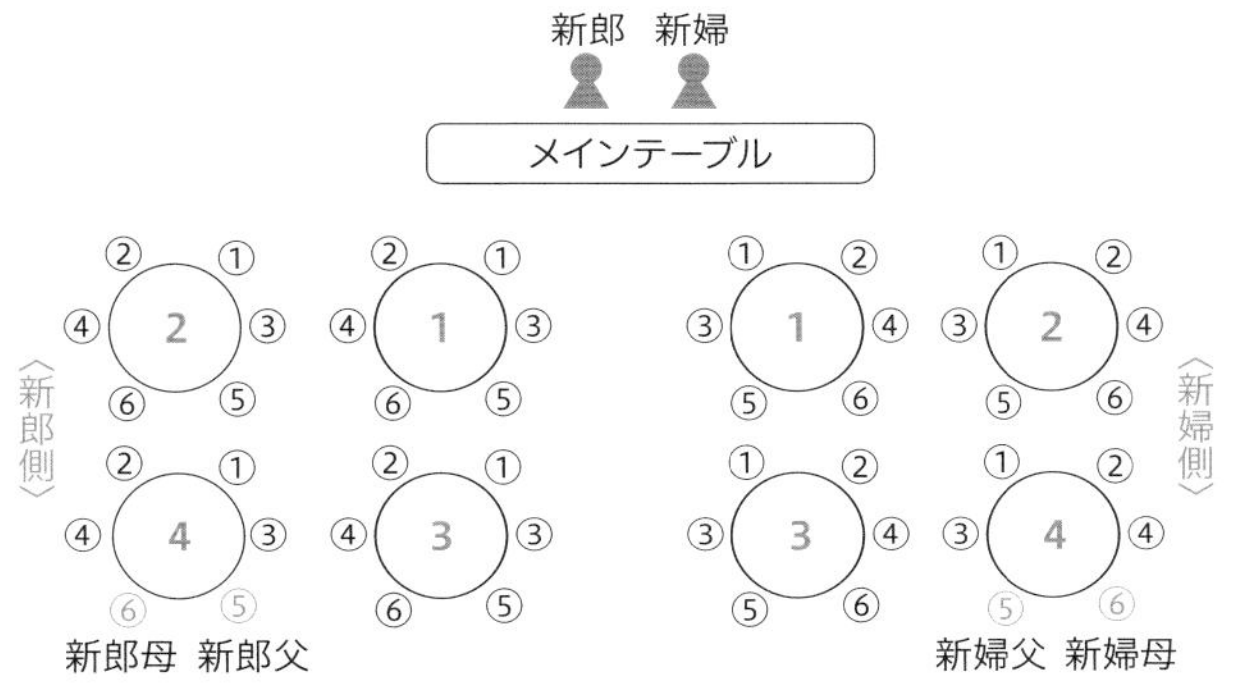

長テーブル

招待客の人数が多いときによく使われる。「流し型」「くし型」などとも。隣や前に座った相手としか話せないが、メインテーブル側が見やすいのが特徴。

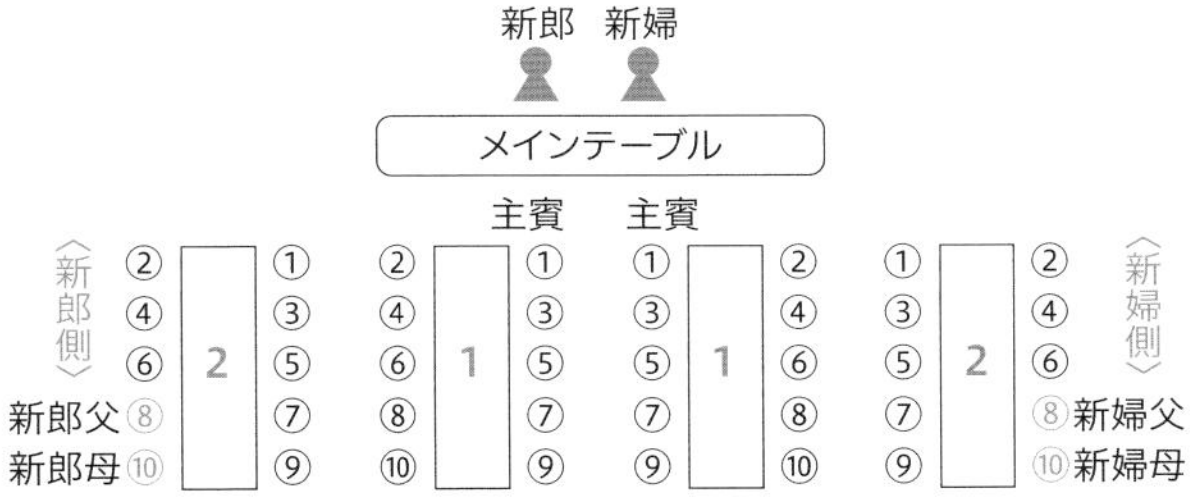

上席には主賓、次いで恩師→上司→先輩→同僚・友人・後輩→親族→兄弟姉妹→両親の順になります。会社関係の人を招いた場合は、肩書の上下を間違えないようによく注意して決めましょう。

招待客の会話がはずむように、知り合い同士や年齢の近い人を同じテーブルにする配慮も必要です。

引き出物は全員同じでなくてもよい

引き出物は引き菓子を合わせて、2～3品贈るのが主流です。ひとりあたりの引き出物の予算は、飲食費の3分の1を目安に考えましょう。

さらに最近では、招待客を上司、友人・同僚、親戚のように、いくつかのグループに分け、それぞれに合った価格帯の品を選んで贈り分けするケースが増えています。

本人・主催者側

係をお願いする

負担が大きい係はプロにお願いを

結婚式の係をお願いする友人には、重要な役目を担ってもらうことになります。できるだけ早めに電話で連絡してお願いしておきましょう。内諾が得られたら、招待状にあらためてお願いの手紙を同封するとていねいです。

披露宴の進行を担う司会や、撮り直しがきかない撮影係のような、責任が重くのしかかるような係は、頼まれるほうも大きな負担に。料金はかかっても、会場で手配してくれるプロに任せることをおすすめします。

係の種類とお礼の目安

スピーチ・余興

スピーチは新郎新婦の招待客からそれぞれ1~3人選んで依頼します。職場の同僚、学生時代の友人など、ふたりのエピソードをよく知る立場の異なる人を選びましょう。人前で落ち着いて話せる人が適任です。

余興も演奏や歌など、得意としているものがある人に、招待客全員が楽しめるものをお願いしましょう。

¥お礼の目安　お礼や心づけといった形で現金やギフト券を渡すことはほとんどありません。当日は感謝の気持ちを伝えたうえで、後日、新婚旅行のお土産やちょっとしたプレゼントを贈るとよいでしょう。新居に招いて食事でもてなすのもおすすめです。

司会

披露宴の進行役をかねる重要な役目なので、友人に頼む場合は経験ある慣れた人にお願いしましょう。

プロに頼むケースも増えています。司会者とは事前に打ち合わせをして、披露宴をどんな雰囲気にしたいかを伝えておきます。

¥お礼の目安　友人に頼んだ場合は、披露宴中に食事をすることができないので、食事に相当する金額を謝礼として渡します。2~3万円が相場ですが、さらに後日あらためて食事に招待してお礼を伝えるようにしましょう。

プロにお願いする場合は、あらかじめ料金が設定されているので、指定の方法で支払うほか、当日5000～1万円の心づけを渡すのが一般的です。

撮影係

挙式や披露宴の様子をカメラやビデオで撮影する係です。撮り直しがきかないので、プロに依頼するのがベストです。会場によっては、専属カメラマン以外は撮影できない場合もあります。

専属カメラマンは、挙式撮影のベストポジションを把握していたり、式次第の段取りもよくわかっていたりするので安心です。

¥お礼の目安　友人に依頼した場合は、司会者と同様に食事をすることができないので、食事に相当する金額を謝礼として渡します。2～3万円が相場ですが、さらに後日あらためて食事に招待してお礼を伝えるようにしましょう。

会場専属カメラマンにお願いした場合は、請求される撮影料金のほかに、当日5000～1万円の心づけを渡すのが一般的です。

受付係

会場の受付で招待客を迎える係です。招待客からご祝儀を受け取り、芳名帳《ほうめいちょう》に名前を記帳してもらいます。そして席次表を渡して、会場や待合室への案内をします。

にこやかに臨機応変な行動をとれる人が適任で、新郎新婦側から各1～2名ずつ選びます。

¥お礼の目安　5000円程度の現金か、ギフト券を渡すのが一般的。ほかに新婚旅行のお土産を渡したり、新居に招いてもよいでしょう。

会計係

受付がまとめたご祝儀を披露宴が終わるまで管理する係。受付係と常に連絡がとれるような位置に待機して、受付が留守にならないように注意し、受付終了後は回収したご祝儀を持って披露宴会場に入り、主催者に手渡すまでしっかり管理します。家族や親戚にお願いするとよいでしょう。

¥お礼の目安　家族以外に頼んだ場合は5000円程度の現金か、ギフト券を渡すのが一般的。

CHECK!

主賓のあいさつと乾杯の発声は招待状とともに依頼

披露宴の最初に、新郎新婦それぞれの主賓から祝辞をいただくのが一般的です。主賓には前もってお願いしておき、招待状を渡す際にもう一度お願いしましょう。カジュアルなパーティーでは主賓のあいさつを行わない場合もあります。また食事が始まるときに、乾杯の発声をしてくれる人も必要です。発声の前に、短いスピーチを行ってもらうことが多いので、こちらも事前にお願いしておきましょう。

本人・主催者側

謝辞と謝礼の準備

新郎新婦の謝辞はしっかり原稿を作って練習を

披露宴の最後に、新郎新婦から列席者に謝辞を述べます。かつては新郎の父親が両家を代表して行うのが一般的でしたが、最近では新郎が行ったり、新郎新婦ふたりで行うなどいろいろなパターンで行われています。

最初に謝辞をどのような形で行うかを決めて、それが決まったら原稿にまとめましょう。当日は謝辞の原稿を持ち込んで読んでもかまいませんが、すらすらと言葉が出てくるように、必ず声に出して練習しておきましょう。

新郎の謝辞　基本構成と例

感謝の言葉 →	ふたりの心境と決意 →	今後のおつきあいのお願い →	結びの言葉
皆様、本日はお忙しいところ、私たちふたりのためにお集まりいただき誠にありがとうございます。また、先ほどよりあたたかいご祝辞をいただき、胸が熱くなる思いです。	本日、このように盛大な披露宴を行うことができましたのも、ここにご参列いただいている皆様のおかげです。いかに自分たちが多くの人に支えられて生きてきたのかを、あらためて感じています。これからは、少しでもだれかの役に立てる夫婦となれるよう、お互いに助け合って精進していきたいと思っています。	皆様には、これからも変わらぬご指導をいただきますようお願い申し上げます。	本日は誠にありがとうございました。

心づけはスタッフへの感謝の気持ち

挙式・披露宴の当日にお世話になるスタッフには、感謝の気持ちを込めて心づけを渡すのが一般的です。

心づけはあくまでもふたりからの気持ちなので、必ず渡す必要はなく、心づけを渡さなかったからといって、サービスの質が落ちるようなこともありません。また、式場によっては心づけを受け取らないと決めているところもあります。

わからない場合には、打ち合わせのときに心づけを受け取ってもらえるのか確認しても失礼にはなりません。

心づけを渡すかどうかは、両家で相談することも大切。どちらか一方だけが渡すことのないように、事前に決めておくとよいでしょう。

心づけ …P.23

水引 赤白の結び切り、赤のし
のし あり
表書き 御祝儀、寿など
渡す時期 当日の最初に会ったときに
金額の目安 3000～1万円

交通費 …P.23

水引 赤白の結び切り
のし あり
表書き 御車代、御車料
渡す時期 受付で渡してもらうとスムーズ。披露宴前に親がお礼といっしょに渡しても
金額の目安 1万～3万円

心づけを渡す人のリストを作って準備を

心づけは会場スタッフや、ヘアメイクなど、当日お世話になる人にスムーズに渡せるように、事前に多めに用意しておきます。

現金を結び切りの水引か赤のしの祝儀袋に入れますが、1万円以下の場合は、ポチ袋に入れて渡すと大げさにならずにスマートです。ポチ袋にはあて名は書かないので、どれをだれに渡すのかがわかるように付せんに書いて貼っておくとよいでしょう。

主賓や乾杯の発声をお願いした方へは、送迎のハイヤー代にかわるものとして御車代を渡すようにしましょう。遠方からの招待客へも交通費の半額程度を包むのが一般的です。

本人・主催者側

挙式・披露宴当日の心得

挙式の前に顔を合わせ両家で行う親族紹介

挙式の前に両家の親族が顔を合わせて親族紹介を行います。両家の代表者として父親が家族を紹介するのが一般的です。父親が行いますが、母親や新郎新婦が行います。父親がいない場合は、会場のスタッフにお願いすることもできます。またそれぞれが自己紹介スタイルで行う場合もあります。

まず新郎側が家族・親族を紹介し、続いて新婦側が家族・親族を紹介します。最初に新郎の父親が「新郎の父、○○でございます。私どもの親族を紹介させていただきます」とあいさつし、新郎と血縁の近い人から紹介していきます。父母→父方の祖父・祖母→母方の祖父・祖母→兄弟姉妹とその配偶者→父方のおじ・おば→母方のおじ・おば→いとこと配偶者といった順番が目安です。

家族・親族をすべて紹介し終わったら、「以上でございます。幾久しくよろしくお願いいたします」と父親があいさつして、全員で一礼します。新郎側が終わったら、新婦側も同様に行います。

紹介する際は、「新郎の母方のおば、○○○○でございます」というように、新郎から見た続柄と氏名を伝えます。父親が紹介するので、新郎の母親を「妻の早苗でございます」と言いがちなので気をつけて。正しくは「新郎の母の早苗でございます」です。

紹介された人は立ち上がって一礼し、「おばの○○でございます。よろしくお願いいたします」とあらためて自分の名前を告げるとていねいです。

こんなときどうする?

親族のうちのだれかが欠席しているとき

病気やはずせない仕事などで、親族が出席できないときは、まずは出席している人を血縁の順番に紹介してから、最後に「実は新郎には妹の○○がおりますが、産後まもないため本日は欠席しております」と伝えましょう。言いにくい理由の場合は「体調不良のため」とくわしい理由はふせておくとよいでしょう。

新郎新婦と親族揃って記念に残る写真撮影

結婚式当日は新郎新婦ふたりの写真や両家の親族が集合した記念写真を撮影します。

新郎新婦ふたりの写真は、挙式前やお色直しのあとなど、衣装ごとに撮ったり、花嫁だけで撮ったりとさまざまです。結婚式の日とは別の日にふたりの写真だけ撮っておく別撮りを行うケースも多くなっています。

親族の集合写真は通常、挙式のあと、披露宴が始まる前に両家が集合して撮影します。新郎新婦を中心に、媒酌人がいる場合は媒酌人夫妻、そのとなりに両親、祖父母と並ぶなど、記念写真の並び順には決まりがあります。

撮影の時間が限られているので、遠慮してゆずり合ったりせずに、撮影スタッフの指示に従って速やかに並びましょう。

記念に残る一枚となるので、身だしなみを整え、美しく見えるポーズや表情を心がけましょう。前列の男性は軽く足を開き、両手は握って腿の上に。女性はひざと足を閉じて、両手を腿の上で重ねるときれいです。

新郎新婦は最前列の中央。新郎が向かって左、新婦が右に。その両側に両親が座り、その隣に祖父母。祖父母がいない場合は兄弟姉妹。2列目からは中央よりにおじやおば。さらにおじやおばを囲むようにいとこなど、そのほかの親戚がバランスよく並びます。

披露宴会場の入り口で招待客を出迎える

招待客が披露宴会場に入るときは、新郎新婦と両親が入り口に並び、招待客を出迎えます。最近の披露宴では、この「お出迎え」を省略し、招待客がおのおの入場して着席したあと、新郎新婦入場の合図でふたりが姿をあらわすのが通常になっていますが、本来は主催者としてお客様を出迎えるのがマナーです。

出迎えるときは、自分たちのために集まってくれる招待客ひとりひとりに、感謝の気持ちを込めてお辞儀をします。このときに、旧友などの姿を見かけても、入場の流れを止めてしまうので話は禁物。笑顔でアイコンタクトをする程度にします。

披露宴の流れ

新郎新婦入場
●緊張していても笑顔を忘れずに
←
主賓祝辞
●新郎新婦と両親は起立する
←
乾杯
●新郎新婦も起立して乾杯
←
ケーキ入刀
●カメラに笑顔を向ける
←
食事・歓談
●両親は招待客にあいさつを
←
お色直し
●招待客を待たせないよう、支度の時間は短めに
←
新郎新婦再入場
●各テーブルをあいさつしながらまわる
←
スピーチ・余興
●食事の手を止めて、相手にしっかり顔を向ける
←
謝辞
●感謝の気持ちを素直に伝える
←
招待客退場

笑顔を絶やさず披露宴はにこやかに

招待客の方々に披露宴を楽しんでもらえるよう、新郎新婦は笑顔を絶やさずに、おもてなしの気持ちをもって過ごしましょう。

披露宴の料理は、新郎新婦ももちろん食べてもＯＫ。新婦は少量ずつ口に運ぶと上品です。肉料理などは、食べやすいように切っておいてもらうとよいでしょう。お酒をすすめられることも多いので、テーブルの下に容器を置いてもらい、タイミングよくそこにあけると飲みすぎ防止になります。

スピーチや余興は相手のほうに体を向けて

スピーチや余興のときには、食事の手を止めて相手のほうに注目します。顔だけでなく、体もその人のほうに向けるようにしましょう。せっかくの余興なのですから、新郎新婦も楽しみたいものです。いっしょに参加するよう誘われた場合は、快く加わるようにしましょう。

キャンドルサービスのように各テーブルをまわるときには、招待客全員に笑顔を向け、ひとりひとりにお礼の気持ちを伝えましょう。

CHECK!

新郎新婦の
披露宴での心得

1 終始おもてなしの気持ちを忘れない
2 主賓の祝辞は起立して聞く
3 飲みすぎ、食べすぎに注意する
4 余興はいっしょに楽しむ
5 招待客に心からお礼を言う

お世話になった人にお礼を伝える

披露宴が終わったら、主賓や乾杯の発声をお願いした人にお礼のあいさつをします。また受付などの係をしてくれた友人へのお礼も忘れずに。感謝の気持ちは、すぐに伝えるほど相手の心に届くものです。

友人と写真を撮ったり、話をしたりする時間がしばらくあるので、ひとりひとりに来てくれたことへの感謝も伝えましょう。

精算がすんだら、あいさつして引きあげる

お礼やお見送りが終わったら、当日の会計がある場合には精算をすませます。新郎新婦は友人たちとの写真撮影に時間がかかることもあるので、両親や親族に精算を頼んでおいてもよいでしょう。

レンタルしている衣装を戻し、忘れ物がないか控室をチェックしてから引きあげます。二次会の予定がある場合は、移動に時間がかかるので、速やかに片づけて二次会の会場に向かいましょう。荷物は家族に持ち帰ってもらうなど、しっかり段取りをつけておくとよいでしょう。

CHECK!

ウエディングドレスでの 美しい立ち方、座り方、歩き方

座り方

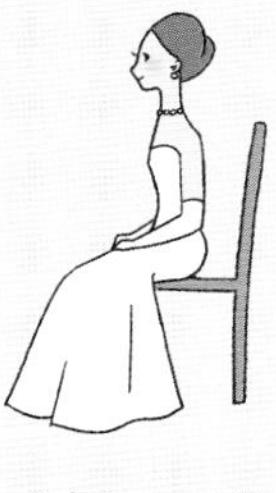

ドレスを気にしてうつむかずに、前を見たまま椅子に浅めに腰かけ、足を揃える。

立ち方

新郎と並んで立つときは、お互いに少し内側を向くように立つとよい雰囲気に。

歩き方

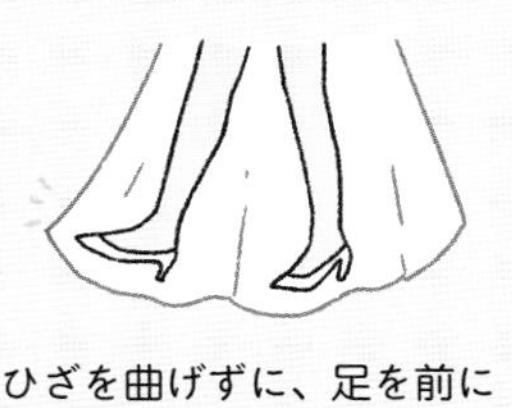

ひざを曲げずに、足を前に蹴り出すようにすると歩きやすい。

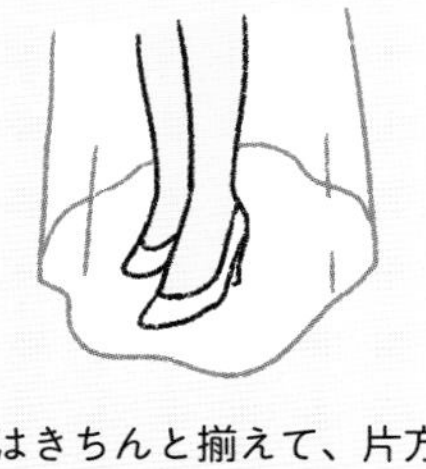

足はきちんと揃えて、片方の足を少し引くと安定する。

両親の心得

主催者側として招待客をもてなす

　両親は新郎新婦と同様に、披露宴の主催者側として、息子や娘のために時間をさいて祝福に来てくれた招待客たちを、心からおもてなしする気持ちで臨みましょう。

　主賓や上司には、披露宴の開宴前にお礼のあいさつをします。もしどの人が主賓かわからない場合は、会場に着席してから開宴までのあいだか、食事の時間になったときに、席次表で確認してあいさつに行きましょう。

　ほかの招待客にもていねいにあいさつをしてまわりましょう。招待客の名前がわからなくても、「今日はありがとうございます」とお礼を伝えます。

新郎新婦をさりげなくフォローする

　挙式・披露宴当日は、新郎新婦はとてもあわただしく自由に招待客と接することができません。スピーチしてくれた人にお礼を伝えたり、受付や会計などを担当してくれた人に心づけを渡したりするなど、新郎新婦をフォローするのも親の役割です。

　心づけを渡す人や、あいさつをすべき人を事前に子どもから聞いておき、当日あわてて忘れないように、メモしておくと安心です。

お互いの親族にもお礼のあいさつを

　挙式の前に親族は控室に集まります。披露宴が始まってしまうと、招待客への対応に追われるので、控室にいるときに親族にはていねいなあいさつをしておきましょう。遠方から来てくれる人や、久しぶりに会う人もいるため、話に花が咲きがちですが、やることが盛りだくさんなので、積もる話は披露宴のあとにしましょう。

　相手の親族にもあいさつをします。控室が別々の場合も多いので、相手の親族控室に行って、「○○の父（母）でございます。本日はよろしくお願いいたします」と簡単にあいさつをしておきましょう。

CHECK!

新郎新婦の両親の披露宴中のマナーポイント

- 招待客が入場するときは、入り口付近に立ち、会釈して迎えましょう。
- 主賓の祝辞の際は、立って聞きます。主賓から「どうぞおかけください」と言われたら、会釈して座りましょう。
- 乾杯ではグラスを目の高さよりも上げないこと。グラスをカチッと合わせることもしません。
- 歓談する時間になったら、上座から招待客のテーブルをまわりあいさつをします。
- おひらきのときは、新郎新婦と並んで、招待客をお見送りします。ひとりひとりに、感謝の気持ちを伝えましょう。

両家を代表しての親の謝辞　基本構成と例

自己紹介とあいさつ →

本日はお忙しい中、新郎正和、新婦彩菜のためにご列席賜りまして、誠にありがとうございます。新郎の父、岡田純一でございます。両家を代表いたしまして、ひと言ごあいさつをさせていただきます。

祝辞などのお礼 →

皆様には先ほどより、ふたりの門出に対し、お心の込もったご祝辞や励ましのお言葉をいただきました。私ども家族にとりましても、誠にありがたいことと、心より御礼申し上げます。

親としての思い →

正和は幼い頃よりサッカーが大好きで、小学校から地元のサッカーチームに所属して練習にあけくれておりました。そのおかげでよき仲間にも恵まれたこと、ありがたく思っております。彩菜さんとの出会いもサッカーを通じてのことと聞いております。これからはふたりで、助け合い、よいパスを出し合う関係でいてほしいと願っております。

新郎新婦への支援のお願い →

とはいえ、まだまだ若輩者のふたりでございます。どうかこれまで以上のご指導、ご鞭撻をお願い申し上げます。

結びの言葉

結びにご列席いただきました皆様のご健康とご多幸をお祈り申し上げ、両家代表のごあいさつとさせていただきます。本日は誠にありがとうございました。

本人・主催者側

お礼・内祝いと結婚通知状

お世話になった人にはあらためてお礼を

ふたりの結婚にあたり、いろいろな方にお世話になったことでしょう。なかでも主賓や乾杯の発声を快く受けてくれた方へは、挙式・披露宴後にあらためてお礼をしましょう。新婚旅行に行っていた場合は、お土産といっしょにお礼の手紙を送るとていねいです。

双方の実家にも早めに行って両親にお礼を伝えます。両親は結婚したふたりを気にかけているもの。結婚式の写真や新婚旅行のお土産を持って行き、顔を見せると喜んでくれるでしょう。

Letter

主賓へのお礼状例

拝啓　新緑の美しい頃となりました。吉岡様におかれましては、ますますご健勝のこととお慶び申し上げます。

先日は私どもの結婚式にご臨席を賜り、誠にありがとうございました。また心の込もったお言葉もいただき、これからふたりでがんばっていこうと決意を新たにいたしました。教えていただいた夫婦円満の秘訣をしっかりと胸に刻み、私たちなりの家庭を築いていけたらと思っております。

どうぞ今後ともよろしくご指導のほどお願い申し上げます。

末筆ながら、吉岡様ご一家のご健康とご多幸を心よりお祈り申し上げます。

敬具

結婚祝いのお返しは1か月以内に

披露宴に招待できなかった人から結婚祝いをいただいた場合は、挙式後1か月以内にお返しとして内祝いを贈ります。

内祝いの品は、いただいたお祝いの3分の1から半額程度を目安に考えましょう。品物は食器やタオルなどの実用品が無難ですが、引き出物と同じ品やカタログギフトを選んでもよいでしょう。内祝いは赤白結び切りののし

紙をかけ、表書きは「内祝」などとして、下段にはふたりの名前を書きます。

友人は新居に招いて お礼の気持ちを伝える

披露宴で受付などの係やスピーチ・余興などをお願いした友人や、二次会の幹事をしてくれた友人は、落ち着いたら新居に招いてお礼をしましょう。ホームパーティーを開いておもてなししたり、新婚旅行のお土産を渡すなどして、お礼の気持ちを伝えましょう。

結婚通知状を送って 結婚報告と新居の案内を

結婚の報告と新住所を知らせる結婚通知状は、披露宴に招待した人をはじめ、招待できなかった友人・知人にも送ります。

内容としては、結婚した年月日、今後のおつきあいへのお願い、新住所のお知らせとお誘いをコンパクトに入れましょう。

結婚式をしない場合には、結婚を知らせるよい方法です。また親族のみで結婚式を行った場合にも、結婚通知状で結婚報告をするとよいでしょう。

こんなときどうする?

結婚式や旅行で 仕事を休んだときは

結婚式で休暇をもらっていた場合は、式後最初の出勤のときに、きちんとお世話になったお礼を伝えましょう。

仕事を負担してくれていた上司や同僚には、みんなに配れるようなお菓子などを持参するとていねいです。新婚旅行に行った場合は、そのお土産を配ってもよいでしょう。

Letter

結婚通知状例

拝啓　若葉の候、皆様にはますますご健勝のこととお慶び申し上げます。
このたび私たちは縁あって4月10日に結婚し、新生活をスタートいたしました。これからはふたり力を合わせて、あたたかい家庭を築いていきたいと思っています。どうぞ今後とも変わらぬご交誼を賜りますよう、よろしくお願い申し上げます。なお、下記の住所に新居をかまえました。お近くにお越しの際は、ぜひお立ち寄りください。
敬具

○○年4月吉日
新住所　〒○○○－○○○○
神奈川県横浜市○○区○○○
山崎義久
加奈子（旧姓　石田）

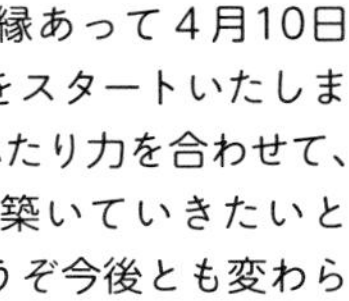

披露宴や新婚旅行のふたりの写真を取り込んだはがきで結婚報告をするケースも。

Column

1.5次会と2次会

カジュアルな披露パーティー 1.5次会が人気

1.5次会とは、披露宴ほどかしこまらず２次会ほどくだけすぎない、ちょうど中間にあたるカジュアルなウエディングパーティーのこと。レストランで開くのが主流で、披露宴に比べて費用を抑えやすく、会費制にすれば招待客の負担を抑えられるのもメリットのひとつです。

披露宴を親族のみで行うときや、リゾート挙式で遠方まで友人たちを招けないときなどに、親しい人たちを招いて1.5次会を行うケースが多いようです。

1.5次会の内容は、披露宴のように決まったものはないので、自分たちらしい演出でパーティーを構成したいというカップルにも注目されています。

和気あいあいと楽しむ 披露宴の2次会

挙式・披露宴を無事に終え、親しい友人たちと過ごす２次会は、新郎新婦もリラックスして楽しめるパーティーです。新郎新婦が主催する場合と、友人たちが主催する場合がありますが、新郎新婦は披露宴の準備だけでも忙しいので、できれば親しい人に幹事をお願いして２次会を仕切ってもらうとよいでしょう。２次会幹事を代行する業者に依頼する方法もあります。

２次会の会場は、披露宴後の移動を考え、披露宴会場の近くにするのが基本です。２次会に集まってくれる人たちを待たせることのないよう、時間設定はしっかりとしておきましょう。

レストランなどで会費制で行うのが主流ですが、大変な役割を担ってくれる幹事からは会費をもらわないのが原則です。さらに後日あらためてギフト券や新婚旅行のお土産などを渡して、お礼するとよいでしょう。お礼は金額にすると5000～１万円が目安です。

第4章

葬儀・法要のマナー

弔問客側／遺族・喪家側

不幸は突然やってくるものです。弔問客は遺族の悲しみを少しでも慰めるように、遺族は故人とのお別れが悔いなくできるように、ならわしなどにも気を配って葬儀や法要を営みましょう。

危篤・臨終の知らせを受けたら

危篤の知らせを受けたらすぐに駆けつける

危篤の知らせがくるのは、本人がもしものときに連絡してほしいと願っていたということです。たとえ夜間であっても可能な限り早急に駆けつけるようにしましょう。

入院先など必要事項を確認し、先方にはおおよその到着時間を知らせます。服装は平服のまま向かいましょう。

遠方から向かう場合は、万一のことを考えて喪服の用意も必要です。ただし喪服を準備していることを先方には伏せておくのが礼儀です。宅配便ですぐ送れるように準備して家族に預ける、あとから来る人に託す、最寄りの駅のロッカーに入れておくなど、喪服が先方の目にふれないよう配慮しましょう。

訃報を受けたときの対応は故人との関係に応じて変わる

死亡の連絡を受けたら、だれが・いつ・どこで亡くなったのか、故人にはどこに行けば会えるのかを確認します。すぐに駆けつける場合は、喪服ではなく地味な服装で出向きましょう。

訃報に際し、どのように対応するかは故人との関係で異なるので、臨機応変に対応しましょう。

●遺族から直接知らされた場合

故人との対面を望むものと受け止め、すぐに駆けつけます。連絡係を引き受けると、遺族の手助けになります。

●身内・近親者の場合

すぐに駆けつけます。通夜や葬儀の準備を手伝うつもりで向かいましょう。

●親しい隣人の場合

隣近所で誘い合わせ、すぐに出向いて玄関先でお悔みを述べ、手伝いを申し出ましょう。

●それほど親しくない場合

人づてに聞いた場合は、故人との関係の深さで通夜や葬儀に参列するかを判断しましょう。自分から遺族に連絡を取るようなことは避けます。

●仕事関係者の場合

死亡直後の弔問は避けます。通夜や告別式の参列に関しては、上司の指示を仰ぎましょう。

弔問に行くのは遺族から連絡がきたときだけに

人づてに訃報を知っても、勝手に弔問におしかけるのは控えましょう。弔問は遺族から連絡がきたときだけにするのがマナーです。

また高齢者や病気療養中の場合も、無理をしてはかえって喪家に迷惑をかけることになるので控えましょう。

CHECK!

訃報を聞いたときに確認すること

訃報を受けたら、その場で以下のことを確認し、遺族の家に電話で問い合わせるのは控えましょう。

- （駆けつける場合）遺体の安置場所
- 通夜や葬儀の日時、場所
- 葬儀の形式
- 訃報を次に伝える人がいるか

お悔みの言葉

一般的な言葉

「このたびはご愁傷様でございます。心よりお悔み申し上げます」
「大変残念でなりません。心よりご冥福をお祈り申し上げます」
「どうぞお力落としのございませんように」

急死の場合

「突然のことで、なんと申し上げてよいのか言葉が見つかりません。心よりご冥福をお祈り申し上げます」
「あまりにも突然のお知らせに、いまだに信じられない気持ちでいっぱいです」

NG

不幸を連想させる忌み言葉を使う

「かえすがえす」「たびたび」「いよいよ」といった重ね言葉や「繰り返す」「再度」のような不幸が続くことを連想させる言葉は使わないようにしましょう。

故人との対面のしかた

遺体の枕元ににじり寄り、軽く両手をついて故人に礼をする。

自分で白布は取らずに、遺族が白布を上げてくれたら拝顔し、合掌する。

少しさがって遺族に一礼し、静かに退席する。

供物・供花、弔電の手配

供物《くもつ》・供花《きょうか》を贈るときは喪家の意向と宗教の確認を

故人の霊を慰めるために霊前に供える供物や供花は、故人や喪家の親しい間柄の人、あるいは会社や団体関係から贈るのが一般的です。

葬儀を行う宗教や宗派、また地域によっても内容やしきたりが異なります。飾るスペースや順序などの都合もあるため、供物や供花を贈りたい場合は、必ず喪家の意向を確認してからにしましょう。

最近ではいっさいの供物や供花を辞退するケースも増えています。もし喪家が辞退する場合には、それに従うのがマナー。自分の思いのままに贈ることのないようにしましょう。

供物や供花は葬儀社に依頼を

供物や供花を贈るときは、葬儀会場に連絡して故人の葬儀を担当している葬儀社を教えてもらい、その葬儀社に依頼するとよいでしょう。通夜当日の午前中に届くように手配します。

供花を贈る方法には、ほかに花屋で注文したり、インターネットで手配する方法があります。その場合も葬儀社に連絡してからのほうがよいでしょう。統一感を出すために、花の種類を決めている場合もあり、他店で購入した供花は飾れない場合もあるからです。

供物は線香やろうそく、干菓子、果物などを贈ります。故人の好きだったものを贈ってもよいのですが、生ものは避けるようにしましょう。

こんなときどうする?

通夜や葬儀に供物を持参するときは

線香やろうそく、故人の好きだったお菓子など、かさばらないものは通夜や葬儀の際に持参してもよいでしょう。購入するときに供物用にと伝えて包んでもらいます。かけ紙の表書きは「御霊前」とし、贈り主の氏名を入れてもらいましょう。

供物は地味な色の風呂敷に包んで持参し、受付で「ご霊前にお供えください」と言って渡します。

宗教による供物・供花のポイント

供物

●仏式
線香、菓子、果物、ろうそく、缶詰など。
NG 魚介類、肉類、酒
※地方による違いもあります。

●神道
果物、和菓子、酒、もちなど。
NG 線香

●キリスト教式
供物は贈らない。

供花

●仏式
白菊、白いユリ、白いカーネーションなど。
NG 派手な色の花

●神道
白菊、白いユリ、白いカーネーションなど。
NG 派手な色の花

●キリスト教式
白いユリ、白いカーネーション、白い胡蝶蘭。
NG 菊はあまり使用しない

弔電を送るときは葬儀の前日までに

事情があって通夜、葬儀に参列できないときは、弔電を打ってお悔みの気持ちを伝えましょう。弔電は喪主あてに、遅くとも葬儀の前日までに届くように申し込みます。喪主がわからないときは、遺族あてに送ります。

弔電の申し込みは、インターネットが便利です。例文もたくさん用意されているので参考にするとよいでしょう。また電話でも局番なしの115番で送ることができます。

Letter

弔電の文例

御尊父様《ごそんぷさま》のご逝去を悼み、謹んでお悔み申し上げます。在りし日のお姿を偲び、心からご冥福をお祈り申し上げます。

御母堂様のご生前のご厚情に深く感謝するとともに、はるかな地より心からご冥福をお祈りいたします。

悲報に接し、悲しみにたえません。今はただ、心よりご冥福をお祈り申し上げます。

ご逝去の報に接し、驚きと悲しみに言葉がございません。心からお悔みを申し上げます。

●故人に対して敬称を使う
弔電やあいさつでは、故人には敬称を使います。決まり事なので失礼のないように気をつけましょう。
父:御尊父様、御父上様／母:御母堂様、御母上様
夫:御夫君様、御主人様／妻:御令室様、奥(方)様
息子:御令息様、御子息様／娘:御令嬢様、御息女様

弔問客側

香典の準備

香典は通夜か告別式のどちらかに持参する

香典は通夜や葬儀・告別式に参列するときに持参して受付で渡すのが一般的です。どちらにも参列する場合は、通夜のときに渡しましょう。その場合は、葬儀・告別式では記帳だけをします。「お通夜にもうかがいましたので」とひと言添えてもよいでしょう。

宗教と金額に合った不祝儀袋を選ぶ

香典を入れる不祝儀袋は葬儀の宗教に合った袋を選びます。いろいろな不祝儀袋が市販されていますが、ハスの花が印刷されているものは仏式以外の葬儀には用いません。またキリスト教では十字架入りの専用封筒を用います。

表書きは仏式では「御霊前」「御香料」「御香奠（典）」など、神式では「玉串《たまぐし》料《りょう》」「御榊料」など、キリスト教式では「お花料」というように、宗教によって異なります。ただし弔事は急なことなので、不祝儀袋の決まり事に関しては、結婚式ほど気を遣う必要はありません。宗教がわからない場合には、一般的な不祝儀袋を用意し、表書きを「御霊前」とすればよいでしょう（28ページ参照）。

金額によっても不祝儀袋を使い分けます。５０００円以下の金額を包むときは水引が印刷されている不祝儀袋でもかまいませんが、1万円以上包むときは水引のかかった不祝儀袋を、３万円以上の高額を包む場合は、高級和紙で作られた少し大判の不祝儀袋を用いるとよいでしょう。

香典はふくさに包んで持参 むき出しでは持ち歩かない

受付で香典を渡すときに、ポケットやバックからむき出しで取り出すのは失礼です。大切に扱うという意味で、必ず弔事用のふくさか、グレーや紺、緑、紫色の小さめの風呂敷に包んで持参しましょう。

慶事と弔事のどちらにも使えるふくさがあると重宝します。ただし慶事と弔事では包み方が逆になるので間違え

ないようにしましょう。（34ページ参照）

香典を郵送するときはお悔みの手紙を添えて

本来は通夜や葬儀・告別式で渡す香典ですが、遠方であったり、体調不良であったりと、何らかの事情により参列できないときもあります。そんなときは、できるだけ早く香典を郵送しましょう。

香典は市販の不祝儀袋に入れ、現金書留で郵送します。不祝儀袋は封筒に入れやすいように、金額にかかわらず水引が印刷されたものを利用するとよいでしょう。またその際には香典だけではなく、お悔みと参列できないおわびを書いた手紙も同封するのがおすすめです。

香典 …P.28

水引 黒白または双銀結び切り
のし なし
表書き 御霊前など
※宗教によって異なるが、「御霊前」は現在どの宗教でも使われるようになっている。
時期 通夜、または葬儀・告別式に持参

金額の目安

祖父母	1万～5万円
親	5万～10万円
兄弟姉妹	3万～5万円
おじ・おば	1万～3万円
上記以外の親戚	1万～2万円
職場関係	3000～1万円
友人・その家族	5000～1万円
隣人・近所	3000～1万円

※偶数は凶という考えがあるので避けることが多い。また「4（死）」と「9（苦）」も避ける。

Letter

お悔みの手紙例

お父様の突然の悲報に、なんと申し上げてよいのか言葉が見つかりません。よく週末には家族揃って、食事にお出かけになるとうかがっていたのを思い出し、ご家族のご心痛はいかばかりかと存じます。

すぐにでも駆けつけたいところでございますが、なにぶん遠方のためかないません。今はただ、心よりお父様のご冥福をお祈りするばかりです。

心ばかりのものを同封いたしましたので、ご霊前にお供えくださいますようお願い申し上げます。

お辛いとは存じますが、どうか体調をくずされませんように。

まずは書中をもってお悔み申し上げます。

弔問客側

弔問の服装

遺族よりも格上の装いにならないように

喪服とは、本来は喪に服する遺族だけが着るものでした。それが現在では、故人への礼儀として、通夜や葬儀・告別式に参列する人も着るのが一般的になっています。通夜も葬儀・告別式も、男性はブラックスーツ、女性ならばブラックフォーマルの準礼装での参列がほとんどです。

葬儀・告別式は準礼装が適していますが、通夜は本来は式ではないので略礼装でかまいません。男性ならばダークグレー、濃紺などのスーツ、女性ならばダークカラーのスーツやワンピース、アンサンブルなどでもよいでしょう。

服装で気をつけなければならないのは、列席者が遺族よりも格上にならないようにすることです。洋装では遺族も列席者も同じ準礼装で格が上になることはありません。気をつけたいのは女性の和装です。正礼装の黒無地染め抜き五つ紋の着物を着ると、もし遺族が略礼装だったときに、遺族よりも格が上になってしまいます。そうならないよう、女性が和装にする場合は、寒色系の色無地に黒の名古屋帯といった準礼装にするのが一般的です。

NG 弔問の装いでの光るものや派手な色

- 派手なメイクはNG。薄化粧に。マニキュアも基本的にNG。
- 肌色のストッキングもOKですが、葬儀では避けたほうが無難（通夜はOK)。黒のストッキングを。
- 二連のネックレスはNG。
- バッグも光沢や飾りが目立つものはNG。シンプルな黒のバッグを。

？こんなときどうする？ 子どもを連れて行くときの注意点は？

故人の身内以外の子どもは、特別な理由がない限り同伴しないのがマナー。もし連れて行くときには、制服があれば、それが礼装となります。制服がない場合は、男女ともに、白いシャツやブラウスとダークカラーのズボンやスカートに。靴も黒っぽいものを選びましょう。

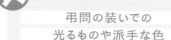

男性の服装

ダークスーツ（略礼装）

- ダークグレーや濃紺の無地または目立たないストライプのスーツ。
- ワイシャツは白無地、ネクタイは黒。タイピンはつけない。
- ベルトは黒で、ゴールドの金具のついていないものを。
- 靴と靴下も黒。
- 華美な腕時計ははずす。

ブラックスーツ（準礼装）

- ワイシャツは白無地、ネクタイは黒。タイピンはつけない。
- ベルトは黒で、ゴールドの金具のついていないものを。
- 靴と靴下も黒。
- 華美な腕時計ははずす。

※男性は弔問で、バッグを持たないのが基本。持つ場合は、光沢のない黒の小ぶりのものを。

女性の服装

和装（準礼装）

- 遺族より格が上にならないよう、着物は避けることが多い。
- 色無地は紋が入ると準礼装になるので、グレーや藤色など地味な色の三つ紋か一つ紋付。紋がないと略礼装。
- 白い足袋、白い半襟。帯、帯締め、帯揚げ、草履、バッグは黒。
- 髪が長い場合は、耳より下の位置で結ぶなど簡単にまとめるとよい。

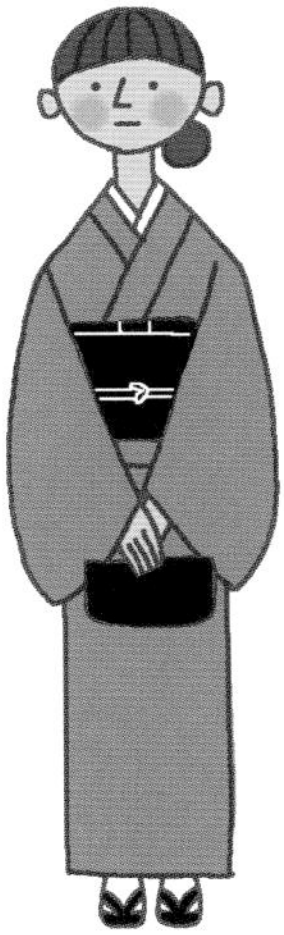

洋装 ブラックフォーマル（準礼装）

- 光沢のない素材で、長袖または七分袖、スカートはひざ下丈。
- 黒のストッキングに黒の靴（光沢のあるエナメルはNG）。タイツもカジュアルになるので避ける。
- アクセサリーはパール、オニキスなど。ネックレスは一連、イヤリングは一粒のものを。指輪は結婚指輪と婚約指輪のみ。
- バッグは光沢のない黒のバッグ。

※和装の場合も洋装の場合も、荷物が多い場合はサブバッグを用意。大きなバッグを持って行かないようにする。

弔問客側

通夜に参列する

故人とつながりの深い人が集まる場

通夜は本来、遺族や近親者、親しい友人が集まり、最後の一夜を夜通し、故人との別れを惜しむものでした。しかし現在では昼間に行われる葬儀・告別式よりも、夜に行われる通夜のほうが時間的に参列しやすいという理由から、故人とのつながりに関係なく、通夜に参列する人が増えています。

本来の意味からすると、特に親しい場合を除いては、通夜ではなく葬儀・告別式に参列するほうが適しているといえます。また故人と親しい場合には、通夜と葬儀・告別式の両方に参列してもよいでしょう。

通夜の時間には遅れないのが原則

最近の通夜は「半通夜」といって、午後6時か7時頃から始まり、9時か10時には終わるのが一般的です。

通夜に参列する場合は、遅れないように定刻の10分前には着くように行きましょう。斎場に着いたら、受付で香典を渡し、芳名帳《ほうめいちょう》に記入して開式を待ちます。もし時間を過ぎて到着した場合は、式場スタッフの指示に従って、静かに入室しましょう。

通夜の席次は故人とのつながりの深い順に並びますが、一般弔問客は到着順に案内に従って着席すればよいでしょう。

?こんなときどうする?

家族葬のときは弔問は遠慮する

近親者のみで行う家族葬が最近増えています。しかし家族葬といっても、身内だけの場合や、親しい友人にも知らせる場合など、いろいろなケースがあります。訃報を知り、喪家に連絡した際に、「家族葬で行いますので」と言われたときには、弔問は原則として遠慮するのがマナーです。ただし故人と親しい間柄で、どうしても最後のお別れをしたいというのならば、喪家にその旨を伝えてみましょう。もしお別れにうかがえない場合は、お香典や供物を贈ってお悔みの気持ちを届けるとよいでしょう。

こんなときどうする?

香典を託されたときは自分の分と別に出す

参列できない友人や知人から香典を託された場合は、自分の香典とは別の不祝儀袋に入れて受付に出しましょう。喪家が香典の整理をする際に、わかりやすくするためです。受付では、自分の記帳だけでなく、託した人の分の記帳も。その人の住所と名前を書き、名前の下に「代」と小さく書き添えます。

会社の上司や親の代理で参列する場合は、上司や親の名前を記帳し、下に小さく「代」と書き、自分の名前は書きません。妻が夫の代理で参列するときは、夫の名前を書き、下に小さく「内」と書きます。

香典の差し出し方

受付で

香典をふくさから出し、ふくさは簡単にたたむ。たたんだふくさの上に香典をのせ、表書きを相手に向けて両手で渡す。

祭壇に

香典をふくさから出して、表書きを祭壇のほうに向けて置く。

通夜ぶるまいは受けるのがマナー

通夜ぶるまいは弔問へのお礼とお清めの意味だけでなく、何より故人の供養のために設けられた席です。故人とあまり深い交際がなかった場合は辞退してもかまいませんが、遺族に通夜ぶるまいをすすめられたときは、固辞せずに席に着きましょう。故人を偲んで、ひと口でも箸をつけるのが礼儀です。

故人と関係ない話で盛り上がったり、通常の宴会のように飲んだり騒いだりするのは不謹慎。生前の故人を偲んで、しめやかに語り合うのが通夜ぶるまいのありかたです。遺族の負担にならないよう、長居をしないで頃合いをみて退出を。両隣の人に「お先に失礼します」とあいさつし、遺族にもあいさつして帰るようにしましょう。

弔問客側

葬儀・告別式に参列する

死者を葬る葬儀と最後のお別れをする告別式

葬儀と告別式は、同じ会場で続けて行われるのが一般的です。しかしこの葬儀と告別式は、それぞれ目的が異なる別の儀式です。葬儀は、死者を葬るための儀式で、遺族や近親者、親しかった人に故人が別れを告げるために営まれるものです。告別式は、故人にゆかりのあるすべての人たちが最後のお別れを告げる儀式です。

葬儀・告別式に参列する際は遅刻は厳禁。早めに会場に行って受付をすませます。式場では喪主や遺族のところに行ってお悔みを述べるのは控え、静かに開式を待ちましょう。

葬儀・告別式が終わったあとは、その場に残って出棺まで見送るのが故人への礼儀です。

出棺のときはコートを脱ぎ合掌して故人を見送る

出棺の準備が整ったら、喪主または遺族代表のあいさつがあり、そのあと出棺となります。霊柩車が動き出したら、合掌して頭を下げ、霊柩車が見えなくなるまで見送りましょう。

寒い時期では、出棺を待っているあいだはコートを着ていてもかまいませんが、出棺を見送るときは脱ぐようにしましょう。また雨のときの傘は意外に目立つものです。傘はさしてもかまいませんが、派手な色のものは避け、黒っぽい傘や透明なビニール傘を使用するとよいでしょう。

火葬場への同行を遺族から依頼されたときは、できるだけ同行しましょう。反対に自分から同行を申し出るのは控えます。

こんなときどうする?

慶事と弔事が重なったときは

お祝い事と葬式が重なってしまったら、弔事を優先させるのがマナーです。お祝いは後日あらためてできますが、故人との最後のお別れは、このときしかできないからです。

お祝い事を欠席するときは、「やむを得ない事情により」と、具体的な理由を伏せるのもマナーです。

※葬儀・告別式の時間に遅れてしまったときは、式場スタッフに相談しましょう。

弔辞を依頼されたら

弔辞は故人と親しかった人が、霊前で故人との思い出を語りながら、その死を悼み別れの言葉を述べるものです。弔辞は故人との関係を考えて、ぜひこの人にと思う人に依頼するものなので、頼まれたときは、よほどの事情がない限り断らずに引き受けましょう。

弔辞のおもな内容は、まず故人の人柄、功績をたたえます。そして追慕と感謝の念を伝え、残された者としての決意、最後に遺族へのなぐさめの言葉を述べます。時間は約3分が目安。1200字程度にまとめるようにしましょう。

弔辞は巻紙か奉書紙《ほうしょし》に薄墨の毛筆で書くのが正式です。一般的な葬儀では、市販されている弔辞用の用紙を利用したり、無地の白い便せんに書いて、白封筒に入れてもよいでしょう。

弔辞を読むときの手順

1

祭壇の前に進み出て、遺族に一礼する。祭壇に向き直って、遺影に一礼する。弔辞を左手に持ち、右手で上包みを開いて弔辞を取り出す。

2

上包みをたたんで左手に持ち、上に弔辞をのせて、開きながら読み上げる。

3

読み終えたら弔辞を包み直し、弔辞の表書きを祭壇に向けて供える。下がって、遺影と遺族にそれぞれ一礼して席に戻る。

弔辞の包み方

1

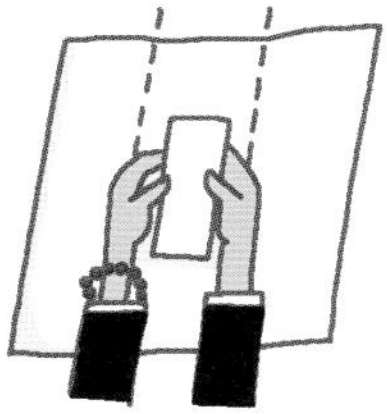

巻紙に書いた弔辞を上包みの奉書紙の中央に置く。

2

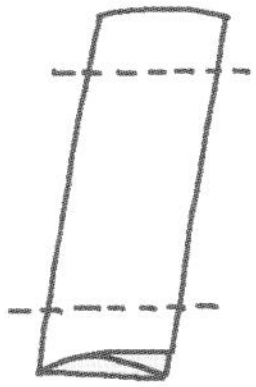

奉書紙を右側、左側と折り、左側を上に。さらに上下を裏側に折る。「弔辞」と表書きをする。

弔辞の読み方のポイント

- ときどき遺影を見て、故人に語りかけるように、ゆっくりと。
- 遺族や参列者が聞き取りやすいように、はっきりとした発声で。

弔問客側

仏式拝礼の作法

仏式の通夜・葬儀では焼香を行う

香には抹香と線香があり、通夜や葬儀では抹香焼香を行うのが一般的です。また焼香の方法には、立礼と座礼があり、会場が手狭で移動しにくいときは、回し焼香を行うこともあります。

抹香をくべる回数や線香の本数は、宗派や地方のしきたりによって多少の違いがあります。間違っても気にする必要はありませんが、喪主や周りの人がすることを見て、同じように行うとよいでしょう。最初に僧侶や式場スタッフから説明がある場合もあります。

抹香焼香の作法

遺族と僧侶に一礼し祭壇の前に進み、祭壇の一歩前で遺影を仰ぎ一礼。進み出て、右手の親指、人差し指、中指で抹香をつまむ。

つまんだ抹香を目の高さにかかげる。

香炉の中に静かに抹香を落とす。

遺影に向かって合掌し、さがって遺影に一礼。僧侶と遺族にやや深めに一礼する。

線香焼香の作法

1

遺影に一礼。一歩進み出て、右手で線香を1本取り、ろうそくの火をうつす。

2

線香の火は、線香をすっと下に引いて消すか、左手であおいで消す。線香を香炉に立てる（線香を折ったり寝かせる宗派もある）。

回し焼香の作法

1

香炉が回ってきたら、軽く礼をして受け取り、自分の正面に置く。

2

抹香焼香の作法と同様に焼香をして、遺影に合掌。香炉を次の人に回す。

数珠の持ち方

数珠は念珠ともいい、身につけていると身を守ってくれるとされています。宗派によって用い方には違いがありますが、一般的な持ち方は右の通りです。

持つとき

合掌するとき以外は、房を下にして左手で持つ。長い数珠は二重にして持つ。腰の高さに持つこと。

合掌するとき

房を下にして、両手の人差し指の上に数珠をかけ、上から親指を添えるようにする。長い数珠は両方の中指にかけ、手を合わせる。

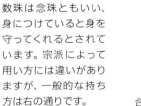

弔問客側

神式拝礼の作法

神道の通夜祭・葬場祭では玉串を捧げる

神式では、仏式の通夜にあたるのが通夜祭、葬儀にあたるのが葬場祭です（164ページ参照）。神式では死を穢《けが》れとして忌むため、聖域とされる神社では行わず、自宅か斎場に神職を招いて執り行います。

儀式の前に手と口を清める「手水《ちょうず》の儀」を行います。式場入り口ですませてから入場します。

通夜祭、葬場祭で行う神式の独特の作法に玉串奉奠《たまぐしほうてん》があります。これは仏式の焼香にあたる儀式で、榊《さかき》の枝に四《し》

玉串奉奠のしかた

1

神職に一礼し、玉串を受け取る。このとき、右手は上から根本を持ち、左手は手のひらを上に向けて、葉先を下から受けるように添える。そのあと遺族に一礼する。

2

玉串を胸の高さに捧げ持って玉串台の前に進み、祭壇に向けて一礼。そのまま右手を手前に引き、葉先が向こう側、根本が手前にくるように持つ。

3

玉串の向きは変えずに、左手を根本まで下げ、左手で枝を持ったら右手を葉先のほうに移して葉の下から添える。2と同様に180度回転させ、根本が向こう側になるように持つ。

4

根本を祭壇に向けて、両手で静かに玉串台に置く。置いたら3歩下がる。

手《で》という紙片をつけた玉串を祭壇に捧げます。玉串は神様の依代《よりしろ》なので、それに自分の真心をのせて捧げるという意味が込められています。

玉串を供えたあと、二礼二拍手一礼をしますが、このときの二拍手は、しのび手といって弔事独特の方法で行います。しのび手は手のひらを合わせる寸前で手をとめます。

しのび手

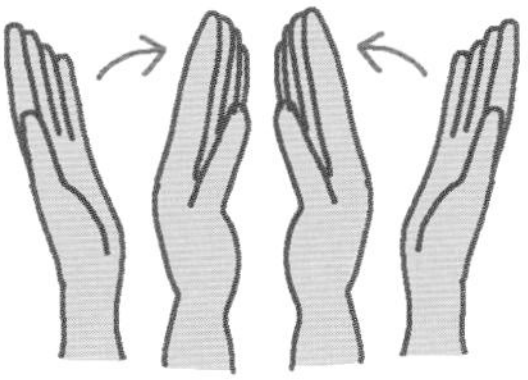

手をたたくまねをする感じで、音を立てないように。

手水の行い方

1

柄杓《ひしゃく》を右手に持って、水をくみ、左手に水をかける。柄杓を左手に持ちかえて右手にも水をかける。

2

柄杓を右手に持ちかえ、左手に水を受けて口を軽くすすぐ。もう一度、左手を洗い、柄杓の柄を立てるように傾け、水が柄をつたうように流して清める。

3

懐紙で口と手を拭く。懐紙が用意されていない場合は、ハンカチやティッシュでもよい。

5

霊前に2回深く礼をして、音を立てない柏手(しのび手)を2回行う。

6

もう一度深い礼をして、神職と遺族のほうを向いて一礼して席に戻る。

弔問客側

キリスト教式拝礼の作法

キリスト教式では献花を行う

キリスト教では通夜という概念はありませんが、日本の風習にならい、カトリックでは「通夜の集い」、プロテスタントでは「前夜式」と呼ばれる儀式が行われるようになりました。

葬儀もカトリックとプロテスタントで進行に違いがあります（166ページ参照）。ただしどちらの場合も、祭壇に花を捧げる献花を行います。

献花はキリスト教式だけでなく、無宗教の葬儀でも行われるのが一般的となっています。

献花のしかた

1

花が右、茎が左にくるように、両手で花を受け取る。

2

花を右回りに回して、花を手前に向ける。

3

献花台の上に花を両手で供える。

4

黙とうし、1歩さがって深く一礼したあと数歩さがり、遺族や神父（牧師）に一礼する。

Column

葬儀後の心遣い

香典返しが届いても
お礼状は不要

仏式では四十九日の忌明けに、会葬のお礼として「香典返し」が送られてくることがあります。ふつうは贈り物をいただいたらお礼状を出すのが礼儀ですが、香典返しに関しては礼状は不要です。悲しみの中にいる遺族に、「ありがとう」というお礼は不適切と考えるからです。

届いたことだけでも知らせたいというのであれば、手紙やはがきを出すとよいでしょう。その際も、「お返しの品をありがとうございます」とは書かずに、「ごていねいにご供養の品、恐れ入ります」といった表現に。遺族への細かな配慮を欠かさないようにしましょう。

不幸を遅れて知ったときは
何らかの形でお悔みを

葬儀が終わってから知った場合などは、訃報を知った時点で先方に連絡を入れます。相手の都合を確認し、できるだけ早くお悔みにうかがいましょう。ただし、遺族があえて直接の連絡を控えたと考えられるのであれば、弔問にうかがうのは控え、お悔みの手紙を出すのがいちばんよい方法といえます。その際に、お香典も同封するとよいでしょう。

もし四十九日を過ぎてから知った場合には、一周忌などの節目に花や線香を送って、弔意を示すとよいでしょう。

年賀欠礼のあいさつ状を受け取って、初めて不幸に気づくこともあります。その場合も、すぐにお悔みの手紙を送るとよいでしょう。

? こんなときどうする?

不幸があったお宅へのお歳暮は?

不幸があった場合でも、お中元やお歳暮はお祝いではないので贈ってもかまいません。ただし四十九日を過ぎていない場合は控えたほうがよいでしょう。時期をずらしてお中元ならば「暑中見舞い」(目上には「暑中御伺」)に、お歳暮ならば「寒中見舞い」(目上には「寒中御伺」)として贈るとよいでしょう。

弔問客側

法要に招かれたら

法要に招待されたらできる限り出席を

法要は故人の親族や親しかった人たちが集まり、故人を偲び供養をするためのものです。案内を受けた人だけが参列するのが基本なので、案内が届いたときには、なるべく都合をつけて出席するようにしましょう。

案内状にはたいてい返信用のはがきが同封されています。先方が準備を進めやすいように、返事は早めに出すようにしましょう。

都合がつかずに欠席するときは、電話や手紙で欠席の理由とおわびの言葉

法要に招かれたときの服装

三回忌以降

服装の指定がなければ、平服でかまいません。男性はダークグレーや濃紺のスーツがよいでしょう。女性は黒、グレー、濃紺、茶などの地味な色のツーピースやワンピースなど。ただし光る素材や派手なアクセサリーは控えましょう。

四十九日・一周忌

四十九日までは喪服を着用します。男性はブラックスーツに黒のネクタイ、白のワイシャツ、靴と靴下も黒。女性はブラックフォーマルに黒のストッキング、靴とバッグも黒に。一周忌も喪服が基本ですが、黒のツーピースやワンピースなど、喪服に近いものでもよいでしょう。

を伝えます。先方の都合をたずねたうえで、別の日にあらためてお参りさせてもらってもよいでしょう。

法要には早めに出向き供物料を包むのが一般的

法要の当日は、時間を厳守して早めに出向きましょう。20〜30分前には到着し、施主にあいさつをします。そして「ご仏前にお供えください」と言って、供物や供物料を渡します。

供物は線香や生花、菓子や故人が好きだったものなどを持参します。ただし最近では供物料として現金を包むことが一般的です。

法要が始まったら、すべて終了するまで退席しないのがマナーです。

供物料（仏式）…P.31

水引　黒白または双銀結び切り
のし　なし
表書き　「御佛（仏）前」「御供物料」「御香料」など
時期　法要当日
金額の目安　1万円〜
※地域や親族の決め事があればそれに従う。

こんなときどうする？

法要に招かれないとき

一周忌の法要は、親族や知人を招いて行うことが多くても、三回忌、七回忌とだんだん身内だけで法要をすませることが多くなります。遠方の親戚や故人とあまりつきあいの深くなかった親戚には、あえて法要の知らせをしないこともあります。先方の、あまり負担をかけたくないという思いからかもしれません。

招かれなかったときには、供物料を包む必要はありません。ただ故人を偲ぶ気持ちを伝えたいと考えるならば、法要の日程に合わせて花や故人が好きだったお菓子などのお供えを送るとよいでしょう。

こんなときどうする？

ふたりの法要をあわせて行う場合

祖父の十三回忌と祖母の七回忌といったように、法要が重なったときはあわせて行うことがあります。この場合の供物料は、ふたり分を包む必要はありません。もし気になる場合には、少しプラスした金額を包めばよいでしょう。

臨終を迎えたら

危篤の連絡は時間を問わない

危篤を医師から告げられたら、家族や血縁者に至急連絡します。こうした場合には、たとえ相手が目上であっても、早朝や深夜であっても、電話で連絡してかまいません。

知らせなければならない親族は一般的に、おじ・おば、甥・姪、ひ孫などの三親等くらいまでといわれますが、日頃のつきあいなどで考えます。相手が本人の息のあるうちに会いたいか、会わせたいかで判断しましょう。親族でなくても、そう思う友人や知人には連絡します。もしものときの連絡先をまとめておくとあわてません。

電話では、だれが危篤で、どこに行けばいいのか、病院であれば正式な名称や住所などを手短に伝えます。連絡をとる場合はどこにすればいいのか、自分の連絡先も伝えるといいでしょう。また、あまりに朝早い場合や、夜遅い場合には「朝早く（夜分）申し訳ありません」とおわびも添えましょう。

死亡はすぐ知らせる人とそうでない人を分ける

死亡の知らせも、家族や血縁者、親しい友人、知人を最優先にして、勤務先や近隣などには必要に応じ連絡をします。ひとりずつに連絡するのは大変なので何人か代表者に連絡をし、その人から連絡をまわしてもらいましょう。

取り急ぎ連絡が必要な相手と、通夜、葬儀の日程も合わせて連絡をしたほうがいいと思われる相手は分けて考えます。家族葬を考えている場合は、方針が決まってから連絡先もよく検討するとよいでしょう。

CHECK!

臨終の儀式のために神父・牧師に連絡

キリスト教では、臨終に際し儀式が行われ祈りが捧げられます。そのため、本人がキリスト教徒の場合には、危篤を告げられたらすぐに所属している教会に連絡し、神父（カトリック）、また牧師（プロテスタント）に、臨終に立ち会ってもらうようにしましょう。

死亡診断書を必ず受け取る

火葬や、さまざまな死亡後の手続きを進めていくためには、「死亡診断書」が必要です。通常は臨終に立ち会った医師が記入して渡してくれます。必ず受け取りましょう。不慮の事故などで警察医や監察医による検死が行われた場合は、死亡診断書にかわり「死体検案書」が交付されます。

死亡診断書（死体検案書）は、用紙の左半分が役所に死亡を届け出るための死亡届になっています。死亡届は死亡後7日以内に提出することが義務づけられていますが、届け出ないと火葬ができないため、実際には当日か翌日には提出することになるでしょう。

必要な書類と手続きの流れ

● 死亡診断書（死体検案書）

死亡届と一体になっている。医師から受け取りコピーをしておく。

↓

● 死亡届

記入し、死亡診断書を添えて役所に提出。24時間受付。
（役所は、死亡した人の本籍地、届出人の現住所、死亡した場所のいずれか）

↓

● 火葬許可証

死亡届提出時に申請し発行してもらう。火葬の際、火葬場に提出。

↓

● 埋葬許可証

火葬許可証に証印が押され返却されたもの。納骨に必要なので保管する。

? こんなときどうする?

病院から遺体を引き取るには

病院から自宅や葬祭場などに遺体を搬送するときは、遺族が寝台車を手配します。葬儀社が決まっていたら連絡してお願いしましょう。葬儀社がまだ決まっていないときは病院が出入りの業者を紹介してくれることが多いようです。葬儀を依頼する業者をあらためて検討したいときは、搬送だけ依頼しましょう。

CHECK!

死亡と通夜、葬儀の連絡

死亡の連絡は危篤のときと同様、電話でかまいません。あいさつは省き、死亡の日時などを取り急ぎ伝えます。いっしょに通夜、葬儀の日程を伝えるときには、情報が正しく伝わるようにメールやファックスなども利用するといいでしょう。

遺族・喪家側

寺院・神社・教会、葬儀社への連絡

寺院・神社・教会にも早めに連絡を入れる

葬儀を宗教の儀式として執り行う場合、寺院や神社、教会へも死亡の連絡を速やかに行います。故人の名前、死亡日時などを伝えて、葬儀の日程を相談しましょう。

仏式では菩提寺《ぼだいじ》（先祖代々の墓がある寺）の住職に、神式では故人が氏子だった神社の神職に連絡をします。キリスト教の場合は、臨終の儀式をしてもらった神父や牧師に葬儀の相談を。臨終の際に招けなかったときには、故人の所属の教会に連絡しましょう。

葬儀社はできれば複数比較して

通夜、葬儀の段取りや進行、火葬の手配など、葬儀のいっさいを取り仕切るのが葬儀社。葬儀を行うには欠かせない存在で、納得できる葬儀ができるかどうかは業者にも影響されます。

インターネットで検索すれば、たくさんの葬儀社が出てきます。できれば、複数候補をあげて検討しましょう。電話をして実際にやりとりをし、その応対などを比べてみるといいでしょう。葬儀を経験した知り合いがいれば、相談してみるのもいい方法です。

こんなときどうする？

菩提寺が遠い、菩提寺がわからない

菩提寺が遠方にある場合にも、まず連絡をして死亡の報告をしましょう。その上で遠方から来て葬儀を執り行ってもらうことが可能か、そうでない場合はどうすればいいか相談を。来てもらう場合には、交通費や宿泊費の用意が必要でしょう。来てもらえないときには、同じ宗派の寺を紹介してもらうとよいでしょう。

菩提寺があるのに、相談もせずに勝手に近くの寺に葬儀を頼むと、菩提寺の墓に納骨できないなどのトラブルを招くこともあるので注意しましょう。

菩提寺がわからない場合には、まず親戚などに確認を。それでもわからなければ、葬儀社に寺を紹介してもらいます。宗派だけでもわかれば伝えましょう。

検討する際のおもなポイントは左のようなものです。また、葬儀のしきたりは地域によっても違うため、その地域の慣習に詳しい葬儀社であることも重要なポイント。地域に根差し、長い実績のある業者であればその点は安心でしょう。

葬儀社に依頼するものは多岐に渡ります。いろいろと相談しやすく、信頼できる業者を選びたいものです。

トラブルになりがちな料金はしっかり確認

葬儀費用は、多くの場合セットプランになっています。料金に含まれているもの、オプションになるものなどの内容をしっかり把握しましょう。希望を伝え葬儀プランができたら、必ず見積もりを取り、葬儀後、追加料金が出る可能性などを確認しておきます。

葬儀社の検討ポイント

□応対、説明がていねいか

□こちらの要望を聞いてもらえるか

□サービスや料金が具体的で明確か

□葬儀全般への知識が豊富か

□葬祭ディレクターがいるか

※葬祭ディレクターは遺族の希望に沿った葬儀を提案し葬儀全般を統括する仕事。実務を一定期間経験し技能審査に合格すると資格が得られる。

葬儀社の行うおもなサービス

- 遺体の搬送
- 遺体の安置、枕飾り、納棺
- 死亡届の提出、火葬許可申請の手続き代行
- 通夜、葬儀・告別式のプランの提案、見積もり、進行管理
- 僧侶など宗教者の紹介
- 遺影の準備
- 式場の手配、祭壇の設置
- 供物、供花の手配と設置
- 会葬礼状、返礼品などの手配
- 会食用料理、飲み物手配
- 火葬場・骨壷の手配
- 霊柩車・マイクロバス・ハイヤーの手配
- 後飾りの設置
- 墓所や仏具店の紹介

CHECK!

戒名とは仏の弟子になった証

戒名は浄土真宗では「法名」、日蓮宗では「法号」といいます。本来は仏の弟子になった証として、生前に授かる名前でしたが、出家していなくても極楽浄土に行けるよう、死後も授けられるようになったとされます。菩提寺の墓に入るには、その寺の僧侶に戒名をつけてもらうことが必要です。

末期の水、湯灌、死化粧

唇を水で湿らせる末期《まつご》の水

臨終に際しては、近親者でいくつかの儀式を行うならわしがあります。まず行うのは「末期の水」をとること。「死に水」をとるともいわれるもので、故人の口元を水で湿らせる儀式です。

お釈迦様が亡くなる前に水を求めたことに由来するもので、生き返ってほしいという願いや、渇きに苦しまないように安らかにという願いが込められたものとされます。

本来は息を引き取る前に行われるものでしたが、現在は死亡の直後に病院

一般的な末期の水のとり方

病院では看護師、自宅などでは葬儀社が手引きしてくれることも。困ったら葬儀社に相談をするとよいでしょう。

準備するもの

- 割り箸の先に脱脂綿を巻きつけ、ガーゼでくるんで白い木綿糸で根元をしばりつけたもの、あるいは新しい筆
- 茶碗

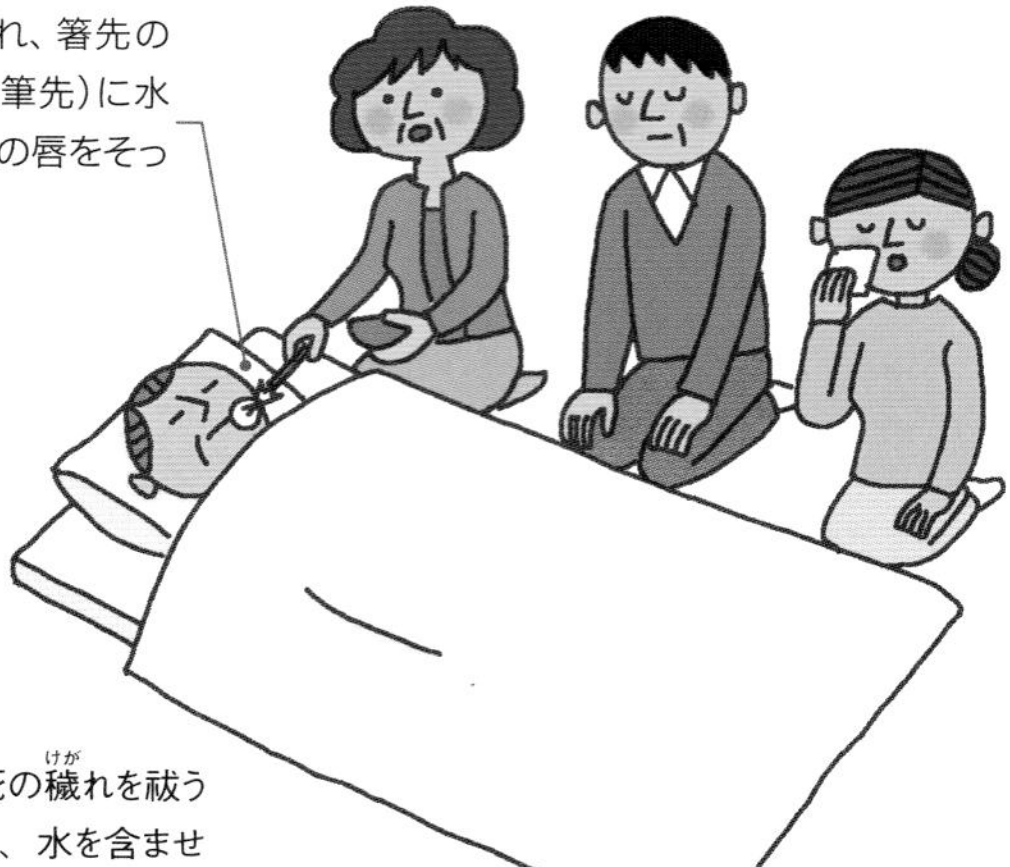

茶碗に水を入れ、箸先の脱脂綿(または筆先)に水を含ませ、死者の唇をそっと湿らせる。

配偶者、子どもと、血縁の濃いものから順番に、その場に立ち会っている近親者全員が行う。

※神式では、死の穢《けが》れを祓うために行われ、水を含ませるのに榊の葉を用いる。

で、もしくは自宅などに安置されてから行うことが多くなっています。

遺体を清める湯灌《ゆかん》と清拭《せいしき》の儀式

遺体を洗い清める儀式が湯灌です。昔は、たらいに水を入れ、そこに湯を足した「逆さ水」を使って近親者が行うものとされ、使った湯は日に当てないよう床下に捨てました。

現在では病院や葬儀社が行い、ぬれた手ぬぐいやアルコールを使い清拭するのが一般的になっています。

死化粧で容姿を整え明るくおだやかな表情に

少しでもきれいにして送りたいという気持ちで、遺体の容姿を整えるのが死化粧です。髪をきれいにとかし、爪が伸びていたら切り、男性ならヒゲをそるなどして薄化粧をします。ほおがこけている場合、綿を口に含ませることもあります。

現在は葬儀社が行うことがほとんど。死化粧を専門に行うプロに頼むこともできます。感染症などへの注意も必要なので、近親者で行いたい場合は葬儀社にまず相談してみましょう。故人が気に入っていた化粧品を使いたいといった希望も伝えます。

CHECK!

遺体を衛生的に保つエンバーミング

エンバーミングは、遺体を衛生的に長く保存するための技術です。遺体を殺菌消毒して、血液などの体液を抜き、防腐剤を注入します。損傷を受けた遺体を修復したり、表情をおだやかな顔に復元したり、化粧を施したりすることで、まるで生前のように美しい状態にして保つことができます。ドライアイスを使うなどの保冷をしなくても、腐敗が進むことがなく遺体に触れることもできます。

海外から遺体を運ぶ場合、遠方からの弔問客を待つ場合、災害などで火葬まで時間がかかってしまう場合、ゆっくりとお別れをしたい場合などに利用されます。施術は専門業者の施設で行われるため、遺体を一時移動することが必要です。

こんなときどうする?

特定の感染症などで亡くなった場合

感染症法で指定されている感染症で亡くなった場合は、感染症の発生を予防するために、遺体の移動が制限されることがあります。指示に従って遺体の処置や火葬を行いましょう。多くの場合、遺体は病院から火葬場に移され、葬儀は遺骨を持ち帰って行うことになります。

遺体の安置と納棺

仏式の一般的な安置のしかた

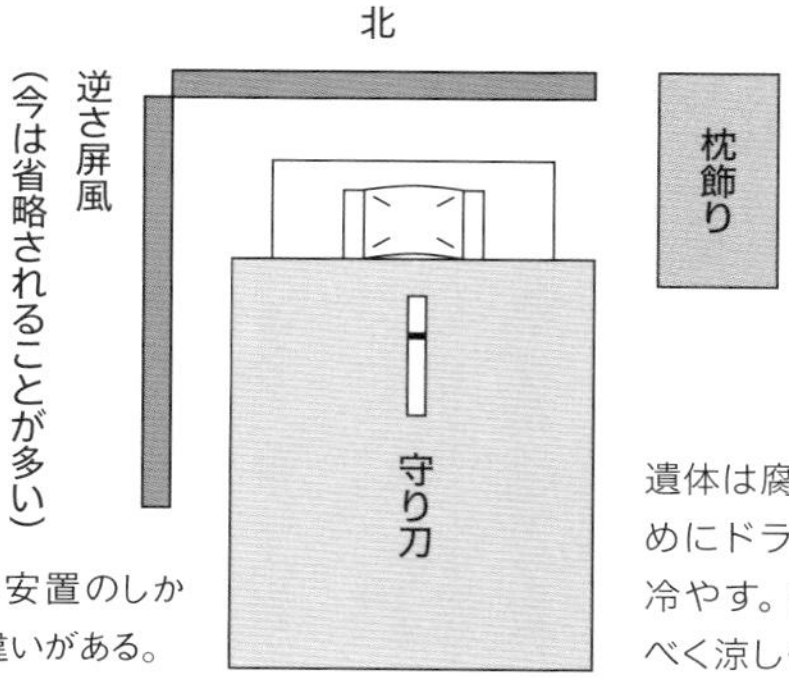

遺体は腐敗を防ぐためにドライアイスで冷やす。部屋もなるべく涼しく保つ。

※浄土真宗では安置のしかたや枕飾りに違いがある。

枕飾りの飾り方例

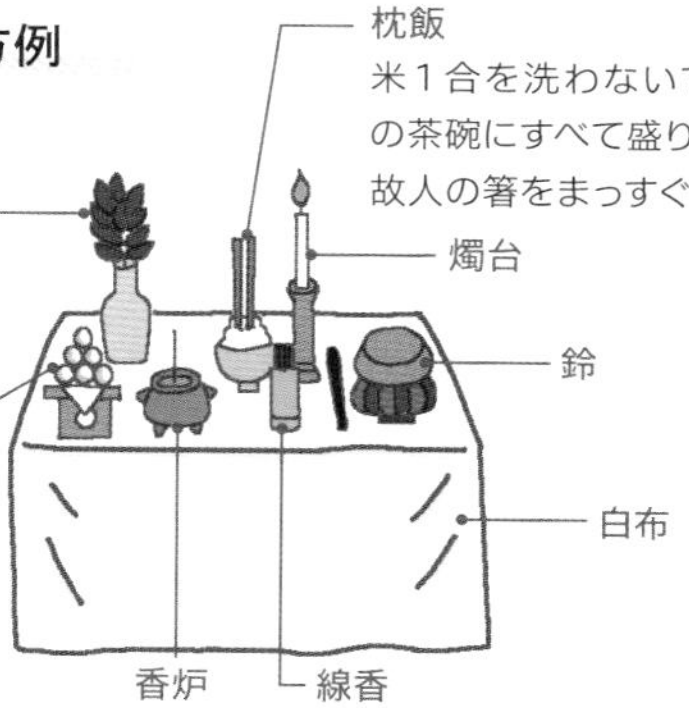

花立　一枝のしきみ。ないときは菊、ユリ、水仙など。

枕団子　6個供えることが多いが、数や供え方は地方によっても違う。

枕飯　米1合を洗わないで炊き、故人の茶碗にすべて盛りきり、そこに故人の箸をまっすぐに立てる。

線香　ろうそくの火や線香の煙は絶やさないようにするとされる。

遺体は北枕にし枕飾りをする

遺体は北を頭にする「北枕」に安置します。これは、釈迦が入滅した（亡くなった）ときの姿からきているもの。部屋の事情で北枕に安置できないときは西を頭にします。これは西に極楽があるという考えからです。

寝かせる布団には新しい白いシーツをかけ、掛け布団は遺体をあたためないよう薄いものにします。顔はガーゼやさらしなどの白い布をかけて覆い、手は胸元で組ませて数珠をかけます。掛け布団の上か、枕元に魔除けとして「守り刀」を置くのが一般的です。

枕元には枕飾りと呼ばれる小さな祭壇を設けます。このような遺体の安置や枕飾りの設置は、現在は通常葬儀社が行ってくれます。

通夜の前に遺族で納棺をする

遺体は通夜の前に棺に納めます。省略されることが多くなりましたが、枕飾りが設置されたあと僧侶にお経（枕教）をあげてもらうこともあります。

納棺前には、遺体に白い経帷子《きょうかたびら》といわれる着物を左前に着せ、手甲《てっこう》や脚《きゃ》絆《はん》をつけ白足袋、わらじをはかせるなど「死装束」という装いをさせることがならわしでした。しかし現在は、故人が気に入っていた洋服や着物を着せることも多く、その上に略式の経帷子をかけるなどします。着せたい衣装があれば、葬儀社に相談してみましょう。

納棺は遺族や親しい人が集まり行います。葬儀社の案内があるので、それに従って行いましょう。

棺には、故人の愛用の品や手紙などもいっしょに納めます。ただし、金属や、ガラス、プラスチックなど、火葬の際に燃え残るもの、有毒ガスを発生させるものは控えます。火葬場によっても基準が違うので、葬儀社に入れてもよいものを確認すると安心です。指輪や眼鏡など、どうしても入れてあげたいものは、小さいものであれば火葬後に骨壷に納める方法もあります。

CHECK!

忌明けまで神棚封じをする

神道では死は穢《けが》れと考えます。家に神棚がある場合は、死の穢れが入らないよう、遺族以外の人が扉をしめ前面に半紙などの白紙を貼る「神棚封じ」をするならわしがあります。封じておく期間は忌が明けるまで。仏式では四十九日、神式では五十日祭までとなります。

神式、キリスト教式の遺体の安置と納棺

神式

安置の方法は仏式と同様で、北枕に寝かせて顔を白い布で覆い、守り刀を置きます。枕飾りには灯明（ろうそく）2本、榊、水、塩、洗米、お神酒などを供えます。数珠は持たせません。

納棺は、神職を招き行うのが正式ですが、仏式と同様に葬儀社の案内で遺族が行うのが一般的になっています。

キリスト教式

頭の向きにはこだわらず、顔を白い布で覆い安置します。枕飾りにも特に決まりはなく、テーブルに白い布か黒い布をかけ、十字架や聖書、ろうそく、生花などを飾ります。

納棺は、神父や牧師を招いて行います。一同で祈りを捧げ、聖歌や讃美歌を斉唱したり、聖書を朗読したりしたのちに、遺族の手で棺に納めます。

喪主・葬儀方針を決める

配偶者、子どもなど縁の深い人が喪主となる

喪主は、主催者として葬儀を執り行う遺族代表の立場。宗教者や葬儀社とやりとりをし、故人のそばで弔問を受けます。また葬儀のあとも法要を営むなどして、故人の供養をする中心の立場になります。

遺族が相談して決めますが、故人の配偶者や子ども、どちらもいなければ親やきょうだいなど、故人と最も縁の深い人が務めるのが通常です。喪主を複数人で務めることもあります。未成年を喪主にするときは、親族が後見人として喪主の実際の役割を務めます。

喪主の務めは幅広くさまざまです。すべてをひとりでやろうとせず、親族で分担したり世話役を頼んだりするといいでしょう。

こんなときどうする?

故人に親族がいない場合

故人にひとりも親族がいないときには、「友人代表」「世話役代表」として友人・知人が喪主を務めることもあります。末永く故人の供養をできる人が務めるとよいでしょう。故人が生前に自分の葬儀の喪主をしてほしいとお願いしていた人がいれば、その人が務めます。

形式や規模、予算、会場などを考える

どんな葬儀をあげるかは、葬儀社とも相談しながら決定します。その前に遺族側で葬儀方針について考えておくとよいでしょう。考えるべきポイントは大きく4つ。「葬儀の形式」「葬儀の規模」「予算」「会場」です。

葬儀の形式は、宗教によって異なります。故人や先祖代々が信仰していた宗教により行われるのが一般的で、日本では大半が仏式で行われています。ほかに、神式、キリスト教式、無宗教式などがあります。

規模は予算とも関係します。無理のない範囲で考えましょう。祭壇を設けて多くの人にお別れに来てもらうか、家族だけで行うのか、故人の社会的な地位や交友関係の広さなどによっても

違ってくるでしょう。最近は小規模な葬儀を行うことが増えています。

会場となる場所は、自宅や専門斎場、寺院、教会、集会所などがあります。今は自宅以外で行うことがほとんどで、多く選ばれるのが専門斎場です。設備が整った斎場には遺族の宿泊施設などもあります。自宅で行いたいときには広さなど一定の条件が必要になるので、葬儀社に相談しましょう。

日程や時間は、僧侶など宗教者に相談して決めます、一般葬とは違う形の葬儀を行う場合にもまずは相談し、了承を得るといいでしょう。

故人が望んでいた方針をできるだけ尊重する

「たくさんの花を飾ってほしい」「身内だけで送ってほしい」など、もしも故人が望んでいた葬儀の形があったら、できるだけ尊重します。ただ、先祖代々の信仰と違う形式で供養するといった場合には、すでにある墓に納骨できないなどの問題が起こることもあります。親族や周囲の理解を得ながら、慎重に準備することが必要です。

規模についても同様に、まずは周囲の理解を得ることです。

CHECK!

葬儀にかかるおもな費用

- 葬儀一式の費用（遺体の安置、棺、祭壇、骨壷、霊柩車、火葬などにかかる費用）
- 通夜、葬儀・告別式の会場使用料
- 通夜ぶるまい、精進落としなどの接客、飲食費用
- あいさつ状や香典返しなど返礼品費用
- 宗教者へのお礼など
- そのほか、心づけや交通費など

葬儀のさまざまな形

宗教による違い

- 仏式
- 神式
- キリスト教式
- 無宗教式

規模による違い

- **一般葬**
通夜、葬儀・告別式を行い、一般の人にも参列してもらう広く行われている形。

- **家族葬**
（168ページ参照）

- **密葬**
（169ページ参照）

- **一日葬**
通夜を省略し、葬儀・告別式、火葬を一日で行う。一般の人も参列できる。

- **直葬（火葬式）**
通夜や葬儀・告別式を行わず、納棺後に（死後24時間以上経ったら）火葬し、火葬炉の前で故人とお別れする。

遺族・喪家側

世話役をお願いする

弔事の知識や経験が豊富な人、また故人や喪家の事情にもくわしい人がふさわしく、信頼できる親族や近所の年長者にお願いするのが一般的。故人の職場に依頼することもあります。

また、最近では葬儀社が世話役代表の役割を果たすことも多くなっています。葬儀社に必要な世話役を確認するといいでしょう。

葬儀の実務をサポートしてもらう

世話役とは、通夜や葬儀・告別式をスムーズに進めるためにお手伝いをする人のこと。当日、喪主や遺族は、弔問客を迎えたり、僧侶への対応などに追われます。手が回らないことも多く、実務をサポートしてくれる人が必要になります。現在は葬儀社が多くをサポートしてくれますが、それでも足りない部分は世話役にお願いしましょう。

世話役は、親族や近所の人、会社関係者、友人・知人に依頼します。近所の人が世話役を務めるのが慣習になっている地域もあります。葬儀の規模によって、必要な人数は変わってきます。最近では小規模な葬儀が増えており、家族葬では受付を設けないことも多く、世話役を立てることも減ってきているようです。

世話役代表は喪家の事情にくわしい人に

世話役の中心となり、葬儀を取り仕切ってもらうのが世話役代表です。大規模な葬儀では葬儀委員長と呼ばれることもあります。葬儀社や僧侶などとの打ち合わせにも喪主といっしょに参加して、各係に指示を出します。

CHECK!

世話役の服装は遺族に準じて

世話役は遺族側の立場。遺族に準ずる服装にしましょう。世話役代表は喪主と同格にするのが基本です。現在は、男性はブラックスーツ、女性はブラックフォーマルが一般的。学生の場合は制服で。接待・台所係は、黒のエプロンなどをすることがありますが、焼香のときははずします。

世話役のおもな係と役割

●受付係
受付で参列者の応対をし、香典を受け取り芳《ほう》名帳《めいちょう》へ記帳してもらう。葬儀の顔にもなるため、身なりを整えることが必要。笑顔は控えること。ていねいな応対ができる人が望ましい。

●会計係
受付係から香典を受け取り、香典袋の金額と中身の確認をして、集計して喪主に渡す。また、葬儀全体の出納管理を行うことも。現金を扱うので、身内や、お金の管理に強い人に。

●携帯品係
コートや手荷物などを、預かり札を渡すなどして預かる。ていねいな応対ができる人に。葬儀社にも依頼できる。

●返礼品係
会葬礼状や返礼品を参列者に渡す。受付で渡す場合と、焼香後に渡す場合がある。引換券を使って香典返しを当日渡すことも。葬儀社にも依頼できる。

●接待・台所係
控室や通夜ぶるまいの席で、茶菓や料理、飲み物などを準備し、僧侶や弔問客をもてなす。専門斎場であれば、会場スタッフが行ってくれることがほとんど。地域の慣習などによって、遺族や世話役の食事の準備をすることもある。

●道案内・駐車場係
交差点など何か所かに立って、最寄り駅から会場までの道を案内する。駐車場係は、車で来た参列者に駐車場の案内をする。体力のある人に。葬儀社にも依頼できる。

? こんなときどうする?

弔辞を依頼するときは立場の違う人に

弔辞は、故人の人柄をよく知る、特に親しかった友人や職場の同僚、上司などに依頼します。人数に決まりはありませんが、1～3人程度にするのが主流。複数の人に依頼するときは、エピソードがかぶらないように、立場の違う人にお願いします。故人が弔辞を依頼したいと望んでいた人がいれば、その人にお願いしましょう。

葬儀日程が決まったらすぐに、喪主や世話役代表から弔辞を賜りたいと依頼します。生前中の厚誼《こうぎ》への感謝を述べ、亡くなった日、葬儀の日程、どんな立場での弔辞をお願いしたいのか、長さの目安など伝えるといいでしょう。時間の目安は葬儀社に確認しておきます。当日は、弔辞が読みやすい席に案内するようにします。

遺族・喪家側

弔問・会葬へのお礼を手配する

会葬礼状と返礼品は全員に渡すのが基本

通夜や葬儀・告別式の参列者には、足を運びお悔みをいただいたことへの感謝を伝えるため、会葬礼状と返礼品を準備します。

会葬礼状は本来、葬儀後あらためて会葬者ひとりひとりに送るものでした。また返礼品は、通夜のあとの通夜ぶるまいに参加せずに帰る弔問客に渡すために始まったものとされます。しかし現在は両方を合わせて、通夜や葬儀・告別式の当日、受付や出口で手渡しすることが主流になっています。

喪主や遺族が、直接ひとりひとりにあいさつできないため、礼状と品物であいさつにかえさせてもらうもの。参列に対するお礼なので、香典をいただいたかどうかは関係なく参列者全員に渡すのが基本です。通夜までに手配をしておきましょう。

会葬礼状には定形文がある

会葬礼状ははがきか二つ折りのカードの形が一般的。清めの塩を添えますが、死を穢《けが》れとしない宗教、宗派では添えないこともあります。

故人の名前、会葬へのお礼の言葉、通夜、葬儀・告別式の日付、喪主氏名などを簡潔にまとめ、文章には句読点を使わないのが慣例になっています。宗教により言い回しなどが異なりますが、葬儀社には定形文が用意されており、そこから選んで依頼すれば、スムーズに失礼のないものができます。

特に伝えたい思いがあれば、オリジナルのものを作るサービスもあり、自分で作ることもできます。制作にかかる時間などを考え、間に合うように準備しましょう。

予想される参列者の数より多めに準備して

会葬礼状と返礼品は、途中で足りなくならないように、予想される参列者の数よりも少し多めに手配するのが通常です。葬儀で余った分を自宅に取り置いておき、あとから来る弔問客へのお礼に利用することもあります。
予想人数は故人が受け取っていた年賀状の枚数や、携帯電話に登録してある番号、喪主や遺族の友人・知人の数などから考えていきます。用意する数により、当然料金は変わってきますが、余った分は返品できることがほとんどです。葬儀社に返品の可否を確認しておくといいでしょう。

通夜ぶるまいは供養と弔問客へのお礼

通夜の際には食事の席を用意し、弔問客をもてなす「通夜ぶるまい」を行うならわしがあります。故人の供養と、弔問客へのお礼をかねたもので、手軽につまめる料理と、お清めの意味でアルコール類を用意します。

以前は肉や魚などの生ぐさものが避けられましたが、現在はこだわりません。寿司、サンドイッチ、煮物、揚げ物などを大皿で用意するのが一般的。葬儀社を通じて手配します。

もしも通夜ぶるまいを行わないときには、そのかわりとして折り詰めとお酒、お茶のセットを用意し、持ち帰ってもらいましょう。

CHECK!

返礼品によく選ばれる品物

参列者の荷物にならないよう、軽くてかさばらない品物、日常使うものがよく選ばれます。地方によっての慣習もありますが、多いのはハンカチやハンドタオル、お茶やコーヒー、お酒、焼き菓子など。葬儀社にセットになったものが用意されているので、予算に合ったものを選ぶといいでしょう。

こんなときどうする?

当日に香典返しをするとき

通夜や葬儀・告別式の当日に香典返しを行うことは「当日返し」または「即日返し」と呼ばれます。当日に直接相手に手渡すので、後日配送する手間がかかりません。最近は、当日返しを行うことが増えています。

当日返しをするときは、通夜までに品物を手配しておきます。この場合、香典をいただいた方にはその金額に関係なく、みな同じ品物を、会葬礼状・返礼品とともに渡します。香典返しの品物であることがわかるように品物にあいさつ状もつけます。特に高額の香典をいただいた人には、あらためて忌明けに別の品物を送ることもあります。

当日返しの品物は返品できることが多く、会葬礼状や返礼品と同様に余分に頼んでおくのが一般的です。

遺族・喪家側

喪服の準備

現在は準礼装の着用も一般的

喪服は、喪中に着用する服です。現在では、通夜、葬儀・告別式や、法要などの儀式のときにだけ着られ、遺族であっても喪中の間ずっと着ていることはありません。ただ、弔問客を迎えるときなどは、あまり派手な服装は控えたほうがいいでしょう。

儀式の際は、主催者側になる遺族は正礼装が正式です。しかし近年は、遺族も準礼装を着用することが一般的。喪主や遺族、世話役は弔問客に遺族側であることを示すために、喪章やリボンをつけます。

子どもは制服が正礼装。制服がないときはカジュアルな装いを避け、黒、紺、グレーなど地味な色のシンプルな服装に整えます。

男性の基本はブラックスーツ

男性の正礼装は黒のモーニングコートです。ただ昼間の正礼装なので、通夜には着用できません。現在は、通夜、葬儀・告別式を通し、準礼装のブラックスーツに黒いネクタイをすることがほとんどです。

和装の正礼装は、黒羽二重染め抜き五つ紋付の着物と羽織、仙台平の袴に角帯。足袋は白か黒で、草履の鼻緒は黒にします。

女性は紋付黒無地かブラックフォーマルでまとめる

女性は、和装なら正礼装の染め抜き五つ紋付の黒無地に、黒の帯をしめます。洋装の場合は準礼装にあたるブラックフォーマルに。光沢のない黒い生地の、シンプルなワンピースやアンサンブル、ツーピースを着用します。

CHECK!

喪服のときは片化粧で

メイクは公の場での身だしなみのひとつですが、華やかなメイクは悲しみの場に不適切。喪服を着たときは薄化粧にするのがマナーとされ、これを片化粧といいます。マニキュアや香水も控えて。

遺族の装い

こんなときどうする？

**急なことすぎて
喪服を準備できない**

急なことで喪服を準備できないときには、貸衣装を利用することもできます。自分で貸衣装店を探すほか、葬儀社でもお願いできるので相談してみましょう。ただ、和装の場合、肌着や足袋はふつう含まれていないので注意が必要です。

男性

ダブルまたはシングルのブラックスーツ。ワイシャツは白無地、ネクタイと靴下は黒、ネクタイピンはつけない。ベルトは黒でシンプルな金具のもの。光沢のないシンプルな黒い靴。

女性

洋装

一連のパールのネックレスとパールのシンプルなイヤリング・ピアス、結婚指輪・婚約指輪はつけてもよい。それ以外はつけない。

光沢のない黒い生地のワンピースやアンサンブル、ツーピース。肌の露出を控えたシンプルなデザインで、スカート丈はひざ下。ストッキングは黒。光沢や装飾のない黒のシンプルなパンプスとバッグ。

和装

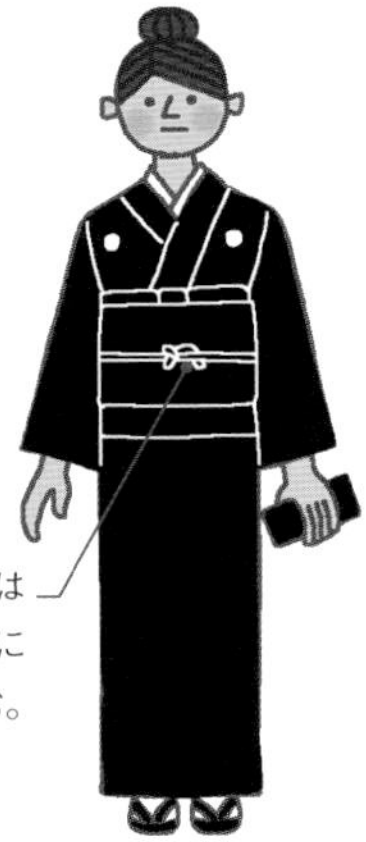

帯締めの端は房が下向きになるようはさむ。

染め抜き五つ紋付の、黒羽二重か一越ちりめんなど光沢のない生地の黒無地の着物。無地の帯、帯揚げ、帯締めも黒。長襦袢、半襟、足袋は白。草履は黒。バッグは黒で光沢や装飾のないもの。

※腕時計は華美なものやカジュアルなものははずします。シンプルで目立たないものなら着けてもかまいません。

遺族・喪家側

通夜を行う

通夜の進行例

一同着席	血縁の近い順に棺のそばに座る。
僧侶入場 読経	読経は故人の冥福を祈りながら静かに聞く。
焼香	喪主から血縁の近い順に行い、弔問客へ続ける。
法話	僧侶が仏教の教えを説く。省略されることも。
僧侶退場	合掌、黙礼などをして見送る。
喪主あいさつ	遺族を代表してあいさつする。
通夜ぶるまい	弔問客をもてなす。

現在は半通夜が一般的 座ったまま弔問客を迎える

通夜は本来、亡くなった人を葬る前に近親者が集まり遺体を見守って一夜を明かすものでした。線香や灯明を絶やさずに過ごします。

現在では、2時間程度で終わる「半通夜」が一般的になり、僧侶の読経や焼香などが行われます。日中に行われる告別式より参加しやすいため、参列者も通夜のほうが多くなる傾向にあります。

棺のいちばん近い席には喪主が座ります。それに続き血縁の近い順から座るのが一般的。弔問客が焼香をする際には、弔問客の礼に対し、座ったまま黙礼をしましょう。

通夜と通夜ぶるまいの終わりにあいさつを

通夜が終わり、僧侶が退場したら、喪主があいさつをして、弔問や生前の厚誼《こうぎ》に対する感謝などを伝え、通夜ぶるまいの席に案内します。

弔問客が多い場合は、焼香を終えた人から順に通夜ぶるまいの席に案内し、喪主のあいさつを省略することもあります。

翌日には葬儀・告別式なども控えています。通夜ぶるまいは、予定時刻を少し過ぎたところで喪主や世話役代表などがあいさつをして終了しましょう。あいさつでは、無事に通夜が終わったことへの感謝と、葬儀・告別式の予定を伝えます。「ゆっくりしてほしいが、遠方の方もいるので」「気をつけてお帰りください」など、弔問してくれた方を気遣う言葉を添えるといいでしょう。最後に世話役にも感謝を伝え、翌日のお手伝いをお願いします。

通夜ぶるまい前の喪主あいさつ例

本日は御多用の中、足をお運びくださいまして、誠にありがとうございました。皆様方のあたたかいお志をちょうだいし、亡き母も喜んでいることと存じます。

　また、生前に賜りましたご厚誼に対し、故人になりかわりまして、心よりお礼申し上げます。

　ささやかではございますが、別室に酒肴をご用意しております。故人の供養にもなりますので、お召し上がりください。

交通費…P.30

水引　なし。白封筒利用
のし　なし
表書き　御車代、御車料
贈る時期　通夜や葬儀当日、控室かお見送りのときに
金額の目安　5000～1万円
※送迎をしたときは不要

食事代…P.30

水引　なし。白封筒利用
のし　なし
表書き　御膳料
贈る時期　通夜や葬儀当日、控室かお見送りのときに
金額の目安　5000～1万円
※通夜ぶるまい、精進落としなど食事の席を辞退されたときに

CHECK!

通夜、葬儀当日の僧侶のもてなし

僧侶には、身支度のできる控室を用意しておきましょう。送迎の要不要はあらかじめ確認し、僧侶が車で来るときには駐車場の確保も必要。送迎をしない場合「御車代」を用意しておきます。

僧侶が到着したら、控室に案内して茶菓でもてなしを。喪主はあいさつをして、必要があれば、世話役代表や葬儀社をまじえ打ち合わせをします。通夜ぶるまいを受けてもらえるかどうかも確認し、辞退の場合は「御膳料」の用意をしましょう。

読経のあとは控室で茶菓を出してお礼を伝えます。必要に応じ、「御車代」「御膳料」を渡します。「御車代」「御膳料」は、葬儀・告別式の日にも同様に必要です。

通夜ぶるまいでは最上席に案内してもてなします。帰るときにはお見送りをしましょう。

葬儀・告別式を行う

葬儀・告別式の進行例

葬儀

一同着席 → 僧侶入場 → 開式の辞 → 読経・引導 → 弔辞拝受 → 弔電披露 → 焼香 → 僧侶退場 → 閉会の辞

告別式

僧侶入場 → 告別式開式の辞 → 読経 → 一般参列者焼香 → 僧侶退場 → 閉会の辞

※葬儀と告別式を続けて行う場合には、途中の僧侶の退場、入場は行わない。

葬儀と告別式それぞれに必要な準備を

葬儀・告別式は、同日に行われ、その違いがよくわからなくなっていますが、本来はふたつの異なる儀式です。

葬儀は故人の冥福を祈りあの世へと送る儀式で、遺族が中心となって営むもの。告別式は、友人・知人などが故人に最後のお別れをする儀式。葬儀と告別式の間で僧侶がいったん退場しますが、退場せずそのまま続けて行われることが多くなっています。

進行は葬儀社が行ってくれることがほとんどなので、必要な打ち合わせは通夜のあとにしておくといいでしょう。葬儀が始まるまでに遺族が行っておくのは、読み上げる弔電の選択、火葬場へ同行する人数と車の確認、精進落としの席の手配などです。

葬儀式場・火葬場の係員、霊柩車・ハイヤー・マイクロバスの運転手などには心づけを渡す慣習があるので、その準備も必要です。また、僧侶や世話役へのお礼（170ページ参照）を当日するときには、その用意もしておきましょう。

弔電の整理をするときには、名前を読み間違わないように、送り主の肩書きや氏名をよく確認し、読み上げる順番も失礼のないよう考えましょう。

火葬場へ行く人数の確認は、通夜ぶるまいの席でしておくといいでしょう。その人数に応じ、車や、精進落としの席などを手配します。

遺体を生花で飾り最後のお別れをする

葬儀・告別式がすんだら棺のふたを開け、故人と最後の対面をするお別れの儀を行います。近親者で棺を囲み、祭壇の供花からつんだ花で遺体の周りを飾ります。故人が愛用していたもの、手紙なども入れることができます。十分に別れを惜しみましょう。

お別れがすんだら棺のふたを閉じます。このとき釘を小石で打ち込む「釘打ちの儀」を行うならわしがありますが、地域によっても異なり、最近では省略されることが多くなっています。

棺を運び出し出棺前に喪主があいさつを

火葬場へと出棺するために、近親者で霊柩車まで棺を運びます。遺体の足を前にして運ぶのが一般的ですが、地域によっても違います。

出棺の前には、見送りの会葬者に喪主か遺族代表があいさつをし、会葬と生前の厚誼《こうぎ》への感謝、故人の思い出などを述べ、変わらぬ支援を願います。遺族は、遺影と位牌を持って会葬者のほうに向いて並び、あいさつをしている者と共に終わりに深く礼をします。

心づけ…P.30

水引 なし。白封筒利用
のし なし
表書き 志、寸志、御礼
贈る時期 当日、式の前後に。葬儀社に頼んでもよい
金額の目安 2000～5000円

出棺のあいさつ例

本日は、ご多用中のところ、父高男の葬儀・告別式にご参列いただき、ありがとうございます。長男の孝文でございます。遺族を代表いたしまして、ひと言ごあいさつ申し上げます。

思えば父は寡黙な男で、幼い頃からあまり会話をしてきた記憶がありませんでした。しかし、この1年にわたる闘病生活の中、さまざまな話を聞くことができました。苦しく辛い時間でしたが、同時に宝物のような時間になったと感じております。最期は孫たちにも囲まれ眠るように息を引き取りました。

生前皆様方から受けたご厚誼には父も深く感謝しておりました。本日もたくさんの方にお見送りいただき、さぞかし喜んでいるに違いありません。

どうぞ今後とも変わらぬおつきあいのほど、よろしくお願い申し上げます。

本日は誠にありがとうございました。

火葬と骨あげ

火葬場に到着したら炉の前で納めの式を行う

喪主が位牌、遺族代表が遺影を持ち火葬場に向かいます。霊柩車を先頭に、ハイヤーやそれぞれの車、マイクロバスがあとに続きます。位牌を持った喪主は、霊柩車やそのすぐ後ろに続く車の助手席に座り、血縁の近い順に続くのが一般的です。僧侶が同行するときには、喪主と同じ車の上座（運転席の後ろ）に座ってもらい、喪主は並んで座ります。

火葬場に到着後は、火葬炉の前に棺を安置し、位牌、遺影を飾った仮祭壇を設けて「納めの式」を行います。喪主から順に遺族が焼香を行い、合掌、礼拝をしていきます、僧侶が同行しているときは読経から始まります。

納めの式は最後の別れの式。棺の小窓を開け、故人の顔を見ることもあります。この式が終わると棺は炉に納められます。合掌して見送りましょう。

火葬の間は控え室で待機する

火葬には1時間程度かかります。その間は控え室で待機し、遺族は同行してくれた会葬者をもてなします。もてなしのための菓子や酒、ジュース類はあらかじめ葬儀社、火葬場などに依頼して用意しておいてもらいましょう。時間によっては、お弁当など食事を用意することもあり、これを精進落としとすることも増えてきています。

僧侶が同行しているときは上座に案内し、喪主は隣に座ってもてなします。今後の法要について相談しておくのもいいでしょう。

CHECK!

火葬許可証を忘れずに持参する

火葬をするには火葬許可証が必要です。忘れないように持って行きましょう。葬儀社の人に事前に預けておくのが一般的。火葬をすると係の人が、納骨する際必要になる埋葬許可証を、骨壷を入れる白木の箱の中に入れてくれます。納めるところは事前に確認しておきましょう。

骨あげをし骨壺に納める

火葬がすんだら、炉の前に移動して、遺骨を拾い骨壺に納めていく「骨あげ」また、「収骨」「拾骨」「骨拾い」などと呼ばれる儀式を行います。ふたりでひと組になり、それぞれが箸を持って一片の遺骨をいっしょにはさんで拾い上げ、骨壺に納めます。これには、故人がこの世からあの世へ三途の川を渡る助けをする「橋渡し（箸渡し）」の思いが込められているとされます。

喪主から血縁の近い順に行い、ひと組で1、2片納めたら、次の組に箸を渡し交代します。骨は下半身から上半身へと拾っていき、最後にのど仏を故人と最も縁の深かった人が拾い上げて、納めるのが一般的なしきたりです。遺骨が骨壺の中で生きているときと同じような形に納まるようにとされますが、地方によっても納め方は違います。火葬場の係員の指示に従って行いましょう。

また、遺骨をすべて拾って納める地域と、一部の骨だけ拾って納める地域があり、骨壺の大きさも違います。

遺骨が納め終わったら、骨壺は白木の箱に入れられ白布で包んだりかぶせものをして渡されます。火葬場からの帰り道は、行きと違う道を通るという言い伝えが残っていますが、これは土葬していた頃の慣習で、お墓から霊が戻ってこないようにと考え行われていたもの。今は気にすることはないとされます。

ふたりでいっしょに箸で遺骨を拾い上げ、骨壺に。

こんなときどうする？

分骨をしたいときには葬儀社に相談を

菩提寺が遠方にあるため近くの墓にも納骨したいなど、遺骨を分けて納めたいときには、あらかじめ葬儀社に相談しておきましょう。分骨用の骨壺や錦袋を用意してくれ、骨あげのときに火葬場の係員がお骨を分けてくれます。分骨証明書（火葬証明書）も発行してもらいましょう。

遺族・喪家側

還骨法要と精進落とし

遺骨、位牌、遺影は後飾りに安置する

遺骨はすぐには納骨されず、多くの場合いったん自宅に戻ります。自宅では後飾りの祭壇を用意し、遺骨、白木の位牌、遺影を安置します。

後飾りは葬儀社で準備してくれることがほとんど。仏壇の前、仏壇のないときは部屋の北側か西側に設置するのがよいとされます。葬儀後訪ねてくる弔問客にもこの祭壇にお参りしてもらいます。

火葬場から戻った人は、家に入るときに塩と水でお清めをするならわしがあります。家に留守番を置き、その人に塩や水をかけてもらうのが正式ですが、戻ってきた人同士で塩だけをかけあうことが多くなってきました。省略して行わないこともあります。

還骨法要の行い方はさまざま初七日を合わせて行うことも

遺骨が安置されたら、遺族や近親者が後飾りの祭壇前に集まって、僧侶に読経してもらい「還骨法要」を行います。最近では、葬儀後数日で再び遺族が集まるのが難しいため、命日の7日後に行う「初七日法要」も合わせて行うことが多くなっています。告別式後

こんなときどうする?

後飾りの祭壇を片づけるとき

遺骨、位牌、遺影が後飾りに安置されるのは、一般的に忌明けとされる四十九日まで。役目を終えた後飾りは、保管しておけば盆飾りなどに利用することができます。処分するときには、特にお清めなどの必要はなく、自治体のルールに従いゴミに出せばOK。多くの葬儀社では回収もしているので確認してみましょう。

後飾りの祭壇の例。遺骨、位牌、遺影のほか、香炉、線香、燭台、鈴、生花、供物などを飾る。

そのまま初七日法要まで行うこともあります。僧侶と相談して決めましょう。

還骨法要は、火葬場から葬祭場や寺に戻って行うこともあります。その場合、そのあと自宅に戻る前に精進落としをすることもあります。また、火葬場に僧侶が同行しないときには、火葬後の法要は省略されることもあり、地域によっても行い方はさまざまです。

CHECK!

現在と異なる本来の精進落としの意味

昔は死者が出た家では、四十九日後などの忌明けまでは精進し、殺生を避け肉や魚を食べることをつつしんでいました。そして忌明けに精進を終えると日常に戻って肉や魚を食べ、これを「精進落とし」と呼びました。今は、本来とは違う意味合いで使われるようになっています。

精進落としでお世話になった人に感謝を

火葬、還骨法要後には、葬儀・告別式でお世話になった人をもてなすために仕出し料理を頼んだり、料理屋を予約して、「精進落とし」や「お斎《とき》」といわれる会食の席を設けます。もてなす側の遺族は下座に座り、僧侶を上座に案内しましょう。僧侶が会食を辞退したときは、御膳料を渡します。送迎をしなかったときには御車代も必要です。

全員が着席したら喪主がお礼のあいさつをします。そのあと故人に杯を捧げる「献杯」をすることもあります。献杯は、乾杯とは違い静かに唱和し、グラスを少しかかげます。会食が始まったら、喪主や遺族は席をまわってお礼をし、酒や料理をすすめます。遺族、親族のあいだでは今後の法要のことも相談しておくといいでしょう。

会食の目安は1～2時間、前日の通夜からの疲れもあります。長くならないように喪主があいさつをして締めくくりましょう。もし精進落としの席を設けないときには、折り詰めとお酒、お茶などのセットを用意しておき、持ち帰ってもらいます。

精進落とし開始のあいさつ例

本日は、亡き妻和子の葬儀のためにお力添えをいただき、ありがとうございました。みなさまには、通夜から本日まで大変にお世話になり、おかげさまで葬儀もとどこおりなくすませることができました。本人も安らかに旅立っていったことと存じます。

ささやかではございますが、精進落としの膳を用意いたしましたので、どうぞごゆっくりお召し上がりください。本日は誠にありがとうございました。

神式の通夜、葬儀

通夜祭、遷霊祭《せんれいさい》が仏式の通夜にあたる

神式の葬儀は、死を清め、故人の霊を鎮め、家の守り神として祀る儀式です。日本古来の儀式で仏式に共通する点も見られ、準備の進め方や参列者の迎え方もそう変わりません。ただし祭壇のあつらえなどが違うので、まず故人が氏子だった神社に相談し、葬儀社は神式葬儀の経験豊富なところを選びましょう。神式でも、地域や神社によって名称やしきたりが異なります。

仏式の通夜にあたるのが、「通夜祭」と「遷霊祭」です。通夜祭は夜を徹し故人の霊をなぐさめるもの、遷霊祭は故人の霊を遺体から「霊璽《れいじ》」に遷《うつ》すための儀式。本来別の儀式ですが、最近は一連の儀式として行うのが一般的です。式後には通夜ぶるまいにあたる「直会《なおらい》」を行い参列者をもてなします。

葬場祭で最後のお別れをする

仏式の葬儀・告別式にあたるのは、「葬場祭」。儀式の流れは仏式と大きく変わるところはなく、玉串奉奠《たまぐしほうてん》をし、故人とお別れをします。

火葬の際は、炉の前で祝詞を読み、玉串を捧げる「火葬祭」を行います。骨あげは仏式と同様です。火葬後は手水と塩で身を清めてから家に入り、仮《かり》御霊舎《みたまや》（祭壇）に霊璽を祀って葬儀が無事に終わったことを報告する「帰家《きか》祭《さい》」を行います。直会も用意しましょう。

神式では本来火葬後すぐに納骨するのがならわしですが、最近は五十日祭まで自宅に遺骨を安置することも増えています。その場合、霊璽といっしょに仮の祭壇に安置します。

CHECK!

生前の姓名を使った「諡《おくりな》」が授けられる

神式に戒名はありません。霊璽に書かれるのは、死後、遷霊祭を経て家の守り神となった霊を神様としてたたえるため授けられる「諡」。生前の姓名＋男性なら「彦」や「大人」、女性なら「姫」や「刀自」をつけ、最後に尊称の「命」がつけられます。

通夜祭、遷霊祭の進行例

手水の儀 → 一同着席 → 斎主入場 → 開式の辞 → 修祓《しゅばつ》の儀 → 斎主一拝 → 献饌《けんせん》 → 斎主祭詞《さいし》奏上 → 玉串奉奠 → 遷霊の儀 → 撤饌《てっせん》 → 斎主一拝 → 斎主退場 → 閉式の辞 → 直会

葬場祭の進行例

手水の儀 → 一同着席 → 斎主入場 → 開式の辞 → 修祓の儀 → 斎主一拝 → 献饌 → 斎主祭詞奏上 → 弔辞拝受 → 弔電披露 → 玉串奉奠 → 撤饌 → 斎主一拝 → 斎主退場 → 閉式の辞

※お別れの儀式などは仏式とほぼ変わらない。続けて出棺祭が行われることもある。出棺の際には喪主のあいさつも。

神式儀式の言葉

●手水の儀
135ページ参照。

●斎主
式を主宰する神職。

●修祓の儀
参列者や供物などを祓い清める儀式。起立し頭をさげて受ける。

●献饌・撤饌・饌
饌（米、酒、塩、もち、卵、魚、野菜、果物、乾物、菓子などの供物）を供えるのが献饌。さげるのが撤饌。

●玉串奉奠
134ページ参照。

●祭詞
神前で読み上げられるもの。葬場祭の祭詞では故人の人柄、経歴などが紹介されるので、あらかじめ伝えておく。

●遷霊の儀
部屋の明かりを消し、斎主が遷霊詞を奏上して、故人の霊を用意された霊璽に遷し、霊璽を祭壇の仮御霊舎に納める。

●霊璽
故人の霊のよりどころになる白木の札。「御《み》霊代《たましろ》」「霊代」とも呼ばれる。仏式の位牌に形も近いもの。

●直会
本来、儀式のあとに神前に供えたお神酒・神饌をさげ、それを用いて神職や参列者で行われた酒宴で、神と人が共に食べるという意味があった。

遺族・喪家側

キリスト教式の通夜、葬儀

所属している教会に連絡その指示に従う

キリスト教には大きな宗派としてカトリックとプロテスタントがあり、プロテスタントには数多くの教派があります。それぞれで式の内容やしきたりも変わってきます。まずは故人が所属していた教会に連絡して相談し、指示に従うことが大切です。

また日本では、キリスト教式の葬儀の数が少なく、扱いに慣れている業者も多くはありません。死を「神様の元に召されること」ととらえているキリスト教式は、仏式や神式とは葬儀の準備も異なるため、葬儀社も教会から紹介してもらうと安心です。

日本の場合は仏式の影響も受けている

キリスト教では本来、仏式の通夜にあたるものはありません。しかし日本では、一般的な仏式の通夜、葬儀の影響を受け、キリスト教式でも通夜にかわるものが行われるようになっています。そのため、その際の儀式にははっきりとした決まりはなく、参列者で祈りを捧げ、聖書の朗読などを行い、焼香にかわるものとして、献花（136ページ参照）を行います。

CHECK!

宗派による葬儀に対する考え方の違い

カトリック

伝統を重んじます。葬儀は、言葉の典礼、感謝の典礼などからなる葬儀ミサを中心とし、故人の罪を神に謝罪して許しを請い、永遠の安息を祈っておごそかに行われます。告別式は葬儀の儀式とは分けられ、主体となるのも教会ではなく遺族です。

プロテスタント

儀式よりも、聖書と故人の信仰に重きをおきます。そのため、儀式に対する考え方も比較的柔軟です。葬儀は、神に感謝し遺族をなぐさめるものとし、聖書朗読や祈祷《きとう》、説教が中心。告別式も同時に行います。手順や形式は教派により違います。

仏式の「通夜ぶるまい」にあたるならわしもありませんが、サンドイッチやクッキーなどの軽食とお茶を準備し、参列者で故人を偲ぶことが多くなっています。酒は基本的に出しません。

香典の習慣も、日本の葬儀の影響を受けたものです。

火葬をした遺骨はいったん自宅に安置

キリスト教は本来、土葬が中心ですが日本では難しく、キリスト教式でも火葬となります。炉の前で神父や牧師の祈祷などがある火葬式が行われます。

遺骨は埋葬まで自宅に安置しますが、遺骨を迎えるための特別な儀式はなく、遺骨を安置する祭壇の形式にも決まりはありません、小机に布をかぶせ、十字架や聖書、遺影、燭台、生花などと共に安置することが一般的です。

カトリックの通夜、葬儀で行うこと例

通夜（通夜の祈り・通夜の集い）

- 聖歌斉唱
- 聖書朗読
- 神父による説教、故人を偲ぶ話
- 祈祷
- 献花
- 喪主あいさつ

※終了後、茶話会を行うことも。

葬儀

- 聖歌斉唱
- 神父による潅水献香
- 言葉の典礼
  聖書の朗読や神父による説教など。
- 感謝の典礼
  キリストの肉体と血になぞらえパンとワインを祭壇に奉納。神父が感謝の祈りを捧げ信者にパンを分け与える「聖体拝領」を行う。

告別式

- 聖歌隊の合唱
- 告別の祈り
- 故人の略歴紹介
- 弔辞、弔電披露
- 献花
- 喪主あいさつ

プロテスタントの通夜、葬儀で行うこと例

通夜（前夜式）

- 讃美歌斉唱
- 聖書朗読
- 牧師による説教、故人を偲ぶ話
- 祈祷
- 献花
- 喪主あいさつ

※終了後、茶話会を行うことも。

葬儀・告別式

- 讃美歌斉唱
- 聖書朗読
- 牧師による説教
- 祈祷
- オルガン演奏
- 故人の略歴紹介
- 喪主あいさつ
- 弔辞、弔電披露
- 献花

※プロテスタントの弔辞は、故人に向けたものではなく、遺族をなぐさめるために行うもの。

家族葬を行う

遺族の希望を はっきりさせることが大切

多くの参列者を招かず、家族やごく親しい人だけで行う小規模な葬儀を家族葬と呼びます。通常は予算も少なくすみ、喪主や遺族にかかる負担も小さいので近年人気のスタイルです。

ただ、家族葬といっても、僧侶を招き通夜、葬儀・告別式を行う場合や、無宗教式で行う場合など、その形態はさまざま。参列者が本当に少人数のものから、数十人になるものまであります。まずは、どのように故人を見送りたいのか遺族でよく相談しましょう。

どこまで知らせるか いつどう知らせるかを考える

よく問題となるのは、葬儀を知らせる範囲です。どこまでという決まりはないので、参列してほしいと思う人に声をかければいいでしょう。

ごく内輪だけですませる場合には、亡くなったことをだれにどう伝えるかも考えておきましょう。葬儀前に伝えて、内輪の葬儀をすることの了承を得る必要がある人もいるでしょう。

葬儀後の連絡なら、年賀欠礼状を利用して伝えるのもよい方法。その場合、だれがいつ亡くなったのかがわかるようにすることが大切です。

死亡通知状を出す場合には、死亡日や、親族のみで葬儀をしたこととそのおわび、生前故人が受けた厚誼《こうぎ》に対するお礼などをつづります。

香典などを辞退するときは はっきりと伝える

香典や供物、供花などを受け取るかどうかも決めておき、遺族で共有しましょう。家族葬だからと辞退する決まりはありません。

もし受け取らないと決めたら、参列者のためにも辞退する旨をはっきりと示します。「故人の遺志で」とすると、失礼にならないでしょう。

どうしても断りきれなかった、送られてきたなど、受け取ってしまった場合には、基本的にお返しをするのがマナーです。

弔問客が多いときはお別れの場を作ることも

一般葬なら、一度に多くの人に故人とお別れをしてもらえますが、身内だけで葬儀を行うと、生前に交友関係の広かった故人の場合などには、なぜ知らせてくれなかったのかと残念に思う人も出てきます。自宅まで弔問に来る人もいて、葬儀がすんでも、長い期間、弔問客の対応に追われかねません。

故人を思い、お別れをしたいという気持ちは断れるものではありません。そのため、故人が築いてきた友人関係や社会的立場を考慮し、身内で葬儀をすませたあと、「お別れの会」などを開き、故人とお別れしてもらえる機会を設けることも増えています。

お別れの会の形式に決まりはなく、行う場所や服装も自由です。遺影を飾った祭壇に献花をしてもらい、食事を振る舞うなどします。故人の愛用品を飾る、故人が好きだった曲を流すなど、故人らしい演出を考えるといいでしょう。遺族代表が主催するほか、会費制をとり、故人の友人、知人が主催者となることもあります。

こんなときどうする?

無宗教で葬儀を行いたいとき

宗教的な儀式は行わず、自分らしく送られたい、自由にお別れがしたいと希望する人もいます。決められた儀式をしないぶん、どんなセレモニーをするのか、会場や祭壇をどうしつらえるかなど、自分たちで考えていく必要があります。ムービー上映、思い出の品を飾るなどさまざまな演出が考えられます。故人の希望を盛り込み検討していきましょう。

また、それを形にしていくためには、葬儀社のアドバイスも欠かせません。無宗教葬の経験が豊富な葬儀社を選ぶことも大切。事前相談をしておくという方法もあります。

気をつけたいのは墓が菩提寺にあるときです。戒名がないと納骨できない場合もあります。その墓に納骨を希望するのであれば、菩提寺にまず相談しましょう。

CHECK!

密葬と家族葬は似ているようで違う

密葬は、周囲に知らせず身内だけで密かに行う葬儀です。家族葬と同じように思われますが、密葬は基本的に後日、本葬を行うことが前提になっています。本葬は準備期間を経て行われ、社葬など大規模なものが多く、「偲ぶ会」「お別れの会」のような形をとることもあります。

遺族・喪家側

葬儀後のお礼と香典返し

通夜や葬儀の当日にお礼を渡すことが増えている

葬儀でお世話になった僧侶などの宗教者や、世話役などへは、本来、日をあらためて喪主と遺族代表があいさつにまわり、お礼の金品を渡すものでした。しかし現在では、通夜や葬儀の当日に渡すことが一般的になってきています。当日渡すならば、「本来ならばあらためてお礼にうかがうべきところですが……」など、言葉を添えるとていねいでしょう。

日をあらためてあいさつに行くときは、宗教者には葬儀の翌日か翌々日、そのほかの人にも遅くても初七日までに、相手の都合を聞いてから出向くようにします。喪服を着る必要はありませんが地味な服装に整えましょう。

お礼の金額は年長者や葬儀社に相談

宗教者へのお礼をいくら包むか悩んだときには、年長者、また葬儀社に相談してみるといいでしょう。直接先方に聞いてみてもかまいません。

世話役へのお礼は、役割や手伝ってもらった日数に応じて考えます。現金やギフト券、また品物を贈ることもあります。これも年長者や葬儀社に相談

世話役へのお礼…P.30

水引 なし。白封筒利用

のし なし

表書き 御礼、志など

贈る時期 葬儀終了時、あるいは後日

金額の目安 3000〜２万円

宗教者へのお礼…P.30

水引 なし。白封筒利用

のし なし

表書き 御布施（仏式）、御祭祀料（神式）、献金（キリスト教式）など

贈る時期 通夜、または葬儀当日が一般的

金額の目安 葬儀社や宗教者に確認

してみましょう。慣例になっている金額や品物があるかもしれません。

世話役代表へのお礼は1～2万円が目安。ただし、目上の人に現金を贈るのは失礼とする考えがあるため、相手によっては、相応の品物にしたり、あらためておもてなしの席を用意したりします。現金でお礼をする場合は、白封筒に入れ、表書きを「御礼」とするといいでしょう。

お礼の表書きの文字は、香典とは違い濃墨を使って書きます。相手の家に不幸があったわけではないからです。

忌が明けたら香典返しを贈る

香典は、不幸があった家の経済的援助の目的で始まったものです。そのため、本来はお返しの必要がないものでしたが、現在は返礼として「香典返し」を贈るのがならわしになっています。

贈る時期は、通常忌明け後です。仏式では三十五日か四十九日の法要後、神式では五十日祭後になります。忌中の考えがないキリスト教式では、30日後の追悼ミサ（カトリック）、1か月後の召天記念日（プロテスタント）過ぎに贈ることが一般的です。

品物は、いただいた香典の3分の1～半額程度を目安に選ぶのが基本。お茶、のり、菓子、タオル、寝具、漆器、陶磁器などがよく用いられ、カタログギフトも人気があります。

香典返しにはかけ紙をかけお礼状を添える

香典返しには、喪家の姓（○○家とすることも）、あるいは喪主のフルネームを記したかけ紙をかけ、あいさつ状を必ず添えます。表書きは「志」であればどの宗教にも使えます。

あいさつ状には香典や弔問のお礼、無事に法要を終えたことなどを記しますが、宗教により文言が変わります。

香典返しを扱う業者やデパートなどには、文例が用意されているので、その中から選んで利用するとスムーズです。芳名帳《ほうめいちょう》などを利用してリストを作り、もれのないように送りましょう。

香典返し…P.30

- 水引　黒白または双銀、黄白結び切り
- のし　なし
- 表書き　志、満中陰志など
- 贈る時期　宗教や地域によって異なる
- 金額の目安　香典の3分の1～半額程度

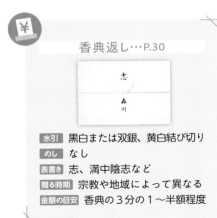

遺族・喪家側

相続などの手続き

さまざまな手続きが必要 リストアップして順番に

人がひとり亡くなると、それにともない名義変更、身分証の返却、年金や保険、給付金をもらうための手続きなど、たくさんの社会的手続きが必要になります。期日が決められているものもあるので、優先順位をつけて手続きをしていきましょう。

手続きをするうえで必要になることが多いのが、故人と相続人の住民票、相続人の戸籍謄本（戸籍全部事項証明書）と印鑑証明、故人の除籍謄本（除籍全部事項証明書）です。戸籍・除籍謄本は本籍地がある役所での交付になり、揃えるのに手間がかかることもあります。必要な枚数をまとめて取っておくといいでしょう。法務局に謄本など一式をまとめて提出する「法定相続情報証明制度」を利用すれば、謄本を何枚も用意する必要はありません。

一段落したら 遺品を整理

遺品整理は、気持ちの整理にもつながります。葬儀後一段落したら、忌明けを目処に進めるといいでしょう。

保存するもの、処分するもの、寄付するものなどに大きく分けていきます。

CHECK!

形見分けをして 故人の愛用品を残す

衣類、アクセサリー、蔵書、趣味の品など、故人の愛用品を手元において偲んでほしい相手に、形見分けをします。遺品の整理をし、忌明け頃行うのが一般的。包装せずにそのまま渡すのがならわしです。故人より目上の人にはしないものですが、先方が希望すればかまいません。

? こんなときどうする?

故人との婚姻関係を 解消したい

配偶者が亡くなったとき「婚姻関係終了届」を現住所の役所に届けると婚姻関係が解消され、故人の血族との関係も解消されます。旧姓に戻るときは「復氏届」を出します。子どもの姓を変更する手続きもありますが、それをしても子どもと故人の血族との関係は解消されません。

手帳、住所録、書類などはあとで必要になることもあるので、しばらくは保存しておきましょう。

遺品の整理は本来遺族が行うものですが、故人と同居しておらず遠方に住まいがある場合など、遺品整理業者に依頼することも最近は増えているようです。依頼を検討するときは家族や親族とよく相談し、何社か見積もりをとって信頼できる業者を選びましょう。

相続人で遺産を受け継ぐ

故人の遺産は相続人で分配します。相続人は配偶者と子、子がいなければ配偶者と故人の父母というように、民法でその範囲が決められています。これを法定相続人といいます。また、配偶者と子がいた場合、配偶者が半分、残りの半分を子が当分するというように分配の目安も決められています。相続人全員が納得すれば違う分け方も可能です。相続の放棄もでき、全員が放棄する場合、家庭裁判所に相続財産管理人の選任を申し立てます。

遺族で相続の手続きをするのが難しいときには、弁護士、税理士、司法書士、行政書士などの専門家に相談してもいいでしょう。役所で無料相談を行っていることもあります。

相続税申告までに行うこと

●葬儀費用の計算

葬儀にかかった費用は、相続税の控除対象。葬儀社や仕出し屋などへの支払いのほか、僧侶など宗教者へのお礼や御車代、御膳料、心づけなども対象になる。領収書を大切に保管し、領収書がもらえないものは日付と金額をきちんとメモしておく。

●遺言書の有無の確認

遺言があればそれに基づき相続が行われるので、遺言書を見つけたら家庭裁判所に届ける。封のしてあるものを勝手に開封してはいけない。

●相続人確認

遺言がないときは法定相続人が相続する。

●遺産概要調査

遺産とみなされるのは、土地、家屋、現金、預貯金、有価証券、貴金属、古美術、借地借家権、特許権などの権利など。また、借金などの負債も遺産。

●死亡者の確定申告

亡くなった年に所得があったら確定申告が必要。4か月以内。

●遺産の分割協議

相続人で協議して遺産を分割、「遺産分割協議書」を作成する。「遺産分割協議書」は不動産や預貯金などの名義変更に必要。

●相続税計算

遺産の総額が基礎控除額以下ならば、相続税は不要。

●相続税の申告納付

10か月以内が期限。

※相続放棄の手続きは、相続の開始があったことを知った日から3か月以内。

墓の準備

予算を立てて希望に合った墓地を探す

墓を建てるときにかかる大きな費用には、墓地の永代使用料と墓石の建立費があります。永代使用料とは永代にわたり墓地としてその土地を利用する権利「永代使用権」を得るための料金。墓地の場所や広さなどによって差があります。墓石の建立費もまた、選ぶ石やデザインなどによって大きく変わってきます。まずは、予算を立てて、墓地の情報を集めてみましょう。

墓が建った後には、開眼法要や納骨式の費用、年間管理料などがかかってきます。

一般的なお墓は、代々承継していくものなので、受け継いでいく人のことも考えて選ぶといいでしょう。

CHECK!

墓地を選ぶときに見るべきポイント

まずアクセスのしやすさや周囲の環境をチェック。施設が充実しているか、管理状態はどうか見てみましょう。宗教や宗派の規制があるかどうかも大きなポイント。宗旨・宗派不問とある場合でもよく確認を。永く使用する場所なので、信頼できる管理団体であることが重要です。

3種類の墓地の特徴

公営の墓地

自治体が管理、運営。永代使用料や管理費がほかに比べ割安なことが多い。希望者が多く募集があっても高倍率。自治体によって申し込み資格が決められている。宗教や宗派は問わない。

民営の墓地

財団法人、社団法人、宗教法人などが管理、運営。大規模で施設も充実し、区画や墓石の選択ができることが多い。入手もしやすいが、一般的に費用が割高になる。宗教や宗派は問わない。

寺院の墓地

寺院が管理、運営。寺院の境内にある墓地。法要のときなど墓が近くて便利。僧侶とのつながりが強くもてる。基本的に檀家のための墓地。経営は安定していることが多い。寄進を求められることも。

※ペットを家族のように思う人のため、ペットのための墓地やペットと一緒に入れる墓もあります。

一般的な仏式の墓の構造例

墓は、墓石だけでなくさまざまな付属品で構成されています。

❶墓石
❷塔婆立て
❸水鉢
❹香炉
❺花立
❻拝石
❼墓誌
❽灯籠
❾手水鉢
❿物置台
⓫外柵

墓石のデザインは多様化 一周忌を目処に建立を

縦長の和型の墓石が代表的な形ですが、最近は横長で背の低い洋型の墓石も人気です。墓地によっては、自由に墓石の形やデザインを考えることも可能。今までの形にはとらわれなくなってきています。

墓の建立は石材店に依頼します。石材店には、建立後も納骨やメンテナンスなどをお願いすることになります。信頼のおける石材店を選びましょう。

納骨のことも考え、墓は一周忌を目処に建てることが一般的。依頼から完成までには1～2か月はかかるとされます。完成予定なども確認しながら納得がいくものを考えましょう。

神式の墓

墓石の形は、一般的な和型の墓とあまり変わりませんが、墓石の上部が平らではなく、とがっているのが特徴です。また、お線香を供えるならわしがないので香炉はなく、かわりに供物を供える台を置きます。

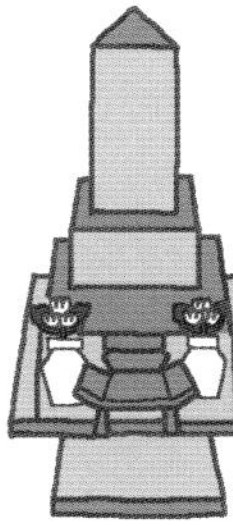

先のとがった形は、三種の神器のひとつ「天叢雲《あめのむらくもの》剣《つるぎ》」を表しているともされる。

キリスト教式の墓

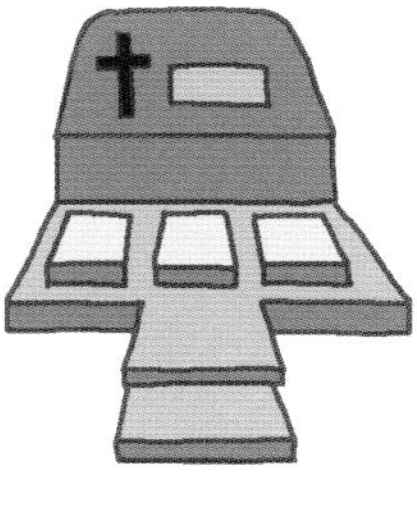

洋型墓石に、十字架や聖書の一部などを刻んだりします。洋型の墓石は、もともと日本におけるキリスト教信者を中心に使われてきたものが、広く使われるようになったものです。

いろいろな埋葬方法

一般的な墓とは違う選択肢も増えている

墓にお金をかけたくない、墓を残したくない、自然の中で眠りたいといったさまざまな理由から、一般的な代々の墓を建てない人も増えています。

墓を建てずに埋葬する方法にはいくつかありますが、まずは情報を集めて比較検討をすること。家族ともよく話し合いましょう。勝手に話を進めると、あとで親族とトラブルになることもあるからです。

遺骨はいつまでに納骨しなければいけないという決まりはありません。一度、遺骨を埋葬したら、取り出したいと思ってもかなわない場合もあります。じっくり考え、故人を偲びたいと思う人が、みな納得できる方法を選びましょう。

墓地の管理者が供養する「永代供養墓」

子孫にかわり、墓地の管理者が遺骨を管理、供養してくれるのが永代供養墓です。たくさんの人といっしょに大きなモニュメントのもとに合葬される形が主流です。

ほかにもさまざまな形態があり、いったん従来の形式の個人や夫婦用の墓に埋葬する形や納骨堂に収蔵する形もあります。ただしそうした場合でも、一定期間単独で供養されたあとは、ほかの遺骨と合葬されるのが一般的です。大勢の人が埋葬されるので、自分の子孫がいなくても、お参りする人が訪れさみしくないとする考え方もあります。

宗教や宗派を問わないことがほとんどですが、供養がどんな形で行われるのかは確認したほうがいいでしょう。生前契約もでき、子どものいない人や、子どもに負担をかけたくないといった人に選ばれています。

樹木を墓石のかわりにする「樹木葬」

樹木葬は、石のかわりに樹木を墓のしるしとする埋葬方法です。自然の中で眠れるイメージがあり、墓石を建てるより費用も安いことから人気が高く、樹木葬ができる墓地も増えています。

埋葬をしてその上に樹木を植える形、大きな木の周辺に埋葬される形、草花が咲く庭園に埋葬される形など、さまざまな形があります。また、永代供養墓として合葬されるタイプのほか、骨壷のまま埋葬され家族で使用できるタイプもあります。ひと口に樹木葬といっても、墓地によりその埋葬方法が違うので注意しましょう。

屋内に遺骨を収蔵する「納骨堂」

納骨堂では遺骨を建物の中に収蔵します。ロッカーのように区切られた収蔵庫に収めるタイプ、位牌も安置できる仏壇タイプなどがあり、新しいものでは、収蔵庫から参拝場所まで遺骨が自動で運ばれてくるコンピューター管理のものもあります。

収蔵できる遺骨の数や期間は、施設によってさまざま。永代供養墓として利用されることも多くなっています。比較的費用がおさえられ、維持管理が容易などの利点があります。

海や山など自然の中に遺骨をまく「散骨」

遺骨を粉末状にして海や山にまく散骨は、自然葬ともいわれます。必要な届け出はありませんが、散骨場所の地域の人の理解を得たり、自然環境に配慮したりするなど節度をもって行うことが必要。散骨を規制する条例がある自治体もあります。

個人で散骨できる場所の判断をすることはなかなか難しいため、散骨を希望する場合、業者に依頼するのが一般的です。遺骨の一部をまく場合と全部をまく場合があります。

CHECK!

身近で供養する手元供養とは

遺骨を手元に置いて供養する「手元供養」という方法も最近では広がっています。

遺骨の一部を残すことが多く、粉末状にしてアクセサリーに入れたり、手元供養用の小さな骨壷に入れたり、加工してプレートにしたりと、さまざまな方法があります。

納骨をする

四十九日などの法要と合わせて行うのが一般的

納骨は、すでに墓がある場合、四十九日の法要に合わせて行うことが多く、新しく墓を建てた場合では一周忌の法要などに合わせます。

まず法要を先にすませてから、墓地に移動し「納骨式」を行います。納骨式は、家族、親族などごく親しい人だけで行うのが一般的。遺骨を墓に納め、墓前に線香や花を供え、僧侶に読経してもらいます。浄土真宗以外の宗派では、法要の参列者が供養のために卒塔婆《そとば》を立てるならわしもあります。服装は喪服が基本です。

納骨式のあとは、会食の席を設け、参列者へは引き出物（お返し）を渡します。

僧侶と日程を決め墓地、石材店に連絡する

日程は僧侶の都合を聞いて決めます。希望の日時にお願いしたいときは、なるべく早めに相談しましょう。日時が決まったら、招く人に案内状や電話で連絡します。参列人数がわかったら、会食のための料理店などを予約し、引き出物の手配をしましょう。

当日、骨壷を納めるカロート（納骨室）のふたになっている石を動かしてもらうため、墓地の管理者や石材店にも日時を伝えて、準備をお願いしておきます。石材店には、納骨の日までに墓石、あるいは墓誌に故人の戒名などを刻んでもらえるよう頼みましょう。

CHECK!

卒塔婆を立てる卒塔婆供養

卒塔婆は、五輪の塔を表す刻みが入れられた細長い木の板。梵字や経文、戒名、回忌、没年月日、施主名、供養年月日などを記し、故人の供養のために、墓石の後ろに立てます。事前に立てる人を確認し、必要な本数をまとめて寺や墓地管理者に申し出、用意してもらいます。値段は決められていることがほとんどです。代金を集め「御塔婆料」と表書きした白封筒にまとめて入れて支払います。

※卒塔婆供養は、浄土真宗では行いません。

忘れ物のないようにあらかじめ確認しておく

納骨式の流れや納骨の方法、必要なものは、地域などによって異なります。あらかじめ墓地や僧侶にたずねておきましょう。一般に必要とされるのは、遺骨、位牌、遺影、供物、供花、線香、卒塔婆、また、埋葬許可証、墓地の使用許可証、印鑑など。参列者への引き出物も用意しておきましょう。

僧侶にはお礼として「御布施」、必要に応じ「御車代」「御膳料」を用意しておきます。石材店や墓地の管理者には作業費用のほかに、「志」として心づけを渡すならわしがあります。御布施や志の金額は、親族の年長者に相談するとよいでしょう。

こんなときどうする?

墓地が遠方にあり遺骨を運ぶ場合

郷里など遠隔地の墓地に納骨するため遺骨を運ぶときは、縁の深い人がふたり以上で運びましょう。持ち運びの際には風呂敷で包むのが一般的でしたが、専用バッグも販売されています。移動中は遺骨を空席などに置いたりせず、手元から離さないようにしましょう。

こんなときどうする?

新しく建てた墓に納骨する場合

新しく建立した墓の場合、納骨する前に「開眼法要」を行います。開眼法要は、僧侶を招き行う「入魂式」などともいわれる儀式。いつ行うか時期に決まりはありませんが、親族も集まりやすいため、四十九日や一周忌などの法要の際に、納骨式と合わせて行うことが一般的です。

神式の納骨

葬儀当日に納骨するのが神式本来の形ですが、現在は死後10日ごとに行われる十日祭から五十日祭の間の霊祭の日、特に五十日祭の日に合わせて納骨することが多くなっています。

納骨するときには神職を招き「埋葬祭」という儀式を行います。遺骨を墓石の前に安置し、榊、銘旗、花、神饌を供え、神職がお祓い、祭詞を奏上したあとに、参列者で玉串奉奠《たまぐしほうてん》を行います。

キリスト教式の納骨

カトリックは30日目の追悼ミサ、プロテスタントは1か月後の召天記念日に納骨を行うことが多いようです。

神父・牧師立会いの下、墓前で聖書朗読や讃美歌(聖歌)斉唱、祈祷《きとう》などを行って納骨をします。参列者による献花を行うこともあります。

法要の時期としきたり

法要は忌日《きにち》などの節目に行う

法要は、故人の冥福を祈る仏教の儀式です。故人が死亡した日を忌日といい、毎月の忌日は月忌《がっき》（月命日）といいます。また、毎年の忌日は祥月命日《しょうつきめいにち》といい、法要はこういった節目に行います。大きな節目の法要では、家族や親族が集まり、僧侶に読経をお願いして故人を偲び供養します。

葬儀後にまずやってくる大きな節目は忌明けとなる「四十九日」です。宗派により異なりますが、仏教では、死後四十九日間（中陰）は故人の魂があの世との間で迷っているとする考えがあります。四十九日は中陰の満ちる日（満中陰）で、故人が成仏するとされる重要な日。四十九日までの7日ごとの日も忌日といわれ、法要を行うならわしがありますが、最近では省略されることがほとんどです。

その後、死後100日目に百か日《ひゃっにち》法要を行いますが、身内だけで行うことが多く、省略されることもあります。

一周忌からは、祥月命日に年忌法要を行う

月忌に行う法要は月忌法要、祥月命日に行う法要は年忌法要といいます。月忌法要はあまり大げさには行われておらず、死後一年目以降は、年忌法要がおもな法要となっています。

なかでも重要とされるのは、死後一年目に行う「一周忌」と、死後二年目に行う「三回忌」です。一周忌の翌年が三回忌となるのは不思議な気がしますが、これは三回忌からは死亡した年を一年目として数えるためです。

七回忌、十三回忌とその後続く年忌法要は、多くの場合内輪で営まれます。

最後に大きな節目となるのは「三十三回忌」です。この年忌法要をもって弔い上げとすることが一般的で、それ以降、その故人の年忌法要は営みません。五十回忌を弔い上げとすることもあります。ただし最近ではあまり長く法要を続けても故人を知る人がいなくなってしまうことなどから、弔い上げを早めることも増えてきています。

神式の追悼儀式

葬儀が終わると、死後10日ごとに「霊祭」を行います。十日祭、二十日祭、三十日祭、四十日祭、五十日祭と続き、五十日祭で忌明けとなります。葬儀の翌日には、本来、翌日祭がありましたが省略されることがほとんどです。

五十日祭は仏式の四十九日にあたる大切な霊祭。五十日祭後、家中を祓い神棚に貼っておいた白紙をとる清祓《きよはら》いの儀、故人の霊璽《れいじ》を仮の御霊舎《みたまや》から御霊舎に遷す合祀祭を行います。

死後100日目には百日祭を行い、その後は、満1年目の一年祭から、三年祭、五年祭、十年祭、それからは10年ごとに「年祭」を行うのが一般的。まつりあげとなるのは、亡くなってから50年目に行う五十年祭です。

キリスト教式の追悼儀式

キリスト教には、故人を供養するという考えがありません。そのため仏式、神式のように特に細かい決まりはありません。

カトリックでは、追悼ミサを行いますが、いつ行うかの決まりはありません。納骨の日、年の命日などに行うことが多いようです。また、11月2日の「万霊節《ばんれいせつ》」は死者の日として特別なミサが行われます。

プロテスタントでは、記念式と呼ばれる追悼儀式を納骨の日などに行います。教派によって、呼び名や行い方はさまざまです。

仏式の葬儀後のおもな法要

初七日《しょなぬか》	死後7日目 現在では葬儀当日に繰り上げて行うことが多い
二七日《ふたなぬか》	「にしちにち」とも。死後14日目
三七日《みなぬか》	「さんしちにち」とも。死後21日目
四七日《よなぬか》	「ししちにち」とも。死後28日目
五七日《いつなぬか》	「ごしちにち」「三十五日」とも。死後35日目。忌明け法要を行うこともある
六七日《むなぬか》	「ろくしちにち」とも。死後42日目
七七日《なななぬか》	「しちしちにち」「四十九日」とも。死後49日目
百か日	死後100日目
一周忌	死後1年目
三回忌	死後2年目
七回忌	死後6年目
十三回忌	死後12年目
十七回忌	死後16年目
二十三回忌	死後22年目
二十七回忌	死後26年目
三十三回忌	死後32年目 弔い上げとする場合が多い
五十回忌	死後49年目
百回忌	死後99年目

法要を行う

法要の日程と場所は早めに押さえる

法要は葬儀の際の喪主か、故人と縁の深かった人が施主となって行います。まず決めるのは日程です。本来法要は、命日の当日営むものですが、参列者のスケジュールを考え、平日を避けて行うことが一般的になっています。

この場合、命日より前の土日に設定すること。仏事は、先延ばしにせずに、前倒しにして行うことがしきたりだからです。もしもどうしても前倒しができない場合には、僧侶や親族と相談して、許可を得ておきましょう。都合のいい土日でと考えるなら、僧侶に早めにお願いすることも大切です。

法要をする場所には特に決まりはなく、自宅や寺院で行うことが一般的。僧侶とも相談して決めましょう。

法要後の会食場所の手配も必要です。法要の会場や墓参りからの移動を考えて場所を選ぶといいでしょう。もしも会食をしない場合には、折り詰めやお酒、お茶などを用意して渡します。

招く人を決めて案内状を送る

日時と場所が決まったら、招く人の範囲を決め、案内状を送るなどして知らせます。親しい人には電話連絡でもいいでしょう。だれのどんな法要かをはっきりさせ、会食の用意の有無も伝えます。世話役を立てる場合は、併せてお願いしておきます。

相手が予定を組みやすいよう、知らせは1か月前までにすませます。出欠の返事は2週間ほど前にもらえるようお願いしましょう。

卒塔婆《そとば》を依頼し引き出物を手配

卒塔婆供養をするときは、参列者にも確認をして必要な本数をまとめ、寺に依頼します。

参列者の人数に合わせて、引き出物(返礼品)の手配も行います。一家で複数の人が参列する場合には、一家にひとつとするのが一般的。お茶、お菓子などがよく用いられます。

僧侶に確認をして必要なものを準備

当日は、祭壇前で僧侶による読経、参列者の焼香、僧侶法話、墓参り、会食（会食前に施主あいさつ）のように進むのが一般的。一周忌までは正式な喪服を着用し、そのあとも参列者より軽い服装にならないよう整えます。

位牌、供物、供花など、当日必要になるものは事前に僧侶と打ち合わせして確認しておきましょう。祭壇に供えるものだけでなく、墓参り用の花や線香も必要です。引き出物は会食の前後に渡せるように準備しておくといいでしょう。僧侶への「御布施」、必要に応じて「御車代」「御膳料」、また「御塔婆料」も忘れずに用意します。

¥ 参列者への返礼品…P.31

水引 黒白または双銀、黄白結び切り
のし なし
表書き 志、粗供養（仏式）、偲び草（神式、キリスト教式）など
贈る時期 法要当日
金額の目安 3000～5000円の品物

? こんなときどうする?

同じ年に年忌法要が2回ある場合

1年の間にそれぞれの命日に合わせ2回の法要を営むことは、施主にも参列者にも大きな負担。そんな場合、複数の法要を合わせて行うこともできます。これを「併修《へいしゅう》」また「合斎《がっさい》」といい、命日の早いほうに合わせ行います。ただ一周忌、三回忌は独立して行うべきとされます。

CHECK!

故人の霊が初めて家に帰ってくる新盆

忌明け後、初めて迎えるお盆を「新《にい》盆《ぼん》」「初盆《はつぼん》」といいます。お盆には祖先の霊が家に帰ってくるとされますが、新盆は故人の霊が初めて家に帰ってくるということで僧侶を招き、近親者も集まって「新盆法要」を行うなど、特にていねいに供養するならわしがあります。新盆の檀家を対象に、合同法要を行う寺院もあります。

家には、初めて帰ってくる霊が迷わないようにと新盆用の白い提灯をひとつ家族が用意して飾ります。絵柄の入った盆提灯を親族が贈るならわしがありますが、最近は「御提灯代」として現金を贈ることも増えています。盆棚の整え方などは寺に確認するといいでしょう。

遺族・喪家側

墓参り

特別な作法はないが片づけはしっかりと

墓参りに特別な作法はありません。きれいに掃除をして、お供えをし、しゃがんで手を合わせ、心を込めて祈ればOK。あまり構えずにお参りをして、日頃の感謝や報告などをするといいでしょう。よその墓の中に入ったり、ものを置いたりなど、周囲の迷惑にならないよう気をつけます。

また、お供えした飲食物は、そのままにしておくと腐ったり、動物に荒らされたりするため、お参りに来た人でその場でいただくか、持ち帰るようにします。お供えしたものをいただくことも供養につながり、墓前で食事をする地域もあります。ただし飲食を規制している墓地もあるのでよく確認し、ルールを守りましょう。線香は帰るまでに燃やし切ります。

NG

酒やジュースを墓石にかける

墓石に酒などの飲み物をかけると、墓石が変色したり、カビたりする原因になり、においで虫も寄ってきます。故人が好きだったからといって、かけるのはやめましょう。

？ こんなときどうする？

墓が遠方などでお参りできない場合

本来墓参りは自分でするものですが、最近では墓の掃除やお参りを代行するサービスも広まっています。もし、墓の近くに親戚が住んでいるのであれば、かわりにお参りを頼むことができますが、それもできないときには代行サービスを検討してみるのもいいでしょう。

CHECK!

一般的な墓参りのタイミング

墓参りは、いつ行ってもかまわないものですが、あの世とこの世が最も近くなるとされる「お彼岸」と、祖先の霊が帰ってくるとされる「お盆」に、お参りするのが慣例となっています。故人の命日や年末のお参りも一般的。墓前に何かを報告するためお参りする人もいます。

墓参りのおもな持ち物

礼拝用

- 数珠(ひとりずつ)
- 線香
- ライター
- ろうそく(ろうそく立てがある場合)

供物

- 生花(一対)
- 菓子、果物、飲み物など故人の好きなもの

掃除道具

- ぞうきん
- バケツ
- 歯ブラシ、たわし
- ほうき
- ゴミ袋

※手桶や柄杓《ひしゃく》は、墓地で借りるのが一般的。借りられない場合は持参。
※必要に応じ、軍手やゴム手袋、植木ばさみなど。

墓参りの手順

※寺院の境内にある墓にお参りするときには、自分の家の墓に行く前に、まず住職にあいさつをして本堂の御本尊にお参りをするのが礼儀とされます。

1 掃除をする

まず墓に手を合わせてから、掃除を始めます。周囲の雑草を取り除き、ほうきではきます。

墓石は、ぞうきんを水でぬらしながら磨きます。コケを落としたり、刻んだ文字部分の汚れを落とすときに、たわしや歯ブラシを使う場合がありますが、強くこすると墓石に傷がついてしまうので、なるべくやわらかいものを使い、できれば手とぞうきんで汚れを落としていきましょう。水鉢や香炉、花立もきれいにします。

2 お供えをする

きれいにした水鉢と花立に水を満たし、花立には生花をお供えします。菓子や果物、飲み物をお供えするときには、半紙や懐紙の上にのせるといいでしょう。

3 線香をあげる

線香に火をつけて供えます。代表者が線香の束のまま、まとめて供えたり、火をつけた線香を分けてそれぞれが供えたりします。ひとりずつ供えるときには、故人と縁の深い人から順に行います。

4 拝む

柄杓で墓石の上から水をかけ、墓石の正面に向かい数珠を持って合掌します。拝むときにはしゃがむなどして、墓石より体を低くするのが礼儀です。故人と縁の深い人から順に、全員が拝みます。

※墓参りの手順は、この通りでなくても構いません。

遺族・喪家側

日常の供養

忌明け後、仏壇に位牌を祀る

仏壇は、仏像を安置する壇。寺院の本堂を小型にしたような作りのもので、御本尊を祀り、また故人の位牌や過去帳を祀って、毎日お参りします。

位牌を仏壇に安置するのは忌明け後です。白木の位牌は仮の位牌なので仏壇には入れません。仏具店に依頼して戒名などを書き入れた本位牌を用意し、四十九日法要の際などに僧侶に入魂供養をしてもらって安置します。浄土真宗では本位牌ではなく過去帳を用います。白木の位牌は菩提寺に納めます。

毎朝、毎夕お参りするのが基本

朝、身支度を整えたら朝食前にまずお参りをしましょう。仏壇に向かって軽く一礼し炊き立てのご飯を自分たちが食べる前にお供えし、水、またはお茶を供えます。ろうそくに火を灯して線香をあげたら、鈴を鳴らし合掌して祈ります。お経を唱えるなどするといいでしょう。鈴を鳴らすのは、澄んだ音色が邪気を祓うため、その音色があの世まで届くため、読経の区切りを示すためなどとされます。

最後にまた鈴を鳴らして合掌し一礼

こんなときどうする?

新しく仏壇を購入する場合

宗派によって御本尊が違います。仏壇の中心は御本尊なので、まず宗派をしっかり伝えることが大切です。仏具も違ってきます。毎日拝みやすい場所に置けるよう、扉の開閉のことも考え、スペースに合うものを選びましょう。新しい仏壇は、僧侶に「開眼供養」をしてもらいます。

NG

線香やろうそくの火を吹いて消す

ケーキに立てたろうそくの火を消すように、息を吹きかけて仏壇のろうそくや線香の火を消すのは失礼。人間の口は、ときに悪口を話して災いの元となるなど不浄で、息も穢《けが》れたものとされるからです。手であおいで消しましょう。仏壇用の火消しつきのライターもあります。

します。合掌するときには、正座をして姿勢をただしましょう。

供えたご飯や水は、夕方までにさげて、いただくのが原則。夕方も同じようにご飯や水、線香をあげて拝みます。ろうそくの火はつけたままにせず、忘れずに消しましょう。

いただきものをしたときや旬のものなどは、まず仏壇に供えて、そのおさがりをいただくようにするならわしもあります。

CHECK!

宗派によって違うお参りのしかた

大きなお参りの流れは変わりませんが、線香を立ててあげたり、寝かしてあげたり、鈴を鳴らさなかったり、3回鳴らしたりと、線香のあげ方や鈴の鳴らし方には、宗派によって細かい違いがあります。一度菩提寺の僧侶にお参りのしかたを確認してみるといいでしょう。

神式の供養

神式では、祖先はその家の守り神になるとされ、御霊舎（祖霊舎）に祖先の霊の御霊代である霊璽を納め祀ります。葬儀後、仮の御霊舎に安置していた霊璽は、五十日祭の後、御霊舎に納められます。そのため、新しく御霊舎を求めるときは、五十日祭を目処にします。

御霊舎は神様をお祀りする神棚とは別のところに設けますが、神棚より低い位置に置くようにします。

神棚と同じように米、酒、塩、水などを供え、二礼二拍手一礼をして毎日お参りします。お参りは、神棚、御霊舎の順番です。

キリスト教式の供養

仏式や神式のように故人を家に祀るという考え方はなく、カトリックもプロテスタントも家庭での祭壇の設け方やその拝み方などに、これといった決まりはありません。

毎週日曜日には教会に出かけるなど、祈りを捧げる場は教会が中心になります。故人を偲んで、家庭用の祭壇を置くこともあり、家族が集まる場に、十字架や燭台、花、故人の写真などを飾って祭壇のようにしたりもします。

Column

墓じまい

墓じまいするときは改葬をいっしょに考える

「墓じまい」は、墓を片づけること。墓石をどかして遺骨を掘り出し、更地に戻して墓地の使用権を返還します。最近では、田舎の墓が遠くて管理できない、墓を承継する人がいないといった理由から、墓じまいを考える人も増えています。

墓じまいをするときには、掘り出した遺骨をその後どうするか考えなくてはなりません。住まいの近くに新しく墓を建てて移したり、もう承継者がいない場合は永代供養墓に納めるのが一般的。遺骨を今までのお墓から別のお墓に移し、埋葬し直すことは「改葬」といいます。

まず親族の許可を得てスタートする

改葬をするときには、多くの手続きが必要になりますが、まず初めにしておくべきなのは、親族の了解を得ることです。承継して管理しているのは自分でも、親族もお参りをする墓である場合など、勝手に話を進めるとトラブルのもとになります。お墓に対する考え方はそれぞれ違うので相手の気持ちを考え、一方的にならないように話をしましょう。

また、寺院墓地に墓がある場合も改葬の話を進めてしまう前に、早い段階で僧侶に相談をするといいでしょう。

改葬には手続きが必要専門の代行業者も増えている

改葬するための「改葬許可証」は今墓地がある自治体の役所に申請します。移す遺骨1体ごとに許可が必要なので、だれの遺骨が埋葬されているのか、確認しておきましょう。また改葬許可証を申請するには、改葬先が決まっている必要があります。

遠方の役所や新旧の墓地とのやりとり、墓じまいや納骨の法要の手配、遺骨の移送と、改葬、墓じまいをするためには、やることが多く時間も取られます。さまざまな手続きをまとめて代行してくれる専門業者も増えています。

第5章

おつきあいのマナー

贈答／訪問／おもてなし／見舞い／引っ越し

贈り物をしたり、いただいたり、家に招いたり、訪ねたり、日々の暮らしの中にあるさまざまなおつきあいのシーンでは、互いに気持ちよくやりとりするための心配りが必要です。シーンごとの基本を知っておきましょう。

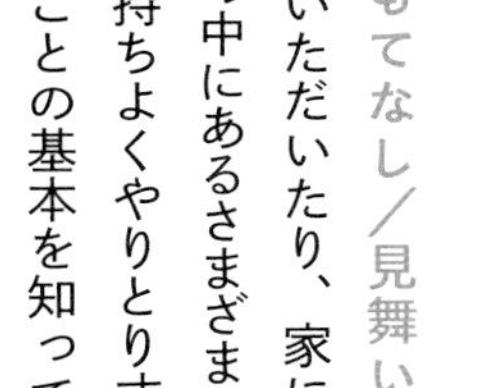

贈答の基本

表書きに目的を記しましょう。

品物を相手に渡すときは、相手に正面を向けて渡しますが、そうして表書きをきちんと見せることで贈答の目的をはっきりさせることにつながっています。

相手のことを思い気持ちを表すために贈る

お祝いの気持ち、感謝の気持ち、はなむけの気持ち、お悔みの気持ち、おわびの気持ちなど、相手に対する気持ちを表すためにするのが贈り物です。贈るのは気持ちであり、品物はそれを補ってくれるもの。気持ちを伝えるのに言葉で伝えるだけでは不十分、何か形で表したいというときに品物を添えて贈ります。

冠婚葬祭の際に、また年中行事の中で、さまざまな機会に贈り物をし合う習慣があります。個人や家同士が、なごやかにスムーズにおつきあいをするための大切な習慣です。

のし紙などを利用して贈る目的をはっきり伝える

贈答品は気持ちを表すものなので、贈る目的が相手にはっきりと伝わらなくてはいけません。品物だけを贈られたら、相手ももらっていいものかどうか困惑してしまうでしょう。

その品物をどういった目的で贈るのか、はっきりさせるために利用するのが品物にかける「のし紙」「かけ紙」（192ページ参照）です。「御祝」「御礼」「御詫び」「御見舞」「御挨拶」など、

こんなときどうする?

表書きをどう書くか迷ったときは

表書きには「御祝」「御礼」「御詫び」「御見舞」など、わかりやすく気持ちを伝えるもの、ちょっとしたあいさつがわりの品に使う「御挨拶」「松の葉」「心ばかり」など、さまざまなものがあります。また同じ目的でも目上の人には「粗品」、目下の人には「寸志」を使うなど贈る相手により違う表書きを使うことや、地域による違いも。迷ったら商品を購入する店で、目的を伝えて相談しましょう。

本来は大切に持参しあいさつをして渡す

気持ちをうまく伝えるためには、自分の言葉を添えながら、直接相手に手渡すのがいちばん。大事な贈答品は、先方まで出向いて、あいさつの言葉とともに贈るのが本来です。

品物を贈るために訪問するときは、あらかじめ相手の都合を確認し、日時を約束してからうかがいます。お祝い事の贈答には、大安や友引などよい日を選ぶようにするといいでしょう（94ページ参照）。

また、祝儀袋、不祝儀袋をふくさに包んで持ち運ぶように、相手に差し上げる贈答品は、汚れないよう包んで持ち運ぶこと。購入した店の紙袋をそのまま使用せずに、風呂敷（194ページ参照）を使うのが正式です。

現在は配送も一般的送り状で気持ちを伝える

直接届けるのが本来の贈答品ですが、現在は店から直接品物を配送してもらうことも一般的になっています。これは、贈答品を渡すための時間をとってもらうことが、かえって相手の負担になってしまうことがあるためです。

ただし、品物だけを送り届けても、品物に託した気持ちはうまく伝わりません。贈答品を配送するときには、送り状を出して、相手に失礼のないようにしましょう。

送り状は品物より先に届くように投函することが大事。あいさつの言葉と贈答の目的、品物の内容などを記します。もし送り状が間に合わないようなときはメールでもいいでしょう。また、メッセージを書いたカードを品物に添えて送ってもらうように手配するのもいい方法です。

Letter

お世話になったお礼の品の送り状例（伯父へ）

夏も本番です。皆様お変わりなくお過ごしでしょうか。

先日うかがった際には、家族でお世話になりありがとうございました。海に行ったり、バーベキューをしたりと遊ばせていただき、子どもたちも大喜びでした。

お礼の気持ちに、7日日曜日の到着予定でわが県特産の桃をお送りしました。皆様で召し上がっていただければ幸いです。

暑い毎日、どうぞお体を大切にお過ごしくださいませ。またお目にかかれることを楽しみにしております。

かしこ

贈り物の体裁を整える

贈答品にはのし紙などで表書きを記す

正式な贈答品には、水引とのしが印刷された「のし紙」、または、のしが印刷されていない「かけ紙」をかけて表書きと贈り主の名前を記し、体裁を整えます。

のし紙、かけ紙の使い分けは、祝儀・不祝儀袋の使い分けと同様です（18～31ページ参照）。赤白蝶結びの水引ののし紙は、お祝いやお礼、あいさつなどに広く用いられるもの。赤白結び切りの水引のついたのし紙はおもに結婚に関する贈答に。黒白、双銀、黄白の結び切りの水引が印刷されたかけ紙は弔事に関する贈答、のしがついていない赤白結び切りの水引のかけ紙は、おもにお見舞いに使われます。

また、お中元・お歳暮など相手にあまり負担をかけずに控えめに品物を送りたいときには略式の「短冊のし」を利用することもあります。短冊のしは簡易包装をするときにも使われます。

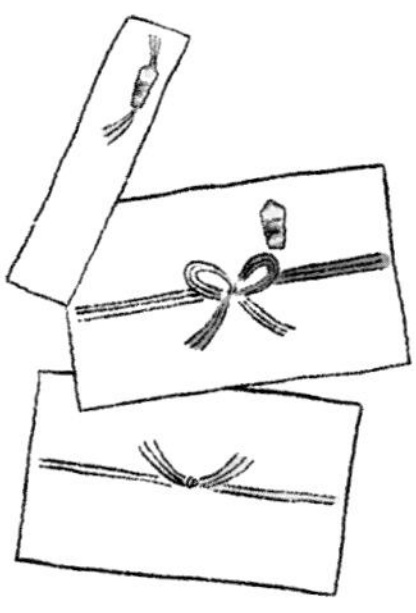

包装紙の上からかけるか品物に直接かけるか

のし紙、かけ紙には「外のし（外かけ）」「内のし（内かけ）」というふた通りのかけ方があります。外のしは包装したあとに包装紙の上からかける方法、内のしは包装前に品物にかける方法です。

外のしは、包装紙までを贈り物とみなすかけ方とされます。贈る目的や贈り主がひと目でわかるため、相手に直接品物を手渡すときに利用されます。また、出産祝いなど相手の手元に多くの贈り物が届くような場合に、適しているとされるかけ方です。

内のしは、のし紙を汚さないようにするためのかけ方。外側の包装紙を風呂敷がわりとみなすとされることから、内のしをかけた品物を直接相手に手渡すときには包装紙をはずすのが本来です。品物を配送するときには、のし紙の汚れが防げること、包装紙には伝票を貼る必要があることからも内のしがよく用いられます。

　外のし、内のしを細かく使い分ける決まりは特にありません。地域によっても選ばれ方が違います。

包装紙や包み方にも慶事用、弔事用が

　慶事のときには華やかでおめでたい柄、弔事のときには無彩色の控えめな柄というように、品物を包む包装紙も目的によって使い分けられます。

　包み方も慶事と弔事では違います。品物を購入した店に慶弔や贈る目的を伝えれば、それに合わせて包んでくれるはずですが、自分で包む場合には気をつけましょう。

包装紙での包み方（合わせ包みの場合）

1

品物を包装紙の中心に裏返して置く。

2

箱の中心に合わせ目がくるように。

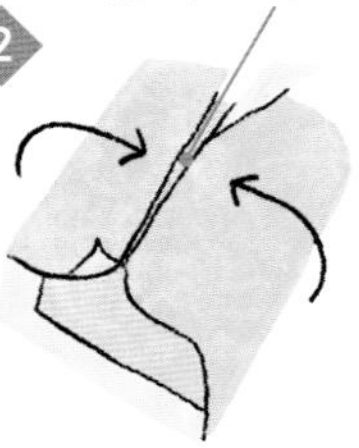

慶事の場合は、左、右の順で紙をかぶせてテープでとめる。弔事の場合は、逆に右、左の順にかぶせる。

3

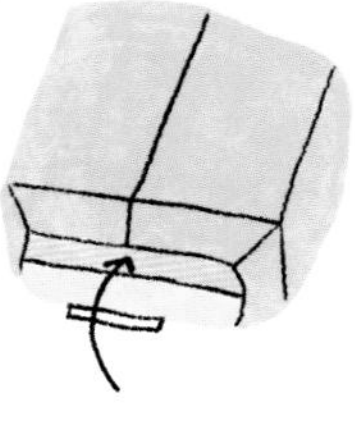

余分な包装紙は、左右、上の順に折り込み、最後に下から図のように折り上げる。

のし紙、かけ紙のかけ方

外のし（外かけ）

包装の上にかける。相手に直接手渡すとき、相手が多くの贈答品を受け取る可能性があるときなどに。

内のし（内かけ）

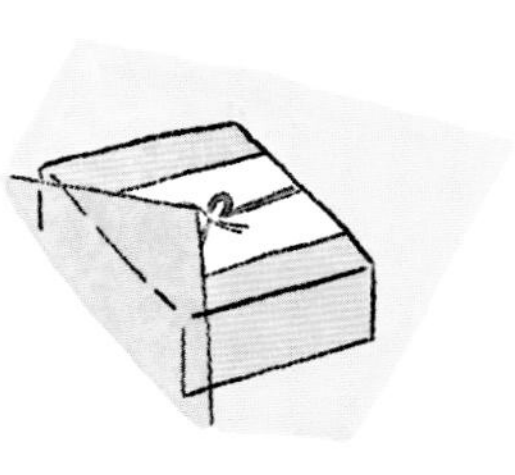

品物に直接かける。商品を配送するときなどに。

贈答

風呂敷の活用

贈り物が汚れないように大切に包む

贈り物を届けるときには、汚れないよう、風呂敷に包んで持参するのが正式です。品物の大きさや形に合わせて包むことができる風呂敷は、1枚持っているととても便利。帰りもコンパクトにたためて荷物になりません。

季節に合わせるなど柄を楽しむ使い方も

贈答品を包むのに一般的に使われるのは、二巾といわれる1片が70㎝ほどのサイズ。ふくさと同様に慶弔で色味を使い分け（34ページ参照）ますが、無地の紫であればどちらにも使えます。フォーマルな場で使うなら、正絹のものがいいでしょう。

ごあいさつなどの贈答シーンであれば、季節に合わせた柄の風呂敷を使うのもとても素敵な演出です。一年を通して使える四季の草花が描かれたものもあります。美しい柄が出るように包んで自分でも楽しみましょう。

贈答品を包むときには格式高い平包みで

風呂敷にはさまざまな包み方がありますが、四角い箱を包むというと、お弁当を包むように角と角とを結んだ包み方を想像する人も多いでしょう。これは、最も一般的な包み方で「お使い包み」といいます。このお使い包みはちょっとした手土産などに使う略式の結び方。贈答品を届けるには、ふさわしくないので気をつけましょう。

贈答品を包むのにふさわしいのは「平包み」という包み方。最も格式の高い包み方で結び目を作らずさっと包めます。結び目をほどかなくてすむので、贈答品を取り出すときにもたもたせずスマート。風呂敷にシワがつかないのもいい点です。

お使い包み

平包み

平包みの包み方

1

裏返して風呂敷を広げ、中央より少し手前の位置に品物を置く。

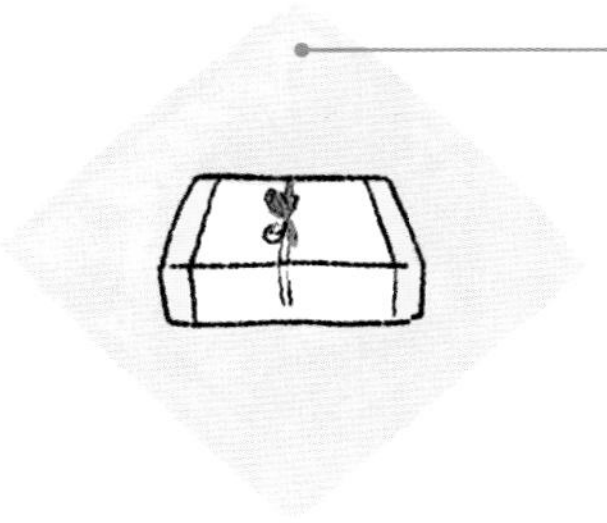

包み終わったときにいちばん綺麗な柄が出るように上側にする。初めにこの角を箱にかけてみて柄の出方を確認し、箱の位置を決めるといい。

2

慶事の場合は図のように、手前、左、右の順に品物に端をかぶせていく。弔事の場合は、手前、右、左の順にかぶせる。

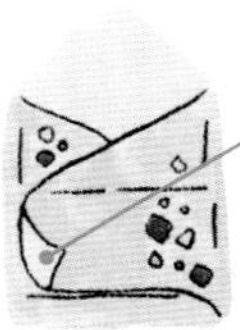

かぶせたとき、あまった角は下に折り込まず、上に折り返す。品物を出すときにはこの角をつまんで開くととてもスムーズに開ける。手前、左、右角すべて。

3

奥の端をかぶせ、余った角を中か下に入れ込む。

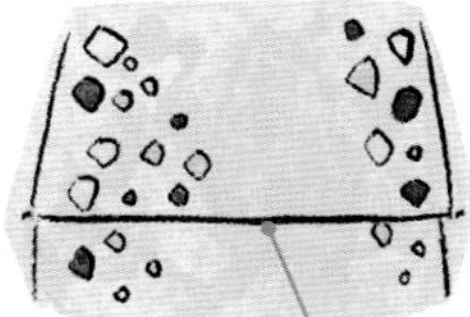

余った角は中に。

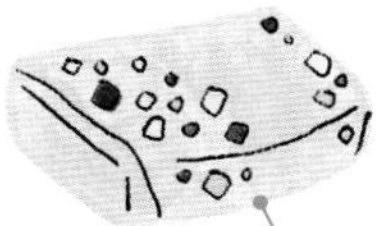

余った角は下に。

品物を出すときには小さく広げる

部屋に通され、風呂敷から品物を出すときには、折り返しておいた角をつまんで開きます。このとき注意したいのは、風呂敷を小さく開き大きく広げないこと。また、風呂敷をたたむときには、手前に手前にと折っていきます。これは相手に向かって風を送らないようにするためのマナーです。

こんなときどうする?

抱えて運ぶのが難しい場合

風呂敷包みは、利き手と反対の腕で下から支えて持ちます。利き手は包みに添えるなど、自由に動かせるようにしておきます。もしも先方まで抱えていくのが難しければ、移動のときだけ紙袋などに風呂敷包みを入れていってもいいでしょう。

贈り物の選び方・贈り方

贈り物を選ぶときは相手の状況を想像して

相手に喜んでもらえそうなものを贈ることは贈り物の大原則。最も重要な部分です。好みは人それぞれ、自分が気に入ったとしても相手が気に入るかどうかはわかりません。よかれと思って選んだものがかえって相手の迷惑にならないよう、自分の気持ちを押しつけないよう考えましょう。

そのために大切なのは、相手の年齢や家族構成、ライフスタイルなどの状況をよく考えてみること。相手がその品物を受け取ったらそのあとどうするだろうと想像してみましょう。

たとえば、あまり日持ちはしないけれど、おいしいと有名なお菓子をひとり暮らしの人に贈ったとしたら……。相手が食べきれずに処理に困るかもしれません。しかし、ひとり暮らしであっても友だちとお茶を楽しむ機会が多い人ならば、喜ばれるかもしれません。

相手のことをよく知ろうと心がける

相手の状況を考えるためには、相手のことをよく知る必要があります。本当に喜んでもらえる品物を贈ろうと思ったら、日頃から相手のことを知ろうとする努力も大切です。

といっても根掘り葉掘り聞き出そうとするのはいただけません。日常のちょっとした会話の中にも、ライフスタイルや好きな物事を知るヒントがあるはずです。アンテナを張ってそこから情報収集をしましょう。聞いていても忘れてしまうものなので、メモしておくと贈り物を選ぶときに役立ちます。

CHECK!

食品を贈るときには健康状態なども考慮

食品を贈るときには、相手の家族構成に加え、健康状態も考えることが大切です。制限されている食品を贈ったりしないよう注意しましょう。また、生鮮食品を贈るときには相手が在宅している日時を指定するなどの気遣いを。長期旅行中に届くといったことのないようにします。

贈り物に合ったタイミングを逃さずに

贈り物を喜んでもらうためには、目的に合わせたタイミングで贈ることも大切です。お祝いでも、お礼でも、季節のあいさつでも、タイミングを逃すと、何のための贈り物なのか目的自体があいまいになり、せっかくの気持ちも伝わりづらくなってしまいます。

お祝いはできるだけ早く贈るのがマナーだからと先回りして、合格の知らせを聞いていないのに、入学祝いを贈ってしまうような勇み足にも注意が必要。用意しておき、知らせを受けたら「知らせを待ってたよ」とすぐに贈れば相手も喜んでくれるでしょう。

もしもタイミングを逃してしまったときは、遅くなってしまったことをおわびする言葉を添えて贈りましょう。

贈り物を渡すときは言葉を添えて

贈り物を渡すときには、気持ちを伝える言葉を添えましょう。「心ばかりの品ですが、お祝いの気持ちです」「ささやかですが、ごあいさつのしるしに」というように、「〜の気持ち」「〜のしるし」という表現がよく使われます。

「お気に召しますかどうか」「お好きと聞いたので」「お口に合えばうれしいのですが」「ぜひ、お召し上がりいただきたくて」など、相手に喜んでもらいたい気持ちも言葉にして添えるといいでしょう。

CHECK!

「つまらないものですが」は本来失礼ではない言葉

「つまらないもの」には「心を込めて選んできた品ですが、あなたがとてもすばらしい人なので、この品がつまらないものに思えます」といった意味があります。へりくだった表現で本来失礼ではない言葉ですが、現代では、「おいしいと評判のお菓子なので」など、なぜその品物を選んだのかを伝えるような表現が好まれます。

NG

相手や目的をよく考えずに品物を贈る

新築祝いにライターはタブーなど、贈る目的や相手によって避けるべきものも変わってきます。たとえば相手の勤務先のライバル会社の商品など、考えてみて相手が嫌な気持ちになると思われるものはNGです。現金は金額がはっきりわかってしまうので少額を贈るのなら品物のほうがよい場合もあり、目上の人には失礼とされています。

贈り物をいただいたとき

お礼の言葉はすぐに伝え贈り物はていねいに扱う

贈答という言葉の意味には、贈り物をするだけでなく、その返礼をすることも含まれています。贈り物をいただいたら、きちんとお礼をすることがマナーです。相手が心を込めて選んでくれた贈り物。受け取った側も心を込めてお礼を伝えましょう。

手渡しで受け取るときには「お心遣いありがとうございます。ちょうだいいたします」と両手で受け取りながら、すぐにお礼を伝えます。いただいたものは、そのまま放っておいたり、ぞんざいに扱ったりすることのないようにしましょう。

贈り物が届いたら手紙でお礼を伝える

配送されてきた贈り物のお礼は、できるだけ早く手紙で伝えます。相手も届いたかどうかを気にしているはずなので3日以内には出しましょう。

電話でのお礼は相手を電話口まで呼び出し、時間を使わせることになるので避けるべき。ただし、直接話すことを喜んでくれるような相手であれば、電話もいいでしょう。長話にならないように注意します。

Letter

お歳暮をいただいたお礼状例（知人へ）

拝啓

師走に入り、寒さも一段と厳しくなってまいりました。

ご家族の皆様にはお変わりなくお過ごしとのこと、心よりお喜び申し上げます。

このたびは、ていねいなお手紙と結構なお歳暮の品をちょうだいいたしまして、ありがとうございました。おいしそうなハムの詰め合わせ、お正月までいただけるとのことで、細やかなお心配り本当にうれしく存じます。お正月には子どもたちも帰って参りますので皆で楽しみます。

時節柄、ご自愛のほどお祈り申し上げます。

まずは、取り急ぎお礼まで。

敬具

お返しをするときは1か月以内が目安

お返しをする場合には、いただいてから1か月以内を目安にして贈ります。それまで何もしないのではなく、お礼状はその前に必ず出しておきましょう。お返しよりもまずはお礼です。もらったから返したというような機械的な作業にしないよう、感謝の気持ちを伝えることを第一に考えます。

金額は、いただいたものの金額の3分の1から半額が目安。目上の人から高額な贈り物をされたとしても、あまり高価なものを返すのはかえって失礼になるとされ、目上の人には少なめ、目下の人には多めの目安で考えるのがよいとされます。地域や親族の慣例がある場合には、それに従ってお返ししましょう。

CHECK!

内祝いは本来お返しではないもの

内祝いとは本来、身内にお祝い事があった際に、日頃お世話になっている人たちを招いて会食をし、喜びを分かち合うことでした。お祝いをいただいたからするわけではなく、祝い事のあったほうが記念に贈るものだったのですが、現在はお返しの意味合いが強くなっています。

一般にお返し不要とされる贈り物

- お中元、お歳暮
- 入学・卒業・就職・成人祝い
- 栄転・昇進祝い
- 災害見舞い、火事見舞い
- 相手からのお礼の品
- 相手からお返しは不要とされたもの

お返しが不要とされるものでも、お礼状は必ず出します。また相手が恐縮しない程度の、ちょっとした手土産などで気持ちを伝えるのもいいでしょう。

? こんなときどうする?

贈り物を受け取れない、断りたい場合

受け取る理由がない、立場上受け取ることができない贈り物は、受け取れない理由をていねいに記した手紙を添えて封を開けずに返送します。

手紙には心遣いに感謝するお礼の言葉を記し、「誠に心苦しいのですが」「申し訳ございません。お気持ちだけありがたくちょうだいいたします」「どうぞ失礼をお許しください」などおわびの言葉も添えるといいでしょう。せっかくの贈り物を断る事情を相手にわかってもらえるよう心を配って書きましょう。

また、贈り物は受け取り、そのかわり同程度の品物を返して「今後はどうぞお気遣いのないように」と伝える方法もあります。

お中元・お歳暮

日頃の感謝を伝える季節の贈り物

日頃からお世話になっている人に感謝の気持ちとして贈るのが、お中元、お歳暮です。贈る相手は、実家の両親、兄弟姉妹、親族、恩師、職場関係者など。季節のあいさつとして、毎年やりとりされます。

こうした季節の贈答は、ごぶさたをしがちな相手にもあいさつできるよい機会。何もきっかけがないと連絡を取りづらいものですが、この機会を利用していれば、おつきあいの縁も続いていきます。

持参するのが本来ですが、現在は配送するのが一般的になっています。品物だけを贈るのではなく、送り状を出して感謝を伝え、どんな品物を送ったのかなどを知らせましょう。

品物選びは相手に合わせ毎年同じ品でも

品物には、旬の食材などの食品や飲料、洗剤などの日用品がよく選ばれます。季節に合わせ、相手が喜びそうなものを選びましょう。金額は3000～5000円が相場です。

相手が喜んでくれるものなら毎年同じものを贈ってもかまいません。

NG お世話になった年に1回だけ贈る

お中元・お歳暮は、感謝とともに「これからもよろしくお願いします」といった気持ちも込めて贈るもの。1度贈ったら、毎年贈り続けるのが基本。1度だけでやめるのは失礼です。もし1年だけお世話になった人に贈るなら、「御礼」の表書きで贈るといいでしょう。

CHECK! お中元・お歳暮の起源は「お供え」

お盆や年末には、先祖に供え物をして感謝の気持ちを表しました。その供え物にする食品を親元や親族に贈る習慣があり、これがお中元・お歳暮の起源です。現在はおつきあいの意味が強くなり、対象がお世話になった人にまで広まって、品物も食品に限らなくなっています。

贈る時期には決まりが遅れたら表書きを変える

品物にはのし紙をかけます。水引は赤白蝶結び。最近は短冊のしを使うことが増えています。表書きは「御中元」「御歳暮」ですが、それぞれ時期が決まっていて、遅れると表書きが変わるので注意しましょう。

お中元

7月初めから7月15日までに贈ります。その時期を過ぎ8月7日頃の立秋までに贈る場合は表書きを「暑中御見舞」「暑中御伺」に。立秋を過ぎて贈る場合、8月末くらいまでに「残暑御見舞」「残暑御伺」として贈ります。「御伺」は目上の人に使います。ただ、お盆を8月に行う地域では8月15日までお中元を贈っても大丈夫です。先方の地域の習慣に合わせましょう。

お歳暮

12月初めから20日頃までに贈るのが一般的。お正月用の食材を贈る場合は年末になってもかまいません。その場合は送り状にひと言その旨を添えておきましょう。年内に届けられない場合は、松の内（地域により7日か15日）までなら「御年賀」、それから2月4日頃の立春までは「寒中御見舞」「寒中御伺」として贈ります。

基本的に、お中元、お歳暮どちらも贈るのがマナーですが、もしもどちらか一方とするのならば、一年の感謝を込めたお歳暮にします。

お返しは不要でもお礼は必要手紙や電話で感謝を伝える

お中元、お歳暮を受け取った場合、お返しは必要ありませんが、お礼を伝えることは必要です。すぐにお礼状（198ページ参照）を出しましょう。親戚などの親しい間柄なら電話でもいいでしょう。

心遣いへの感謝に加え、いただいた品物の感想なども伝えると相手もその品を選んでよかったと思えるはずです。

？ こんなときどうする?

相手や自分の家が喪中の場合

お中元やお歳暮は日頃の感謝の品であり、お祝いではないので、贈る側、贈られる側、どちらが喪中であってもやりとりをしてかまわないとされています。ただし、赤白の水引には抵抗を感じる人もいます。喪中の場合には、のしや水引が印刷されていない無地のかけ紙や短冊を選ぶといいでしょう。まだ落ち着かない忌明け前の場合には、暑中御見舞や寒中御見舞に時期をずらすことを考えましょう。お年賀は避けます。

お年賀・お年玉

年始のあいさつにお年賀を持参する

一年の初めには、日頃お世話になっている人にあいさつに出向きます。お年賀はそのとき手土産として持参する贈り物です。

年始のあいさつは松の内（7日まで）にすませるのが基本です。元日は家族とゆっくりと過ごす家庭が多いので、2日以降にうかがいます。

以前は気を遣わせないために事前に連絡をしないで行くのがマナーとされていましたが、現在では突然の訪問は控え、あらかじめ約束をしてからうかがうのがよしとされます。あまり早い時間や、昼食どき、夕食どきは避け、相手の都合に合わせてうかがいます。

お年賀は基本的に簡単なものを

年始のあいさつにうかがう家庭にはたいていお歳暮を贈っているもの。お年賀は心ばかりの品でかまいません。相場は1000円程度。よく選ばれるのは、日持ちのする菓子や酒、タオルなど。お歳暮を贈っていないときは相応の品物を用意しましょう。

品物には赤白蝶結びののし紙をかけ、表書きは「御年賀」「御年始」などと

NG

年始のあいさつにカジュアルな服装

新年初めのあいさつです。実家や親戚の家であっても、あまりカジュアルな装いは控えたほうがいいでしょう。ややあらたまった服装に整えます。家族や夫婦で出かけるときには、服装がチグハグにならないよう、ひとりが略礼装をするならばそれに準じて揃えましょう。

CHECK!

お年賀とお年玉はどちらも年神様に由来

お年賀の起源は、本家などに年始のあいさつに行くときに持っていった年神様へのお供物とされます。お年玉はもともと、年神様に供えたおもちを家長が家族に分け与え食べさせたもの。年神様に供えたおもちには年神様が宿るとされ「御年魂」が語源ともいわれます。

します。手土産として利用し、基本的に手渡すものなので外のしにするのがいいでしょう。短冊のしもよく利用されています。

年始のあいさつをして玄関先で失礼する

最近では、儀礼的に年始のあいさつにまわることも減ってきており、うかがうときも玄関先であいさつし、お年賀を手渡して失礼するのが基本です。

旧年中にお世話になったことへの感謝や、新しい年もよろしくお願いしますといった気持ちを伝え、「新年のごあいさつのしるしです」と言って手渡すといいでしょう。あがるようにすすめられても、予定があるなどと理由を伝えて断ります。

断りきれず、部屋にあがることになったら、お年賀も部屋で渡しましょう。

お年賀へのお返しは不要 おせち料理でもてなして

お年賀のお返しは必要ありません。玄関先での応対ですませても失礼ではありませんが、年始のあいさつに訪れた相手は、本来お屠蘇《とそ》とおせち料理を出してもてなすもの。あがってもらうように声をかけるといいでしょう。

お年玉は年少者への新年の贈り物

新年にはまた、子どもたちにお年玉を贈る習慣もあります。新札を用意し、かわいらしいポチ袋などに入れて贈ります。紙幣を折るときには、開いたときに表面が見えるように肖像画の書いてある表面を内側にして折りましょう。

金額は、その子どもの1か月分のお小遣いが目安とされます。親族で年齢に応じた金額を話し合っておくとスムーズです。何歳から何歳まで、まただれに贈るのかについても特に決まりはありません。身内の中で合わせていけばいいでしょう

手渡すときは相手が子どもであっても、両手で持って正面を向けて渡しましょう。マナーを教えるよい機会です。

目上の人にお年玉を贈るのは失礼

お年玉はもともと目下の人に分け与えていたものだったことから、目上の人には贈りません。もしも両親や祖父母に年始に現金を贈るとしたら表書きは「御年賀」「御年始」とします。

上司など目上の人の子どもにも「お年玉」としてあげるのはNGとされるため、表書きを「図書料」「文具料」「おもちゃ料」などとして渡します。

花を贈る

カードや手紙を添えて気持ちを伝える

花は、お祝いやお悔み、ちょっとしたごあいさつにと幅広く利用される、贈答品として人気の高いものです。ほかの品物に花を添えて贈ることもあります。色とりどりの花は、贈られた人の気持ちを華やかにしてくれたり、癒してくれたりするでしょう。

ほかの贈り物と同じように、贈るときには目的をはっきりとさせることが大切です。たとえひと言でも気持ちを伝えるカードや手紙を添えることで、相手にとってますますうれしい贈り物になるはずです。配送を頼むときにも、カードをつけてくれるサービスを利用しましょう。

また、相手の自宅以外で花を贈るときは、相手が持ち帰りに困らないように、持ち運び用の袋も添える気遣いが必要です。

目的に合わせた花を選ぶ花の持つイメージなどに注意

贈る花を選ぶときには、相手の好きな花や好きな色などから考えます。注意したいのは、花の持つイメージ。たとえば白い菊は葬儀の印象が強く、お祝いやお見舞いに贈るにはふさわしくないとされます。また、花がポトリと落ちる椿など、縁起が悪いといわれる花もあります。

花言葉を気にする人もいます。贈り主の気持ちを花言葉が代弁しているととらえられることもあり、特定の花を贈るときには、花言葉にも注意したほうが賢明です。

悩んだら用途を伝え店に相談する

さまざまなタブーを考えていると花を贈るのが面倒になってしまいそうです。悩んだら、用途や相手の好み、予算などを伝えて店に相談しましょう。ネットショップでも用途別にさまざまにアレンジされた花が選べるようになっています。

目的のタイミングを逃さないように贈ることが大切です。

花を贈られたら お礼を伝えて心を返す

花をいただいたときに、特別なお返しをする必要はありません。ただし、お礼は必ず伝えましょう。

また、花に限らず、相手から心を込めた品物をいただいたときには、あらためて手紙を送ったり、どこかに出かけたときにお土産を買ってきたりして、こちらも心を返すようにしていきましょう。

贈り物にされるおもな花のスタイル

花束

手渡しで、お祝いや感謝の気持ちを示すときなどに。飾るには花瓶に生けるひと手間が必要になるので、花瓶があるかどうかも考えて。

アレンジメント

置くだけで華やかに飾ることができ扱いやすい。お祝い、お悔みなどさまざまな目的に。訪問の際の手土産に迷ったときにも便利。

鉢植え・観葉植物

世話をする手間はかかるが、長く楽しめるのが魅力。花好きな人に。観葉植物は種類が豊富で手入れが楽なものも多い。

スタンド花（花輪）

開店、個展、発表会などのお祝いに。また供花にも利用される。置ける場所が限られるため、贈るときには場所の確認も必要。

CHECK!

受け取りやすく 花束を渡す

花束は、右手で束になった茎の部分を上からつかみ、花の部分を左手で下から支えて持つのが基本の持ち方です。渡すときには、相手がそう持てるように、相手の右に茎、左に花がくるように向きを直してから、相手が持つ部分を避け、両手で下から支えて差し出します。

NG

アレルギーの人に 香りの強い花

ユリのような香りが強く花粉が落ちる花は、贈る場所を選びます。飲食店へのお祝いや、病気のお見舞いのほか、アレルギーの人がいる家に贈るのも控えたほうが無難です。生花を特殊加工したプリザーブドフラワーは香りや花粉がなく、そうした場所にも利用できます。

訪問の準備

事前に連絡をして日時を約束する

訪問するときは、たとえ親しい間柄であっても必ず事前に連絡をして、相手の都合を確認してからうかがうのがマナーです。突然の訪問は相手の迷惑になるのでやめましょう。

目上の方を訪問するときやお願いでの訪問は、まず手紙でいつ頃何の用件で訪問したいのかを伝え、手紙が着いた頃に電話をして、相手の都合を確認するのがていねいな方法です。親しい間柄の場合は、直接電話で確認してもかまいません。

訪問日時は先方の都合を聞いて、相手に合わせて決めます。特に指定がない場合は、食事時間は避け、午前ならば10時～11時頃、午後ならば14時～16時頃に設定するとよいでしょう。

こんなときどうする?

あがらずに玄関先で失礼したい場合

届けものや簡単な用件のときは、訪問の約束をとるときに「玄関先で失礼しますので」と、あらかじめ伝えておきましょう。そのほうが相手によけいな気を遣わせずにすみます。もし当日に「おあがりください」とすすめられても、「今日は用事がありますので失礼いたします」と、ていねいにお断りしましょう。

CHECK!

事前の電話でアポをとるときに伝えること・確認すること

- 相手の都合に合わせて訪問の日時を決める。
- 訪問の用件を簡潔に伝える。「1時間ほどお邪魔してもよろしいでしょうか」など、おおよその時間も伝える。
- 同行者がいる場合は、その人のことも伝えておく。
- 初めて訪問先に行く場合は、相手の家の住所を確認し、だいたいの場所や目印を聞く。
- 車で訪問したい場合は、駐車スペースの有無を確認。路上駐車して近隣の方に迷惑をかけないこと。

訪問するときの服装を決める

身だしなみとは、相手が不快な思いをしないように身なりを整えることです。おしゃれをするのではなく、大切なのは清潔感。服装だけでなく、髪形や爪の清潔にも気を配り、靴の汚れもチェックして、きれいにみがいておくようにしましょう。

場の雰囲気に合わせた服装をすることも大切です。訪問の目的や訪問先との関係にもよりますが、派手すぎたりラフすぎる服装は控えます。一度着て立ったり座ったりしてみると、スカートが短すぎることや、窮屈なデザインで訪問には不向きであると気づくことも。出かける前に試してみるとよいでしょう。

訪問先では靴を脱ぐので、靴下やストッキングも必須です。夏はサンダルをはいて素足で外出することが多くなりますが、素足でよそのお宅にあがるのはマナー違反。もし素足でうかがった場合は、玄関をあがるときに「ちょっと失礼いたします」と言って、靴下カバーをはいてからあがりましょう。

相手の家族構成に合った手土産を用意する

訪問するときは手土産を持参します。手土産は菓子折りが一般的ですが、ワインや果物など、相手の好みに合わせた品を選んでもよいでしょう。ただし、ひとり暮らしのお宅にホールのケーキや、日持ちのしないたくさんの果物などは困りもの。相手の年齢や家族構成を考えて品物を選びましょう。

手土産は訪問先の近くで買うと、「間に合わせ」の印象を与えるので、行きがけではなく事前に用意することも大切。金額も相手の負担にならないよう、2000〜3000円程度の品を選ぶのが一般的です。

約束の時間よりも5分程度遅く到着を

訪問当日は遅れないように時間に余裕をもって家を出ましょう。ただし個人宅を訪問する場合は、5分遅れて到着するのがベスト。早く着いてしまうと、迎える準備をしている相手をあわてさせることになるからです。

もし早く着きそうなときは、駅周辺や近所を散策して時間を調整しましょう。家の前で立っていたり、近くに車を止めて待ったりするのはよくありません。逆に5分以上遅れそうな場合は、途中で電話をしておわびし、到着時刻を伝えましょう。

玄関先でのマナー

チャイムを鳴らす前に身だしなみを整える

訪問先に着いたら、チャイムを鳴らす前に身だしなみを整えます。マフラーや帽子はとり、コートは脱いで、ほこりを家の中に持ち込まないように、裏返しにたたんで持ちましょう。

チャイムは1度鳴らして応答を待ちます。返答がなくてもしばらく待ち、何度もしつこく鳴らさないこと。相手がインターフォンに出たら、笑顔で自分の名前を伝えます。インターフォンでは名乗るだけにして、長々とあいさつをするのは控えましょう。

玄関でのあいさつは手短にすませる

相手がドアを開けてくれたら、「こんにちは」と笑顔で会釈をし、「どうぞ」と言われたら「おじゃまいたします」と言って玄関に入ります。そして出迎えの人にお尻を向けないように、体を斜めにしてドアを静かに閉めます。このとき、後ろ手にならないように、視線は自分の手もとに向けましょう。

ドアを閉めたら、正面を向いてあいさつをします。正式なあいさつは部屋に通されてからするので、玄関では簡単にしましょう。

「おあがりください」とすすめられたら、正面を向いたまま靴を脱いであがり、靴の向きを変えて端に寄せます。後ろ向きに靴を脱ぐのはマナー違反。靴を揃えるときも出迎えの人にお尻を向けないよう注意しましょう。

スリッパはすすめられてからはきますが、靴の向きを揃えてからはくようにしましょう。

こんなときどうする?

雨や雪の日に訪問するときは

雨や雪で服やバッグが濡れたままでは相手に失礼。タオルを持参してチャイムを鳴らす前に玄関前で拭きましょう。靴下のかえも用意していき、濡れている場合はあがるときにかえるようにしましょう。濡れた傘は玄関内に持ち込まず、玄関の外に置かせてもらいましょう。

コートのたたみ方

1

両手をコートの両肩に入れる。

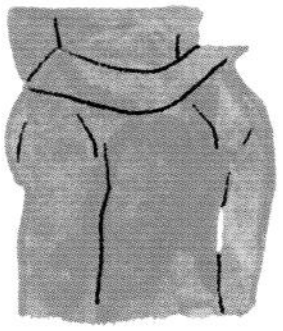

2

そのまま左右の手を合わせて、コートを半分に折る。

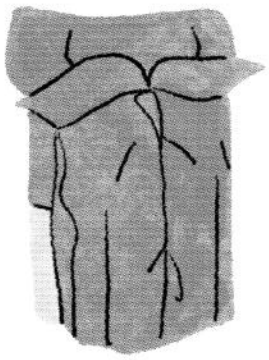

3

片方の手でかぶせるようにひっくり返し、きれいに重ねる。

4

形を整えて、半分にたたむ。長い場合は三つ折りまたは四つ折りに。コートをたたんだら、「置かせていただいてよろしいですか」と声をかけてあがり口の脇に置く。相手から「お預かりします」と言われた場合は、遠慮せずに預ける。

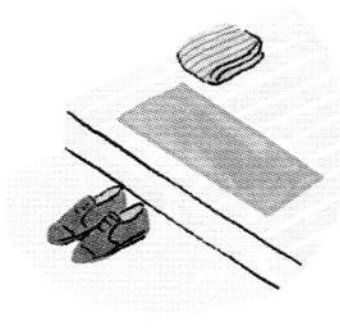

玄関での靴の脱ぎ方

1

前を向いたまま、片足ずつ（迎えの人から遠いほうの足から）靴を脱いであがる。

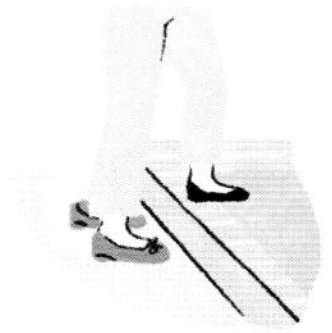

2

相手にお尻を向けないように斜めに屈んでひざをつき、靴の内側を揃えて持って向きを変える。

3

端に靴を寄せて置く。靴は玄関の下座に置くのがベスト（下座は下駄箱のある側。下駄箱がない場合は、中央を避けて端に置けばOK）。

4

立ち上がって、すすめられたらスリッパをはく。

CHECK!

玄関で渡していい手土産もある

手土産は室内に通されてから渡すのが基本ですが、アイスクリームのように、すぐに冷凍庫に入れたほうがいい品は玄関で渡してもかまいません。中身を伝えて「冷凍庫に入れてください」と伝えます。生花も同様に、すぐに水に差してもらえるように玄関で渡すとよいでしょう。

部屋に通されたら（洋室の場合）

洋室でのあいさつは立ったままで

　洋室に通されたら、椅子に座る前に立ったままであいさつをします。案内の人に部屋に通され、訪問相手を待つときにも立ったまま待ちます。ただし「座ってお待ちください」と言われた場合は、出入り口近くの下座の席に座って待ちましょう。そして訪問相手が来たら、立ち上がってあいさつをします。

　「本日はお時間をいただきありがとうございます」「お招きいただきありがとうございます」などあいさつをして、深くおじぎをします。

あいさつがすんだら手土産を渡す

　手土産も座る前に立ったままで渡します。手土産は必ず紙袋から出し、品物の正面を相手に向けて両手で差し出しましょう。

　風呂敷に包んできた場合は、椅子の上に置かせてもらい、そこで風呂敷を開いて手土産を取り出して渡します。風呂敷や紙袋は簡単にたたんで椅子に置き、テーブルの上には置かないようにしましょう。

　手土産を渡すときは、「お口に合うといいのですが」「お好きだとお聞き

洋室の席次

　入り口からいちばん遠い席が上座、近いところが下座になります。ただし洋室の場合は、椅子にも格があり、ひじかけのある長椅子がいちばん上席、次にひじかけのあるひとりがけの椅子、ひじかけのない椅子という順になります。

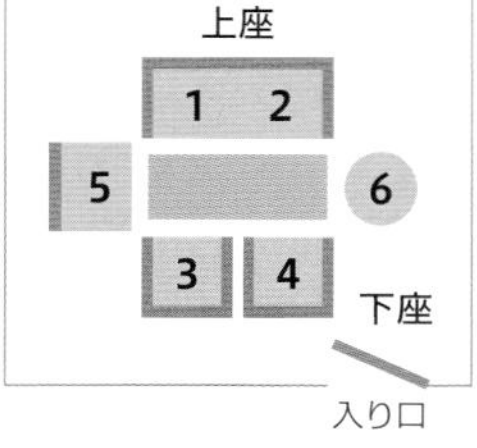

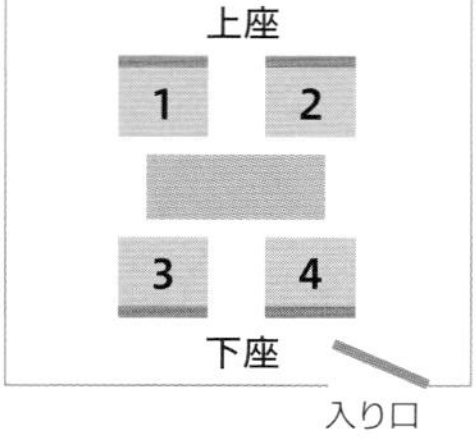

しましたので」「ほんの心ばかりのものですが、どうぞお納めください」などひと言添えるとよいでしょう。

椅子やソファにはすすめられてから座る

椅子やソファには、「どうぞおかけください」とすすめられてから座るのがマナーです。座る席は、家の人にすすめられた席に座ります。ハンドバッグは自分の脇かひざの上、腰と背もたれのあいだなどに、大きなバッグは足元の横に置きましょう。

座るときに、椅子の背もたれに寄りかかるとだらしなく見えるので要注意。背筋を伸ばして浅めに腰かけ、ひざを閉じて脚を斜めに流すときれいです。両手は軽く重ねて腿の上に置きましょう。ひじかけにひじを置いたり、脚を組むのはやめましょう。

洋室での入室から着席まで

1

部屋に通されたら、立ったままであいさつを。

2

あいさつがすんだら、手土産を渡す。

3

「おかけください」とすすめられたら指定された場所に座る。

椅子・ソファの美しい座り方

椅子

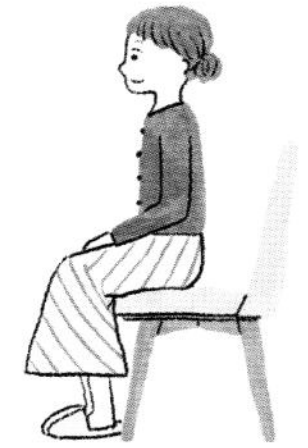

椅子は下座から入り、下座側に立つのが基本マナー。椅子の背にもたれかからないように背筋を伸ばし、ひざ・つま先・かかとを揃えて（219ページ参照）。

ソファ

背もたれに背中をつけずに、背筋を伸ばして座る。脚はひざとつま先、かかとを揃え、脚を少し斜めに流すときれいに見える。

訪問

部屋に通されたら（和室の場合）

座っての動作が基本 座布団から降りてあいさつを

和室では立ったままの動作や、立ったり座ったりの繰り返しはなるべく避け、座っての動作が基本となります。低い姿勢と静かな所作を心がけましょう。これは相手を見下ろさないようにする配慮でもあります。

部屋に案内されたら、入り口近くの下座に正座し相手が来るのを待ちます。このとき座布団は使いません。相手を待っているときに座布団を使うようにすすめられたら、座布団に座って待ってもかまいませんが、相手が入ってきたときは、座布団から降りてあいさつをしましょう。

バッグと手土産は自分の脇に置いておきましょう。そして相手が来たら、姿勢を正してあいさつをします。

和室でのあいさつは、正座をして指を揃えて両手のひらを畳につけ、背中を丸めないように腰から上半身を折るように、深くおじぎをします。

手土産は畳の上をするように差し出す

あいさつがすんだら手土産を渡します。手土産を紙袋や風呂敷から取り出し、いったん自分のほうに正面を向け

和室の席次

和室では床の間の前が上座となります。ただし下座床といって、床の間のすぐ近くに出入り口がある場合は、出入り口から遠い奥まった席が上座になります。床の間のない和室も出入口からいちばん遠い席が上座になります。

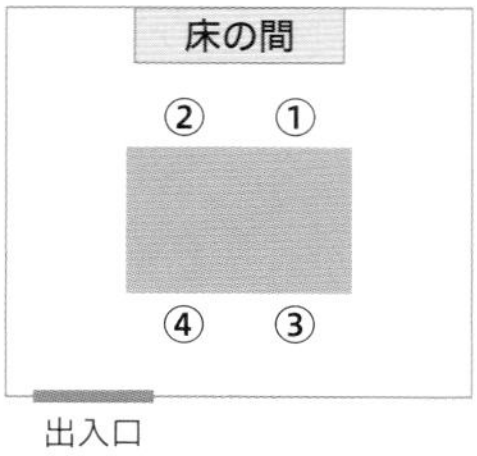

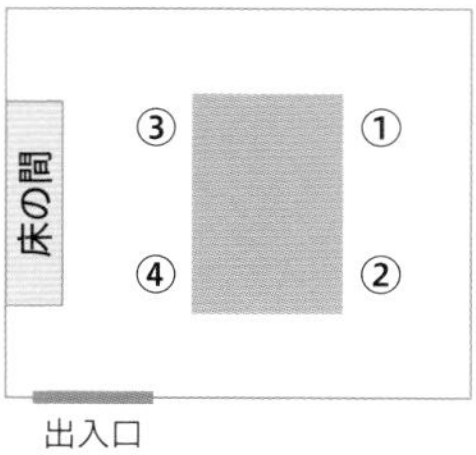

て置きます。紙袋や風呂敷は手早くたたんで自分の脇に置きます。そして品物を時計回りに回転させて相手のほうに正面を向けてから、畳の上をするようにして両手で相手に差し出します。

座布団へはすすめられてからあがる

座布団へは手土産を渡したあと、すすめられてからあがります。一度に座らずに、ひざからにじりあがるようにしましょう（219ページ参照）。

正座をしているときに「どうぞ楽にしてください」と言われたら、足をくずしてもかまいません。足の具合が悪い場合や、足がしびれた場合は、「失礼して、足をくずしてもよろしいですか」と断ってから足をくずします。男性は胡坐《あぐら》に、女性は人のいないほうまたは下座方向に足を流しましょう。

和室での入室から着席まで

1

部屋に通されたら、下座に座って待ち、相手が来たらていねいにあいさつをする。

2

あいさつがすんだら、手土産を渡す。

3

すすめられたら座布団に座る。

NG 和室で気をつけたい NGな振る舞い

×敷居を踏む

敷居を踏むと柱が傾き、家が傾くことにつながると考えられているため。また、その家の主人の頭を踏むのと同じことともいわれている。

×畳のへりを踏む

昔はへりに家紋が刺繍してあったため、家紋を踏むのはとても失礼。へりに座るのもNG。

×座布団を踏む

座布団はおもてなしのものなので、それを踏みつけるのは失礼。座布団をまたぐのもNG。座布団の位置を動かすのもNG。

×ふすまを立って開ける

ふすまの開け閉めは、なるべく低い姿勢で。あらたまった訪問ではひざをつくか正座をして。

茶菓をいただく

お茶やお菓子のもてなしは遠慮せずにいただく

訪問先で出されたお茶やお菓子は、もてなす側の心遣いをくんで遠慮なくいただきましょう。熱いものは熱いうちに、冷たいものは冷たいうちにいただいたほうが、印象がよいものです。

もし「コーヒーと紅茶、どちらがよいですか」などと聞かれたら、はっきりと答えます。「どちらでも」というのは相手を困らせるだけ。自分の好みを伝えたほうが親切です。

お茶といっしょにお菓子が出されたら、お茶をひと口飲んでからお菓子をいただきます。お菓子は手をつけたら残さずに食べるのがマナー。もし食べられそうにない場合は、「食事をすませたばかりなので」などと言って、最初から手をつけないようにしましょう。

お茶を出してもらったときに「恐れ入ります」、お茶を飲む前に「いただきます」、いただいたあとは「ごちそうさまでした」といったお礼の言葉を忘れずに伝えましょう。

用件を切り出す前にまずはお茶をいただく

用件があってうかがった場合でも、いきなり用件に入らずに、まずはお茶をいただきながら、先方や自分の近況など、簡単な会話を交わしましょう。そして頃合いをみて用件を切り出します。

ただしおわびでうかがった場合は、あいさつのあとすぐに用件に入るようにします。

こんなときどうする?

苦手な食べ物が出されたときは

せっかくの相手のもてなしなので、がまんできるのなら無理してでもいただきましょう。どうしてもだめな場合は、「食事をすませたばかりなので」と、相手に失礼にならない理由を伝えてお断りしましょう。手作りのお菓子などを出され、持ち帰れそうな場合は、「おいしそうなので持ち帰ってもよろしいですか」と伝えて、懐紙などに包んで持ち帰るとよいでしょう。

コーヒー・紅茶のいただき方

1

角砂糖やレモンを入れる場合は、スプーンの上にのせてから静かにカップの中に入れる。

2

静かにかきまぜたら、スプーンは斜めにしてしずくを切り、カップの向こう側に置く。ミルクを入れる場合は、かきまぜたあとに入れる。

レモンを入れた場合は、かきまぜたあとスプーンですくい上げてスプーンに乗せたままカップの向こう側に置く。

3

片手でカップを持って飲む。テーブルが低い場合は、もう一方の手でソーサーを持ってもOK。

? こんなときどうする?

予定外の食事をすすめられた場合

本来は食事の時間を避けて訪問するのがマナーなので、食事をすすめられても「そろそろおいとましますので」と断って、帰り支度を始めましょう。ただし、すでに食事の用意がされているときは、断ってはかえって相手の好意を無にすることに。その場合はありがたくいただきましょう。

日本茶のいただき方

1

左手を茶碗に添え、右手でふたのつまみを持つ。

2

ふたの手前を持ち上げ、茶碗の縁でふたの裏のしずくを切る。

3

左手を添えてふたを裏返し、茶碗の右側に置く。

4

茶碗を右手で取り、左手を茶碗の底に添えて、お茶を飲む。飲み終えたら、ふたをもとに戻す。

和菓子のいただき方

添えてある黒文字(菓子用の楊枝)で、左側からひと口大に切り、黒文字で刺して食べる。

ケーキのいただき方

ケーキに巻いてあるセロファンをフォークではさんで巻き取り、敷き紙の下に入れる。フォークで左側からひと口大に切って食べる。

訪問

訪問先での過ごし方とおいとま

訪問時間は1時間ぐらいを目安に

訪問先での長居はよくありません。用件がすんだら、いつまでも雑談をしていないで早めにおいとましましょう。

先方からは切り出しにくいので、時計を見て「もうこんな時間に」などときっかけをつかみ、「すっかり長居をしてしまいました。そろそろ失礼いたします」と、おいとまを切り出します。お茶のおかわりをすすめてくれたときや、ひと通り用件がすんで、話がいったん途切れたときが、おいとまを切り出すタイミングです。

もし引き止められても社交辞令と受け止め、長居は避けましょう。「ありがとうございます」と、まずはお礼を伝えてから、「せっかくですが、あいにくこのあと姉と待ち合わせしていまして」など、具体的な理由をあげてお断りするといいでしょう。

帰りのあいさつは部屋と玄関で

帰るときは、洋室ならば立って、和室ならば座布団を降りて、ていねいに時間をとってもらったことや、楽しい時間を過ごせたことへのお礼のあいさつをしましょう。

玄関で靴をはいたら、少し屈んでスリッパを持ち、先が室内を向くように揃えます。そして相手のほうを向いて、もう一度あいさつをします。「本日はありがとうございました。失礼いたします」と、玄関でのあいさつは手短にすませましょう。

CHECK!

「いただき立ち」とは食事後すぐに帰ること

訪問先で食事をいただいたときに、食べ終わったあとですぐに帰るのは「いただき立ち」といって失礼にあたります。帰ろうと思っていたところに食事を出され、断り切れずに食べることになり、次の予定があって早々に帰るときは、「いただき立ちで失礼ですが、○時に○○へ行かなくてはならないので」などと言って、おいとまを切り出しましょう。

身支度は玄関を出たあとでが原則

コートはドアを閉めたあと、玄関の外で着るのが礼儀です。ただし「ここでお召しになってください」とすすめられたら玄関内で着てもかまいません。あれこれ身支度をすると時間をとるので、手袋やマフラーがあっても、これらは外に出てからにしましょう。

相手にお尻を向けずに、体を斜めにしてドアを開け、外に出たら向き直って、一礼してからドアを閉めましょう。

訪問先から帰宅したらお礼の連絡を

訪問のあとはお礼の連絡をしましょう。相手が親しい場合は、帰宅後に電話やメールで連絡し、無事に帰りついたことと、おもてなしへのお礼を伝えます。

目上の人へはお礼状を出します。できれば翌日に投函するように書きましょう。はがきやカードでもかまいませんが、訪問の用件がお願い事やあらたまった内容のときは、封書のお礼状を送ったほうがよいでしょう。

こんなときどうする？

訪問中の「困った！」も失礼のないように対応

トイレを借りるときは

なるべく借りずにすむようにするのが礼儀なので、あらかじめ訪問前にすませておきましょう。それでもトイレに行きたくなった場合は、「申し訳ございませんが、お手洗いをお借りしたいのですが」と言って使わせてもらいます。親しい間柄で何度も訪問している家でも、必ず断りを入れること。

携帯電話が鳴り出したときは

携帯電話はマナーモードにしておくのが基本。もし設定し忘れて携帯電話が鳴ってしまい、相手に「どうぞ」とすすめられたら「失礼します」と断りを入れてから電話に出ましょう。ただし折り返しかけることを伝えてすぐに切ること。もし相手が何も言わない場合は、そのままマナーモードに切りかえましょう。

苦手なペットがいるときは

室内で犬や猫を飼っているお宅を訪問した際に、苦手なペットが近づいてくることがあります。そんなときは我慢しないで、「すみません、ワンチャンが苦手で」などと伝えてもかまいません。嫌いというのではなく、苦手とすることがポイントです。

玄関の外まで送ってもらったら

相手が玄関から出て見送ってくれそうなときは、「こちらで失礼いたしますので、どうぞお気遣いなく」と、遠慮しましょう。それでも外まで送ってくれたときは、しばらく歩いてから一度振り返り、もしまだ相手がいるようならていねいにおじぎをしましょう。

Column

美しい立ち居振る舞い

あらゆるシーンでの基本となる、あいさつのしかたや和室・洋室での座り方。ちょっと気をつけるだけで、印象がぐっとよくなります。基本を知って、美しい所作を身につけましょう。

立礼のしかた

会釈

道ですれ違ったときや、エレベーターなど狭い場所でのおじき。上体を腰から約15度前に傾ける。

敬礼

「いらっしゃいませ」など、対面でする一般的なおじぎ。上体を腰から30～45度程度傾け、両手はももの中央あたりに。

最敬礼

おわびや深く感謝するときの最もていねいなおじぎ。上体を腰から約70度傾ける。指先がちょうどひざがしらにくるぐらいまで下げる。

座礼のしかた

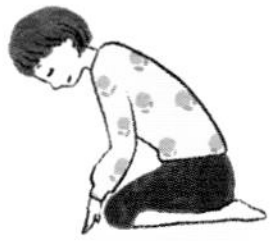

会釈

軽くあいさつするおじぎ。ひざの前で両手を揃え、指先が畳にふれるぐらいに上体を傾ける。

敬礼

部屋に通されたときや、手土産を渡すときなどにするおじぎ。指先を少し前に出し、手首はひざにつけたまま、指の第２関節ぐらいまでが畳につく程度まで上体を傾ける。

最敬礼

おわびや深く感謝するときの最もていねいなおじぎ。両手のひら全体が畳につくまで、上体を傾ける。

洋室での座り方

1 椅子に座るときは、椅子の左側または下座（出入口に近いほう）に立つ。

2 椅子から遠いほうの足から3歩で椅子の正面に移動し、静かに腰をおろす。

3 背筋を伸ばし、ひざ・つま先・かかとを揃えて、両手を軽く重ねてもも上に置く。

和室での座り方

座布団に座る

・後ろから座る

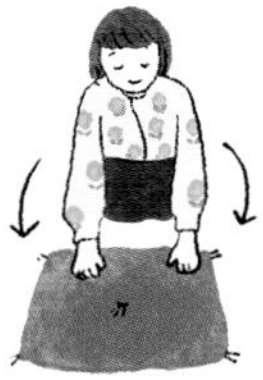

両手を軽く握って座布団の上の手前部分につき、手を支えにしてひざをにじり寄せながら座布団にあがる。

・横から座る

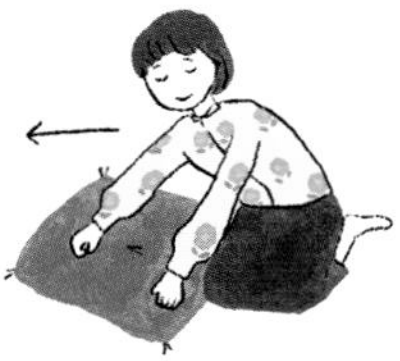

両手を軽く握って座布団の上につき、手を支えにしてひざをすべらせるようににじり寄せながら、座布団にあがる。

正座

・基本の正座

背筋を伸ばして姿勢よく座る。手はももの上に軽く重ねる。

・足がしびれにくい座り方

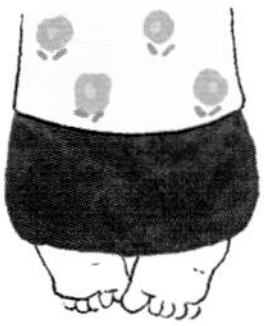

足の親指を重ね、重心をやや前にかける。お尻とかかとの間に紙1枚入れた気持ちで座ると、足への圧迫が減りしびれにくくなる。

おもてなし

迎える準備・玄関での迎え方

室内を掃除して快適に過ごせる空間づくりを

お客様に気持ちよく過ごしてもらえるように、まずは家の中をきれいに掃除しましょう。第一印象として重要な玄関まわり、お通しする客間、トイレや洗面所などは特に念入りに。ふだん行き届かない細部まできれいにしておきましょう。

掃除がすんだら、家の中のにおいもチェック。自分では気づかない家のにおいもあるので、よく換気をしておきましょう。暑い時期や寒い時期などでは、室内を過ごしやすい温度にしておくことも大切です。

雨や雪が降っている場合は、傘の置き場所を整え、コートをかけるハンガーやタオルを玄関に用意します。相手の立場に立った、季節や天候に合わせた気配りを心がけましょう。

お客様が早く到着しても大丈夫なように、約束の30分前にはこれらの準備を整えて、余裕を持ってお客様を待つようにしましょう。

部屋の中だけでなく、自分の身だしなみを整えることも忘れずに。エプロンははずしてお迎えしましょう。

CHECK!

来客を迎えるときの準備のポイント

玄関

- 玄関の中と外を掃除
- 靴の整理整頓。よけいな靴はしまう
- スリッパの用意

客間

- 室内の掃除
- ごみ箱をきれいに
- 空気を入れかえて消臭

トイレ

- 細部まで掃除
- トイレットペーパーの補充
- タオルの交換
- 消臭

洗面所

- 洗面台や鏡もきれいに
- 石けんの補充
- タオルは洗い立ての清潔なものを用意

お茶とお菓子はすぐに出せるように準備

お茶とお菓子は、すぐに出せるように、キッチンのテーブルなどにセットしておきます。お客様の好みがわからなければ、日本茶、紅茶、コーヒーを準備します。お菓子も飲み物に合わせて出せるよう、和と洋を用意しておくとよいでしょう。

茶菓といっしょにおしぼりも出せるよう、準備しておきましょう。

チャイムが鳴ったら待たせずに迎える

チャイムが鳴ったらすぐに玄関に向かい、「お待ちしておりました」と笑顔で迎えましょう。玄関でのあいさつは手短にして、すぐにあがってもらいます。コートを持っている場合は、「お預かりしましょう」と言って、コートを受け取ります。コートはハンガーにかけ、玄関の近くの部屋にかけておきましょう。

お客様が脱いだ靴を揃えずにあがっても、本人の目の前で整えるのは失礼。お客様を部屋に案内したあとで、あがり口の中央に揃えておきます。すみに置かれた靴も、中央に移動させておきましょう。

こんなときどうする?

お客様が突然訪ねてきた場合

突然とはいえ、せっかく来てくれたのですから時間があるならあがっていただきましょう。ただし約束もなく訪問するのはマナー違反なので、玄関先ですませても失礼ではありません。「あいにくこれから外出するところなので」などと言って、ていねいにおわびします。

近くから電話をもらっても、準備が間に合わない場合にはお断りしてもかまいません。また日をあらためてもらうとよいでしょう。

もし相手がお世話になっている人や重要な用件の場合は、客間とトイレを見苦しくないように整え、「散らかっておりますが」と言ってあがってもらいます。どうしてもあげられないときは、「取り散らかして場所がないものですから」と、近くの喫茶店などに誘うのもよい方法です。

CHECK!

手を洗いたい人への気配りも大切

手を洗う習慣がついている人も多いので、部屋に通す前に「手を洗いますか」と聞くと親切です。洗いたいと答えた場合は、洗面所に案内しましょう。洗面所にはあらかじめ清潔なタオルを数枚用意しておき、「こちらをお使いください」と、声をかけるとよいでしょう。

おもてなし

部屋に通す

客間へは先に立って案内をする

客間に案内するときは、お客様にお尻を向けないように体を斜めにして先導しましょう。階段を使う場合は、上るときはお客様に先に上がってもらうか、お先に失礼しますと言って先に上がります。降りるときは自分が先に降りるようにします。

客間に通したら上座をすすめる

部屋に入ったら、お客様に上座の席をすすめます。このときにお客様があいさつを始めたら、それに応じましょう。洋室でのあいさつは立ったまま、和室でのあいさつは正座して行います。

あいさつがすんだら、「こちらにおかけになって、少々お待ちください」と言って、あらためて上座の席をすすめ、お茶の準備のためにいったん席をはずします。

相手が座って待っていてよいのか悩むので、「どうぞ座布団をお使いください」や「おかけください」は、はっきりと伝えると親切です。和室の場合は、足をくずしてもらえるように、「どうぞお楽になさってください」のひと言も忘れずに。

座布団の表裏と前後

和室にお客様を通す場合は、座布団を用意します。座布団には表裏、前後があるので、置き方を知っておきましょう。

座布団は中央にしめ糸やしめ糸の房がある側が表です。カバーをかけた場合は、ファスナーをかくす縫いしろがあるほうが表になります。

座布団の前は、縫い目のない輪になっている辺です。カバーをかけてあるときも、カバーの輪になっているほうが正面になります。

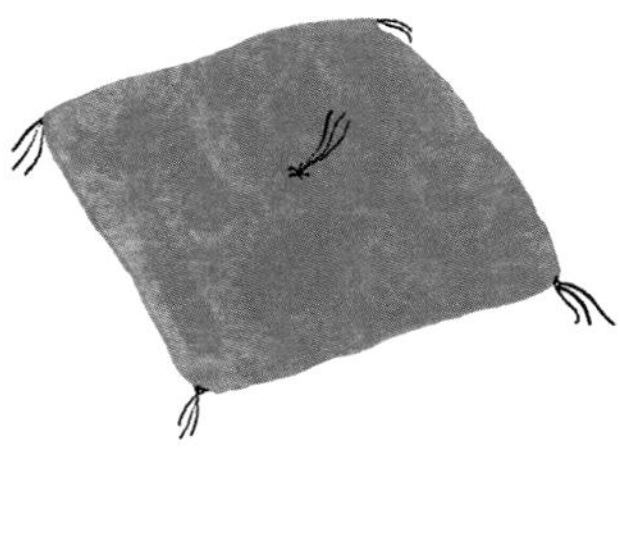

客間のドアの開け方

和室

和室のふすまや障子の開け閉めは、ひざをついて行い、お客様を先に通す。

洋室

押して開けるドア

ドアを開けながら自分が先に入り、ドアを押さえてお客様を迎え入れる。

引いて開けるドア

片手でドアを開け、「どうぞ」とお客様を先に通す。

いただいた手土産は そのまま放置しない

お客様が手土産を差し出したら、「ごていねいにありがとうございます」と、ていねいにお礼を言って、両手でいただきます。受け取った手土産は、その場に置きっぱなしにしないで、お茶の用意などで席をはずすときに別室に運びましょう。

こんなときどうする?

来客が子どもを連れてくる場合

壊されたり汚されたりすると困るものは、片づけて子どもの手の届くところに置かないこと。かわいらしいレジャーシートなどを敷いて、その上に子どもの席を作っておくのもひとつのアイデア。先方も安心して子どもを座らせることができるでしょう。相手に気を遣わせない配慮もおもてなしのポイントです。

手土産のいただき方

和室

相手が手土産を差し出したら、両手をついて会釈し、両手で品物を受け取って、いったん上座側に品物を置きます。そして再び両手をついてていねいにお礼を述べます。

洋室

相手が立ったまま手土産を差し出したら、会釈して両手で品物を受け取り、ていねいにお礼を述べます。

茶菓でもてなす

おしぼりは季節に合わせて用意する

暑い時期には冷たく冷やしたおしぼりが気持ちいいものです。冷蔵庫でおしぼりを冷やしておいて出すと喜ばれるでしょう。反対に寒い時期にはあたたかいおしぼりを。水にぬらしたタオルをよくしぼり、電子レンジで30~40秒程度加熱するとあたたかいおしぼりが作れます（加熱時間は機種によって異なるので、事前に試して調整を）。

また除菌の紙おしぼりや消毒液を用意しておき、「よかったらお使いください」とすすめてもいいでしょう。

菓子は相手の左お茶は右に置くのが基本

お客様を客間に通したら、お待たせしないように速やかにお茶とお菓子を出しましょう。日本茶のときは茶托《ちゃたく》をつけて、コーヒーや紅茶のときは、カップにソーサーを、グラスで出すときはコースターをつけましょう。

飲み物はキッチンで用意し、お盆に乗せて運びます。お客様の前で茶碗にふれないように、茶托にセットして運び、出すときは茶托を持って音を立てないように出します。

お客様に出すときは、和室ならば畳の上に、洋室の場合はサイドテーブルやテーブルの端にお盆を置いて、両手で茶菓を出すようにしましょう。

お客様から見て、左側にお菓子、右側がお茶になるように置きます。先に出した器をこえないようにするのがポイント。お客様の右から出す場合は、先にお菓子、続いてお茶をその右に出します。

こんなときどうする?

用意していた茶菓子と手土産が同じ場合

茶菓子はもてなす側で用意し、手土産をそのまま出さないのがマナーです。ただしケーキを用意していて、同じようなケーキを手土産でいただいた場合は、いただいたほうのケーキを出しましょう。「同じものを持ってきてしまった」と思わせない配慮です。その際は、「お持たせで失礼ですが」と言って出しましょう。

※急な来客で茶菓子の用意がない場合は、手土産を出しても構いません。その場合は「お持たせで失礼ですが」と、ひと言添えてお出しする。

茶菓の出し方

和室

①お客様の近くにひざをつき、お盆を畳の上に置く。
②お客様から見て、左からお菓子、お茶、おしぼりの順になるよう、奥側から出す。

洋室

①お盆をサイドテーブルやテーブルの端にいったん置く。
②お客様から見て、左からお菓子、飲み物、おしぼりの順になるよう、奥側から出す。

お茶とお菓子の配置

日本茶と和菓子

お茶はふたつきの茶碗に入れ、茶托をつける。和菓子は手前に黒文字(和菓子用の楊枝)を添える。おしぼりを出すときはいちばん右に。

コーヒー・紅茶と洋菓子

カップの取っ手はどちら向きでもかまわないが、右手で飲む人が多いので右に向けるのが一般的。ケーキは食べやすいように角を左に。

CHECK!

花を飾って くつろげる空間づくり

明るくなごやかな雰囲気でお客様にリラックスしてもらうには、客間に季節感のある花を飾るのがおすすめです。テーブルの中央に、邪魔にならない程度のちょっとした花を飾るのもよいアクセントになります。少しの心遣いで、楽しくくつろげる空間が演出できます。

CHECK!

お茶をかえる タイミングの目安

最初にお茶を出してから、だいたい30分を目安に、新しいものと入れかえましょう。相手が手をつけずにいても、冷めたお茶をいつまでも置いておくのはよくありません。日本茶の次はコーヒーや紅茶といったように、違うものを出すようにするとよいでしょう。

おもてなし

お見送りする

帰ろうとしたら一度は引き止める

用件がすみ、お客様が「そろそろ失礼いたします」と切り出したら、「まだよろしいじゃないですか」「お茶をもう一杯召し上がってください」などと一度は引き止めるのが礼儀です。「そうですか」とすぐに立ち上がって見送る準備を始めては、お客様もよい気分はしないでしょう。

ただし引き止めると断れない人もいるので、様子を見ながら無理強いはしないようにしましょう。

お客様が帰るときは、客間で訪問や手土産への感謝の気持ちをしっかり伝え、ていねいにあいさつをします。「またぜひいらしてください」などと、再度の訪問を願う気持ちを伝えるとよいでしょう。

玄関でのあいさつは簡単にむやみに引き止めない

玄関まで案内し、靴ベラが必要なお客様には、両手で差し出します。このときまでに、お客様の靴を中央に揃えておくようにしましょう。

お客様が靴をはいているときに、預かっていたコートを取りに行き、お客様が靴をはいてからコートを渡します。

その際に「どうぞこちらでお召しになってください」と、コートを着るようにすすめましょう。

もし渡すお土産があったら、コートを着たあとに渡します。

部屋であいさつはすませているので、玄関でのあいさつは簡単に。長話しをしてお客様を玄関で引き止めないようにしましょう。

？ こんなときどうする？

お客様がなかなか帰らないときは

用件がすんでもお客様がなかなか帰ろうとしないのは困りもの。そんなときは「お時間は大丈夫ですか」と声をかけましょう。目上の人でなければ、「申し訳ございませんが、○時に外出しなければならないので」と言ってもよいでしょう。

一般的なお見送りは玄関までに

お見送りは玄関までが一般的です。目上の人やていねいに送りたい場合は、いっしょに外まで出てお見送りするといいでしょう。この場合、門の外に立ち、お客様の姿が見えなくなるまで見送るのが基本です。

ただし曲がり角がなく直線がずっと続くような道では、相手のほうもかえって恐縮してしまいます。途中でお客様が一度振り向いたら、軽くおじぎをして、そのあとは家に入ってしまってもよいでしょう。

マンションの場合はエレベーターホールまで行って、エレベーターのドアが閉まるまで見送ります。目上の人の場合は、エントランスまで送るとていねいです。

エレベーターのドアが閉まるときにはおじぎを。

こんなときどうする?

話が長引き食事の時間にかかったら

食事に招いた場合以外は、食事時間を避けて訪問を受けますが、話がはずんで食事時間になってしまうこともあります。そんなときには、やはり食事を出したほうがいいでしょう。

ただしお客様に「そろそろお昼ですが、いかがいたしますか」といった聞き方をすると、帰宅をせかしているようにも聞こえます。食事をすすめるときは、「お昼をぜひ召し上がっていってください」と申し出ましょう。

もし相手の好みがわからないときは、寿司や松花堂弁当などの出前を取るのが無難です。念のため食べられないものがないか確認したうえで、早めに店に連絡して準備を整えましょう。

NG

見送ったあとすぐにカギをかける

お客様が帰ったら、すぐにガチャっとカギをかけるのはあまり気分のいいものではありません。ドアは静かに閉め、カギは少したってから閉めましょう。すぐに門灯を消すのもNGです。ドアが閉まるやいなや大きな笑い声を立てるのもよくありません。

病気・けが見舞い

相手の気持ちになって どうしてほしいか考える

お見舞いで大切なのは相手の気持ちになって考えてみることです。自分だったらどうか、相手やその家族に負担をかけないよう考えてみましょう。

人によっては病気でやつれている姿を見られたくないと思っている場合もあります。心配であっても、むやみに病院などを訪ねたりせず、まずは家族に連絡し、病状をたずね、見舞いにうかがいたい旨を相談しましょう。その反応で行っても大丈夫かを判断し、見舞うときにはいつ頃訪ねたらいいのか確認したうえで出向きます。

会いに行くより、手紙でのお見舞いにしたほうがいい場合も。行ったことでかえって病人や家族を気疲れさせてしまうのではお見舞いの意味をなしません。自宅へ送るとよいでしょう。

お見舞いには 現金を贈るのが一般的

病気やけがでは何かとお金がかかることもあり、お見舞いには、現金を贈ることが一般的です。手渡すときには「必要なものに役立てていただければ」など言葉を添えるといいでしょう。

品物を贈る場合、何か必要なものが

NG

病気のお見舞いに 鉢植えの花を贈る

花はお見舞いの定番ですが、以下のような花は見舞いに適さないとされます。「根づく」→「寝つく」ことを連想させる鉢植えの花。死、苦を連想させるシクラメン。葬儀を連想させる白や黄色の菊。血を連想させる深紅の花。花の落ち方が不吉な椿・チューリップ。香りの強い花。

¥

病気・けが見舞い…P.27

水引 赤白結び切り、または水引なしで左端に赤線

のし なし

表書き 御見舞、御伺（目上に）、祈御全快など

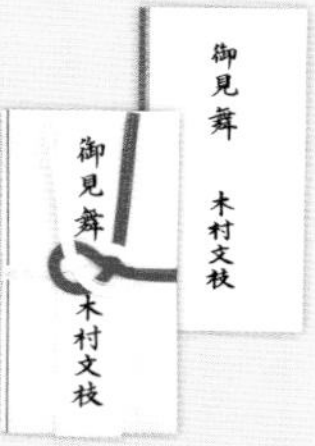

贈る時期 入院中あるいは療養中

金額の目安 5000～1万円

あるかリクエストが聞けるなら聞いて用意します。入院中に役立ちそうなカーディガンなど、実用品を贈るのもいいでしょう。食品は制限されているものがないか確認が必要なので、わからない場合は避けたほうが無難です。生花は見舞いに適さないものがあり、生花の持ち込みを禁止している病院もあるので注意しましょう。

直接見舞わないときには、手紙を添えて自宅に見舞いの品を送ります。

お見舞いのお礼は快気内祝として贈る

お見舞いをいただいたら、退院や、快復してから1か月以内に、赤白結び切りの水引ののし紙をかけ、「快気内祝」「全快内祝」「内祝」などとしてお礼の品を送ります。入院や治療が長引くときには「御見舞御礼」の表書きにして、お礼をするといいでしょう。

金額の目安は、いただいたお見舞いの3分の1〜半額程度。病気があとに残らないようにと願いを込めて、食品や洗剤などの残らない品物を贈ることが一般的です。必ずお礼状を添えて贈りましょう。

お見舞いに行くときの心得

- 病人の気にさわるような派手な服装や、喪服を連想させるような服装、また香りの強い香水などをつけるのは控える。
- 大勢で押しかけない。多くても3人まで。大声で話したり、笑ったりしない。
- 子どもは連れて行かないのが基本。
- 面会時間を守り、食事や回診の時間などは避ける。
- 同室の人にも「失礼します」「お騒がせいたしました」などあいさつする。
- 季節の話題や明るいニュースなどを取りあげ、病状をしつこく聞いたり、「やせた?」「この病気は大変らしいですね」など相手を不安にさせるようなことを言わない。
- 20分程度を目安に、長居をしない。
- 看病で疲れている家族には、「お疲れが出ませんように」とねぎらいの言葉を。病人の前で言うと病人が気にするので別の場所で。

? こんなときどうする?

お見舞いを受けたが亡くなった場合のお返しは?

治っていないので本来は贈らなくてもいいのですが、お礼をしたいときは弔事用の包装に無地（または黒白結び切り）のかけ紙をかけ、表書きは「御見舞御礼」か「御礼」とし、葬儀が終わってからお礼の品を送ります。金額の目安はお見舞いの3分の1から半額程度です。

災害見舞いと陣中見舞い

災害見舞いでは状況の確認につとめる

地震、風雨、火事などの災害は、いつどこで起こるかわかりません。近親者や友人・知人が被災したことを知ったらすぐに行動を起こしましょう。

被災した人は、大きなショックを受けていることでしょう。相手の立場になって、力になれることを考えます。子どもやお年寄りを預かるといった助けが必要かもしれません。状況もどんどん変わっていくため、臨機応変に対応することが必要です。

そのためまず大切なのは、相手の状況を知ることです。場合により直接の電話は控えましょう。ほかの近親者などとも協力し、メールや災害用の伝言サービス、またニュースなどを利用して情報を集めましょう。直接駆けつけることができるのなら、相手も心強く思うでしょう。

勝手に判断して品物を送らない

お見舞いの品には、食料品や衣類などの生活必需品が適していると考えられます。しかし、勝手に判断をして送りつけるのはやめましょう。不要なものを送るとかえって迷惑になります。

何が必要なのか確認ができたら、すぐに送ります。災害時は品物だけでなく、片づけなどの人手も必要です。何か手伝えることがないか申し出て、できることをしていきましょう。

少し落ち着いたら現金を贈る

当面の生活費などに役立ててもらうため、少し落ち着いたら現金を贈りま

災害見舞い…P.27

水引 なし。白封筒利用

のし なし

表書き 災害御見舞、御見舞、火災御見舞、類焼御見舞など

贈る時期 災害後、少し落ち着いた頃

金額の目安 5000～1万円

す。品物はたくさん届いていても、現金がないと困ることがあるでしょう。

相場は5000～1万円とされますが、こだわる必要はありません。たくさんの人ができる範囲で援助をすることが大切です。災害見舞いでは目上の人に現金を送っても失礼になりません。

元の生活に戻るまでには、時間がかかります。現金でも、品物でも、労力でも、自分でできる援助を続けていきましょう。

災害見舞いにお返しは不要 落ち着いたらお礼を

災害見舞いをいただいてもお返しは必要ありません。いただいたときにお礼を伝え、生活が落ち着いてきたら近況報告をかねてあらためてお礼状やメールを送るといいでしょう。相手も状況を気にしているはずです。

多忙をねぎらう 陣中見舞い

陣中見舞いはもともと、陣中に軍人を訪ねて労をねぎらったことが始まりです。今はスポーツの合宿、舞台の練習、受験勉強、仕事などで、忙しくがんばっている人を激励するときに贈ります。

大勢でその場で食べられる食品や飲み物を贈ることが一般的。元気を出してもらえるようなものを選びましょう。数が足りなくならないように多めに準備する配慮も必要です。

直接出向いて、応援の言葉とともに贈るのが本来ですが、都合がつかないときにはメッセージを添えて配送してもかまいません。必要なものを買ってもらえるように現金を贈るのも喜ばれます。

激励に応えることが いちばんのお返し

陣中見舞いへのお返しは必要ありません。はげましに応えて結果を出すことが何よりのお返しになります。落ち着いたら、お礼を伝えるとともに、結果や無事終了の報告をするといいでしょう。

陣中見舞い

水引 赤白蝶結び
のし あり
表書き 陣中御見舞、祈 御健闘、祈必勝、楽屋御見舞、楽屋御伺（目上の人に）
贈る時期 初日か期間中
金額の目安 5000～1万円

引っ越しのあいさつ

早めに準備を開始 計画をしっかり立てる

引っ越しをするときには、荷物の整理や掃除から、さまざまな機関での手続き、周囲へのあいさつなどやるべきことがとても多く、大変忙しいものです。早めに準備をスタートし、リストを作って計画を立て、もれのないように進めていきましょう。

引っ越ししていく家はできるだけきれいにしていきましょう。不用品を外に放置していくことのないよう、家の中だけでなく、家の周りもきれいに片づける心配りが必要です。

ご近所にあいさつし お世話になったお礼を

引っ越し当日は何かと忙しくなるので、今までお世話になったご近所へのあいさつは、2～3日前にすませます。お菓子などの簡単な手土産を用意してもいいでしょう。これまでのおつきあいをいい形でしめくくれるよう、ていねいにお礼を伝えます。引っ越しの日は荷物の運び出しなどで騒がしくなることを断っておきましょう。

特に親しかった人には、新しい連絡先のお知らせもかね、引っ越し先からあいさつ状を出すといいでしょう。引っ越しの手伝いをしてもらった人にはお礼の品に添えて送りましょう。

引っ越し先のあいさつには 名刺がわりの品物を持って

引っ越し先では、ご近所とよいおつきあいをスタートできるように早めのあいさつを心がけます。引っ越し当日か、翌日にあいさつにうかがうのが一般的ですが、当日は忙しいため、引っ越し前にあいさつしておくことができれば、そのほうがスムーズです。引っ越し作業で騒がしくなることをあらかじめ断っておけば、当日も作業しやすいでしょう。

あいさつに行くときには、相手が負担に思わない程度の簡単な品物に「御挨拶」ののし紙をかけ、下に自分の姓を書いて名刺がわりに持参します。

家族であれば家族揃ってあいさつに

行くとよいでしょう。小さい子どもや高齢者がいる場合には、近所にお世話になることもあるはず。「小さい子がいるのでご迷惑をおかけすることがあるかもしれませんが」と、トラブルになりそうなことは先に断っておきます。

また、近所とは別に、アパートの管理人や、自治会長などのところにもあいさつに行きましょう。ゴミ出しのルールなど、注意するべきところを聞いておくといいでしょう。

防犯の意味でもあいさつは大切

最近では、あまり近所と関わりたくないといった考えから、ご近所へのあいさつをしないことも増えているようです。しかし、自分の身を守るためにも近所にどんな人が住んでいるかを知っておくことは大切です。また、もしもこちらの身に何かあっても、だれが住んでいるのかわからないようなところには助けに来てもらえません。

女性のひとり暮らしを知られたくないときには、親やきょうだいといっしょにあいさつに回るのもひとつの方法です。アパートの管理人のところだけにはあいさつに行く、という方法を取る人も多いようです。

引っ越しのあいさつ

水引 赤白蝶結び
のし あり
表書き 御挨拶
贈る時期 引っ越し前、当日、翌日
金額の目安 1000円程度の品物。タオル、お菓子など

こんなときどうする?

引っ越し前に餞別をいただいた場合

基本的に、餞別にはお返しは必要ないとされます。でも感謝の気持ちはていねいに伝えるべき。引っ越し先から、餞別やお世話になったことへのお礼を記したあいさつ状を出しましょう。もう少し感謝を伝えたいと思うときには、引っ越し先の名産品などを贈ってもいいでしょう。

CHECK!

引っ越したときにあいさつをする範囲

一軒家であれば向かいの3軒と両隣に、集合住宅の場合には両隣と上下の部屋にあいさつに行くのが一般的。接点が多く、お世話になることやトラブルになることが多いと考えられるからです。集合住宅で子どもがいる場合には、下の部屋にしっかりあいさつしておきましょう。

Column

近所づきあいの心得

よいおつきあいは よいあいさつから始まる

おつきあいの基礎となるのはあいさつです。これは近所づきあいでも変わりません。道ですれちがったとき笑顔であいさつを交わせる関係であることが大切です。まず、自分から積極的にあいさつをしていきましょう。

あいさつをするときに重要なのは、相手の顔を見ること、そして笑顔。大きな声を出さなくても、にこやかに会釈するだけで十分に気持ちが通う場面がたくさんあるはず。あいさつのポイントを次のように覚えておきましょう。

- **あ** 明るくアイコンタクト
- **い** いつでも
- **さ** さきに
- **つ** つづけて

関心をもって でもプライバシーは大切に

よいおつきあいをしたくても、近所にどんな人が住んでいるか顔も知らないのでは無理な話。どんな人たちが住んでいるのか、顔と名前くらいは知るようにしたいものです。

かといって、プライバシーを詮索するのはNG。うわさ話はトラブルのもとです。もし、いろいろ話をしてくれた人がいても、それをほかの人に話したりするのはやめましょう。

ルールを守り ゆずり合い助け合えるように

トラブルを防ぐためには、最低限のルールやマナーを守ることが欠かせません。ゴミ捨てのルールをやぶったり、騒音を出したり、通行の邪魔になるところに車を止めたりと、周囲の人の迷惑になることは絶対にやめましょう。ペットや植木などの世話もきちんとすることが大切です。

また、相手のすることには、お互いさまという気持ちを持つことも必要でしょう。こちらも迷惑をかけていることがあるはず。ゆずり合っていく気持ちを持ちましょう。

緊急時にまず頼りになるのはご近所です。いざというときに助け合えるような関係を築いていきたいものです。

第6章

季節の行事

四季のある日本には、古くから多くの行事やならわしがあります。季節をより身近に感じ、毎日の暮らしに彩りを添えるさまざまな行事を知り、家族でいっしょに楽しんでいきましょう。

二十四節気《にじゅうしせっき》早見表

季節の移り変わりを教えてくれる二十四節気

1年を太陽の動きに合わせて24等分したのが二十四節気です。現在私たちは新暦（太陽暦）を使っていますが、旧暦（陰暦）を使っていた頃は、年により日数が違い、暦は実際の季節の移り変わりを知る目安にはなりにくいものでした。

そこで季節を正しく知ろうと考え出されたのが、太陽の黄道上の位置によって季節を区分する二十四節気です。1年を春夏秋冬の4つに分け、さらに

春

立春《りっしゅん》 2月4日頃	雨水《うすい》 2月19日頃	啓蟄《けいちつ》 3月6日頃	春分《しゅんぶん》 3月21日頃	清明《せいめい》 4月5日頃	穀雨《こくう》 4月20日頃
春の気が立つ頃。実際には寒さが厳しいが、暦上ではこの日から春。	水がぬるむ時期。雪が雨に変わり積雪や氷が解け、草木も芽吹く。	冬のあいだ土中にこもっていた虫が、穴を啓《ひら》き出てくる。	昼夜の時間が同じになる日。このあと昼の時間が長くなっていく。	花が咲き、すべてが生き生きとして清らかで明るい気に満ちてくる。	春の雨が多く降る頃。その雨が田畑を潤して、すべての穀物を育てる。

夏

立夏《りっか》 5月6日頃	小満《しょうまん》 5月21日頃	芒種《ぼうしゅ》 6月6日頃	夏至《げし》 6月22日頃	小暑《しょうしょ》 7日7日頃	大暑《たいしょ》 7月23日頃
新緑もまぶしく、夏の気が立つ頃。暦の上ではこの日から夏になる。	草木も茂り、すべてのものが次第に成長し、天地に満ち始める。	稲や麦など穂先に芒《のぎ》のある穀物の種をまく頃。農家は忙しくなる。	1年で最も昼の時間が長く、夜が短い日。実際には梅雨の盛り。	梅雨が明け、日差しが強くなり、暑さが厳しくなってくる。	1年のうちで最も暑さが厳しくなる頃。夏の土用の時期。

6つに分けたもので、年によって1日程度前後することがあります。

それぞれの区切りに季節の移り変わりがわかる名前がつけられ、新暦を使うようになった現在でも、季節の節目を示すものとして、さまざまなシーンで利用されています。

さらにくわしく季節を知らせる七十二候《しちじゅうにこう》

二十四節気よりもさらに細かく季節の移り変わりを示すものもあります。それが二十四節気の各節気を3等分し、1年を72に区分した「七十二候」です。

1候は5日ほどで、たとえば立春の初めの候は「春風氷解（はるかぜこおりをとく）」、立冬の初めの候は「山茶始開（つばきはじめてひらく）」というように各候にその季節の自然の様子がわかるような名前がつけられています。

秋

立秋《りっしゅう》 8月8日頃	処暑《しょしょ》 8月23日頃	白露《はくろ》 9月8日頃	秋分《しゅうぶん》 9月23日頃	寒露《かんろ》 10月8日頃	霜降《そうこう》 10月24日頃
秋の気が立つ頃。まだ残暑が厳しいが、暦の上ではこの日から秋。	涼しい風も吹き、暑さも落ち着いてくる時期。穀物も実り始める。	秋が本格的に始まり、山野の草花に白露《しらつゆ》がつき始める。	昼夜の時間が同じになる日。このあと夜の時間が長くなっていく。	秋が深まり朝夕寒くなって、山野の草花には冷たい露がつく。	露がさらに冷たくなり、冬が近づいたことを知らせる霜が降り始める。

冬

立冬《りっとう》 11月8日頃	小雪《しょうせつ》 11月22日頃	大雪《たいせつ》 12月7日頃	冬至《とうじ》 12月22日頃	小寒《しょうかん》 1月6日頃	大寒《たいかん》 1月20日頃
冬の気が立つ頃。日差しも弱まり、朝晩は冷え込んでくる。	寒さはまだそれほど厳しくないが、山の峰には雪が見られる時期。	寒さが厳しくなってきて、雪が大量に降り積もるようになる。	1年で最も夜の時間が長く、昼が短い日。柚子湯に入る習慣がある。	本格的な寒さが始まる頃、「寒の入り」。大寒と合わせ「寒中」。	1年で最も寒い時期。厳しい寒さの中、春の足音も聞こえてくる。

1月

異名と由来

睦月《むつき》

互いに行ったり来たりし睦む（仲よく親しみ合う）月という意味がある。「むつびづき」「むつましづき」とも。

主な行事カレンダー

1日…元日
2日…書き初め
6日頃…小寒
7日…七草
人日《じんじつ》の節句
10日頃…初釜《はつがま》
11日…鏡開き
第2月曜日…成人の日
15日…小正月《こしょうがつ》
20日頃…大寒

1月
正月

正月はもともと1年の最初の月である1月の異名。「正」に年の初めの意味があります。1日の朝を元旦、1日を元日、1〜3日を三が日、1〜7日または15日までを松の内と呼びます。

元旦には、その年の豊作や幸福を授けてくれる年神様がやって来るといわれ、各家庭では年神様をお迎えして、新年を祝い、よい1年であるようにと願うさまざまな行事を行いました。今でも多くの風習が残っています。

正月飾り

正月には家に飾り物や供物を準備して年神様を迎えます。12月13日の正月事始めから準備を始め、家をきれいに清めたら30日までに飾るのがならわし。29日は九が苦につながるとして、31日は「一夜飾り」として、飾るのを避けるべき日とされています。

◆門松……年神様が最初に降りてくる依代《よりしろ》（神様がよりつくもの）とされるものです。家の門に左右一対にして飾ります。長さの違う竹3本を中央に立てて周囲を松で囲み、梅や笹をあしらう形がよく知られますが、使われる木また形は地域によっても違い、飾る場所が異なる場合もあります。7日または15日まで飾られ、門松が飾ってある期間が松の内と呼ばれます。

◆しめ縄・しめ飾り……神様を迎える神聖な場所と外を区切るしるしとして飾るものです。しめ縄は向かって右に太い元のほうがくるよう張るのが一般的。門や神棚の前に張ります。しめ縄に縁起物をあしらったしめ飾りは、玄関などに飾ります。

◆鏡もち……年神様《としがみさま》への供物です。丸く平たい大小ふたつのもちを重ねて奉書紙や半紙を敷いた三方《さんぽう》にのせ、橙《だいだい》などの縁起物を飾りつけて床の間などに供えます。丸いもちは人の魂をかたどったものといわれ、神が宿るとして古くから神事に使われてきた鏡と形が似ていることが名前の由来とされます。

しめ飾りや鏡もちに飾る縁起物

代々家が栄えるよう「橙」、葉の裏が白く清廉潔白を示す「裏白《うらじろ》」、新しい葉が出てから古い葉が落ちることが子孫繁栄につながる「ゆずり葉」、〝よろこぶ〟の語呂合わせで「昆布」、腰が曲がるまでの長寿を願う「伊勢海老」、神の聖域や清浄を示す「紙垂《しで》」などを飾ります。

初詣

神社や寺院に年明け初めてお参りするのが初詣。大晦日から元旦にかけて氏神様《うじがみさま》を祀った神社にこもり、夜通しでその年の無事を祈願した「年籠り《としごもり》」という風習が始まりといわれます。その年の恵方にある社寺にお参りする「恵方参り」も盛んでした。今は方角などにこだわらず、松の内のあいだにお参りするのが一般的です。

七福神詣

1日から7日までに、五穀豊穣・蓄財の神「大黒天《だいこくてん》」、商売繁盛・漁師の神「恵比寿《えびす》」、武道成就・開運厄除けの神「毘沙門天《びしゃもんてん》」、学問技芸成就の神「弁財天《べんざいてん》」、家庭円満・無病息災の神「布袋《ほてい》」、健康・幸福・長命の神「福禄《ふくろく》寿《じゅ》」、無病息災・不老長寿の神「寿老《じゅろう》人《じん》」を祀ってある社寺を一巡し、1年の福徳を祈願します。徳川家康の七福神信仰から広まったとされる風習です。

正月の縁起物「破魔矢」

魔除けのお守りとして、正月に社寺で授与される破魔矢。古来、弓矢には邪気を祓う力があると信じられ、魔除けのため、また占いのために弓で的を射る儀式が行われていました。「はま」は弓矢で射って運勢を占う正月の儀式で使われた的。やがて破魔の字が当てられ、使われる弓矢が縁起物になったとされます。その年の凶方に向けて飾るなど、破魔矢を飾る向きには諸説あるため、いただくときに確認するといいでしょう。1年飾った破魔矢は翌年の初詣の際に社寺に納めます。

おせち料理

三が日には、家族でおせち料理をいただきます。年末に作っておいた料理を年神様に供え、それを食べることで神様といっしょに食事をする、神様の力を分けてもらうといった意味があります。また、日持ちする料理を作り置くのは、お正月には煮炊きを控えるならわしがあるためなどとされます。

「おせち」の語源は「御節供《おせちく》」。御節供は季節の節目である節句に神様に供えた料理で、正月だけではなく、1月7日の人日《じんじつ》の節句、3月3日の上巳《じょうし》の節句、5月5日の端午《たんご》の節句、7日7日の七夕《しちせき》の節句、9月9日の重陽《ちょうよう》の節句の五節句にもお供えされていました。しかしやがて、盛んに祝われた正月の料理だけがおせちといわれるようになり、今も残っています。

お重に詰める料理

おせち料理は縁起のいい料理を作り、めでたさを重ねる願いを込めて重箱に詰めます。一の重から与（四）の重までを詰めるのが基本とされますが、今は三段重が主流。地方や家により料理や詰め方は異なります。一般的な詰め方と料理のいわれは次の通りです。

◆**一の重**……いちばん上のお重。子孫繁栄を願う数の子、マメに働けるように黒豆、五万米の字をあて五穀豊穣を願うごまめ、商売繁盛を願う黄金色の栗きんとん、教養が身につくように巻物に似ている伊達巻、そのほかに紅白のかまぼこ、昆布巻きなどの「祝い肴《ざかな》」「口取り」を詰めます。

◆**二の重**……〝めでたい〟につながる鯛、長寿を願う海老、出世を願うぶりなどの「焼き物」、そして、祝いの水引を表す紅白なます、先の見通しが開けるように酢れんこんなどの「酢の物」を詰めます。

◆**三の重**……人の頭《かしら》になるように、また小芋が増えることから子孫繁栄を願う八つ頭、大きな芽が出るクワイ、長く根を張るごぼうといった縁起のいい野菜などの「煮物」を詰めます。

祝い箸を使う

おせち料理を食べる際には、祝い箸を使います。丈夫で折れにくい柳の木で作られていて柳箸ともいわれます。

片方を神様、もう片方を人が使うように両端が細くなっているのが特徴で、中ほどが太くふくらんでいるのは子孫繁栄や五穀豊穣を願ったもの。紅白の水引のついた箸袋に入れ、家族ひとりひとりの名前を書き大晦日に神棚に供えておきます。

※正式なお重は五段重で、一の重に「祝い肴」、二の重に「口取り」と「酢の物」、三の重に「焼き物」、与の重に「煮物」、五の重は年神様から授かった福を詰めるとしてあけておく。

お屠蘇《とそ》

元旦に一年の邪気を祓い、無病息災を願って飲む薬酒です。三が日に飲みます。肉桂《にっけい》や山椒、白朮《びゃくじゅつ》など数種の生薬を入れた屠蘇散《とそさん》を、みりんや日本酒に一晩つけて作ります。屠蘇散は、ティーバッグのような形になって薬局などで販売しています。

お雑煮

年神様《としがみさま》に供えたもちや野菜を若水《わかみず》(元旦にくんだ水) で煮たものが雑煮。おせち料理とともに三が日にいただきます。ひと口に雑煮といっても、具材はその土地のものが使われるため千差万別。関東では切りもちを焼いてすまし仕立てにすることが多く、関西では丸もちを煮て味噌仕立てにすることが多いなど、地域や家庭によって、もちの形や調理のしかた、味つけも異なります。

正月遊び

子どもたちは正月にさまざまな遊びをして過ごしました。

◆**羽根つき**……羽根をつく音が邪気を祓う、羽根に使われる「無患子《むくろじ》」の実が子どもを病気から守るなどとされる縁起のよい遊びです。女の子のお守りとして羽子板を初正月に供える風習もあります。

◆**凧あげ**……子どもが元気に育つようにと願いを込めて空にあげるならわしがありました。高く上がるほどいいとされます。女の子の羽根つきに対し、凧あげは男の子の代表的な遊びでした。

◆**こま回し**……こまが回ることが物事やお金がうまく回ることにつながる、また、こまを回して競い合うことから男の子に強く育ってほしいという願いが込められているとされます。

◆**福笑い**……顔の輪郭だけ描かれたところに、目隠しをして目や鼻などのパーツを置いていき、できあがったおもしろい表情をみんなで笑い合います。「笑う門には福来《きた》る」、福を呼ぶよう新年を笑って過ごします。

◆**すごろく**……正月に遊ぶのはゴールを目指して進む絵すごろくです。江戸時代に子どもの遊びとして流行し、人数も問わず、だれでも運任せに楽しめることから正月に遊ばれるようになったと考えられます。

1月2日 書き初め

新しい年に初めて筆と墨で字を書く行事です。「吉書《きっしょ》」「初硯《はつすずり》」などともいわれます。宮中で行われていた行事が、江戸時代になり、寺子屋で子どもたちが習字を教わるようになって広まったものと考えられます。

若水《わかみず》を使って墨をすり、その年の恵方に向かっておめでたい言葉を書くのがならわし。書き初めで書いたものをどんど焼きで燃やし、紙が高く舞い上がるほど字が上手になるといわれます。

1月7日 七草

7日の朝には、春の七草を入れた七草がゆを食べます。七草がゆを食べると万病を除くと言い伝えられ、1年の無病息災を祈ります。7種の若菜を入れた汁を1月7日の「人日《じんじつ》の節句」に食べる風習が中国から伝わり、正月に若菜を摘む風習が日本の風習と合わさって広がった行事とされます。

セリ、ナズナ、ゴギョウ、ハコベラ、ホトケノザ、スズナ、スズシロが春の七草。七草は野で摘むものでしたが、新暦に変わり時期がずれたため難しくなりました。今ではスーパーで手に入ります。七草それぞれに効用があり、この時期不足しがちなビタミン類を補い、正月の飲食で疲れた胃腸を休める働きがあるとされています。

1月10日頃 初釜《はつがま》

新しい年に初めて釜に火が入ることをいい、新年最初に開かれるお茶会のことです。新年を喜ぶ、いつもよりあらたまった会で、1年の邪気を祓うとされる若水を使ってたてたお茶が振る舞われ、新春らしいしつらえやお菓子などを楽しみます。

1月11日 鏡開き

年神様《としがみさま》にお供えしていた鏡もちを下げて、1年の無事を祈りながらいただきます。年神様が宿った鏡もちは、刃物で切ることを避け、木槌《きづち》などでたたいて開いたり、手でかいたりして小さくするのがしきたりです。

小さくした鏡もちは、お雑煮やしる

こにして食べるのが一般的。神様の力を残らず授けていただくために、ひとかけらも残さずに家族でいただきます。

もとは武家社会の行事で切腹を連想させる「切る」を避けて、現代では年神様との縁を「切る」ことを避けて、運を「開く」という意味とされます。また、もとは20日だったものが、3代将軍家光が20日に亡くなったことからこの日にあらためられたとされます。

1月15日
小正月《こしょうがつ》

月の満ち欠けで暦を作っていた頃は、満月が月の区切りとされ、この日を正月としていました。新暦の元日を「大正月」というのに対し、陰暦の正月を「小正月」と呼び、豊作や家内安全を願う行事が今も数多く行われています。

また、正月を忙しく過ごしてきた女性の休日としたり、この日に女性が年賀に回るといった風習から「女正月《おんなしょうがつ》」といわれることもあります。

✓小豆がゆ

小正月の朝には、小豆を入れたかゆを食べるならわしがあります。古くから赤い色は邪気を祓う色とされ、小豆の赤い色で1年の邪気を祓うことを願ったものです。もちを入れたり、甘くして食べることもあり、鏡もちを入れる地域もあります。

✓もち花飾り

小正月には、小さく丸めたもちや団子をミズキやヤナギの枝に花のようにつけて神棚などに飾ります。豊作を祈願して作られるもので、養蚕《ようさん》が盛んな地域ではまゆ玉飾りと呼び、まゆ玉の形に団子を丸めて飾るなどします。小判など縁起物をかたどったものをつけたにぎやかなものもあり、地域によって飾り方や呼び方はさまざまです。

✓どんど焼き

小正月の頃、正月のあいだ飾っておいた門松やしめ飾り、また書き初めなどを、地域の人が持ち寄って燃やします。炎とともに年神様を見送り、1年の家内安全、無病息災、五穀豊穣、商売繁盛などを祈る火祭りです。どんど焼きのほか、「左義長《さぎちょう》」「さいと焼き」「鬼火たき」など地域によってさまざまな名前で呼ばれています。

もちや団子をその火にかざし、焼いて食べる風習もあり、それを食べればカゼをひかない、1年を健康に過ごせるなどといわれます。その火にあたるだけでも、体が丈夫になるなどご利益があるとされます。

2月

異名と由来

如月《きさらぎ》

「衣更着」とも書く。寒さのために、衣を更に重ねて着る月ということ。「梅見月」「初花月」などとも呼ばれる。

主な行事カレンダー

3日頃…節分
4日頃…立春
最初の午の日…初午《はつうま》
8日…針供養《はりくよう》
11日…建国記念の日
14日…バレンタインデー
19日頃…雨水《うすい》
23日…天皇誕生日

節分
2月3日頃

節分は季節を分ける日のこと。本来、各季節が始まる立春、立夏、立秋、立冬の前日をさし、年4回あるものです。ただ、旧暦では立春が新しい年の始まりとされ、立春前の節分が重要視されたために、節分といえば春の節分をさすようになったのです。

季節の変わり目には、疫病や災害などの災厄が起きやすいと考えられていました。そのため新しい春の幸せを願い、邪気を払う行事が行われました。

豆まき

豆まきは、平安時代に中国から伝わった「追儺《ついな》」という行事に由来します。追儺は鬼やらいともいわれる疫鬼《えきき》を追い払う行事。宮中の年中行事として大晦日に行われていました。それがやがて神社や寺院、民間にも広がり豆をまく今の形になったとされます。

災いを鬼に見立てて、豆をまいて追い払います。鬼は夜やってくるとされるので、まくのは日が暮れてから。いった豆をマスなどに入れ、それまで神棚に供えておきます。豆をまく役割は、年男か一家の主人が務めるのがならわし。玄関や窓を開けて「鬼は外」と豆をまいたら鬼が戻ってこないようにすぐに閉めて、家の中を向いて「福はうち」と豆をまきます。

こうして家中を回って豆をまいたあとは、それぞれの年齢よりもひとつ多い数の豆を食べて1年の無病息災を祈ります。

恵方巻き

節分の夜には恵方巻きと呼ばれる太巻き寿司を食べる風習もあります。恵方を向いて、願い事をしながら、無言で、丸かじりをして1本食べ切るのがならわしです。

巻き寿司は福を巻き込むため縁起がよく、七福神にちなんで七種の具材を巻き込むのがいいとされます。

やいかがし

やいかがしは、柊《ひいらぎ》の枝に焼いたイワシの頭を刺したものです。柊の葉のトゲと、イワシのにおいを鬼が嫌うとされ、節分の夜、魔除けとして家の玄関に飾ります。

最初の午の日 初午

全国の稲荷神社で祭礼が行われる日です。稲荷神社は農耕などの神様「稲荷神」を祀る神社。総本社の伏見稲荷大社（京都）の神様が、初午の日に降りてきたとされることからこの日に祭礼が行われます。「初午祭」には、赤いのぼりがたてられ、お稲荷様の使いとされるキツネの好物の油揚げや紅白団子、お赤飯、お神酒などが神社に供えられます。五穀豊穣、商売繁盛を願ってたくさんの人が訪れます。

初午団子

初午は養蚕の神様の祭りの日でもあります。養蚕の盛んな地域では、まゆの形にした初午団子を作って供え、いいまゆができるように願います。

2月8日 針供養

針仕事を休み、縫い針を供養する日。折れたり曲がったりして使えなくなった針を、やわらかい豆腐やこんにゃくに刺して社寺に納めたりします。裁縫の技術が上達するように願って供養するものです。12月8日に行う地域や、2月8日と12月8日の年2回行う地域もあります。

2月14日 バレンタインデー

この日に殉教した3世紀ローマ帝国時代のキリスト教の聖人バレンティヌスにちなんだ行事。日本では女性が男性にチョコレートを贈る日として知られていますが、キリスト教圏では「愛の日」とされて、男女を問わずプレゼントやカードを贈り合います。

日本でも好きな相手に贈る「本命チョコ」以外に、「義理チョコ」や、女性の友だちに贈る「友チョコ」、お世話になった人に贈る「世話チョコ」、自分へのご褒美「自分チョコ」、男性が女性に贈る「逆チョコ」など、贈る相手や目的が多様化しています。

3月

異名と由来

弥生《やよい》

「弥」はいよいよ、ますますの意味。草木がますます生い茂ることを示す言葉「いやおい」が変化したとされる。

主な行事カレンダー

3日…ひな祭り
上巳《じょうし》の節句
6日頃…啓蟄《けいちつ》
14日…ホワイトデー
21日頃…春分
春のお彼岸

3月3日
ひな祭り

女の子の健やかな成長を願う行事で「桃の節句」ともいわれます。女の子のいる家庭では、ひな人形や桃の花を飾り、ちらし寿司や蛤《はまぐり》の潮汁《うしおじる》（42ページ参照）を用意して祝います。

3月3日は五節句のうちのひとつ、上巳の節句で、この日は邪気に見舞われやすい日とされました。そのため平安時代の宮中では、紙で作った人形に穢《けが》れを移して川に流す「流しびな」が行われ、これがやがて人形で遊ぶ「ひな遊び」になり、今のような祭りに変化していったと考えられます。

ひな人形

段飾りでは、緋毛氈《ひもうせん》（赤い敷物）を敷き、上段から内裏《だいり》びな（男びな・女びな）、三人官女、五人囃子《ばやし》、随身《ずいじん》（右大臣・左大臣）、3人の仕丁《しちょう》の計15人を飾り、屏風やぼんぼり、桜と橘、たくさんのお道具などを配置します。三段飾り、五段飾り、七段飾りなど縁起のいいとされる奇数の段飾りがあり、こうした豪華な段飾りを飾るのが一般的だったこともあります。

現在では、15人飾りをコンパクトにしたものや、内裏びなだけの親王飾りなど、あまり場所を取らず、手軽に飾れるものがよく選ばれるようです。

早く飾って、早くしまうのがよいとされ、立春過ぎから遅くとも1週間前までには飾り、4日の午前中など、できるだけ早くしまいます。前日に飾る「一夜飾り」は縁起が悪いので避けます。片づけるのが遅れると、女の子の婚期が遅れるともいわれます。

内裏びなの並べ方

関東では向かって左に男びな、右に

女びなを並べます。これは、現在の皇室の並び方に揃えたものです。関西では、向かって右に男びな、左に女びなを並べます。これは日本古来の左方上位の考え方にのっとったものです。

ひしもち

上から赤（ピンク）、白、緑のひし形のもちを重ねます。赤は桃の花を、白は雪を、緑は春の草木の芽吹きを表しています。また、赤い色は魔除け、白は清浄、蓬《よもぎ》を使って染めた緑は厄除けの意味があるとも。ひし形の意味には、ひしの実の形、心臓を表す、女性を象徴するなど諸説あります。

ひなあられ

ひなあられは、ひな人形を連れ、外でひな遊びをしたときの携帯食が始まりとされます。関東ではもち米を蒸して乾燥させたものをいって作った甘いポン菓子が、関西では醤油や塩で味つけしたあられが一般的です。

白酒と甘酒

とろりとして白濁し、甘味の強い白《しろ》酒《ざけ》は、焼酎やみりんに蒸したもち米や米麹を入れ、熟成させてすり潰したもの。体を清め邪気を祓うとされます。ただし、アルコール飲料のため、子どもは飲めません。そこでアルコールの入っていない甘酒も飲まれるようになりました。

3月14日 ホワイトデー

バレンタインデーにチョコレートをもらった男性がお返しをする日。日本発祥の習慣で、ホワイトデーの名称もお菓子業界が定めました。キャンディーやクッキー、マシュマロなどを贈るのが一般的。お菓子以外のプレゼントも贈られます。

3月21日頃 春のお彼岸

春分の日を中日《ちゅうにち》とし、前後3日ずつの1週間が春のお彼岸です。初日を「彼岸の入り」、最終日を「彼岸明け」と呼びます。仏壇を掃除して花やぼたもちを供え、お墓参り（184ページ参照）をするのがならわし。寺院では彼岸法要が行われます。

4月

異名と由来

卯月
うづき

卯の花（ウツギ）が咲く月であることから。十二支の四番目が「卯」にあたることや、稲苗を植える植月《うつき》からという説も。

主な行事カレンダー

1日…エイプリルフール
　　入社式
上旬…入学式
5日頃…清明《せいめい》
8日…花祭り
13日…十三参り
下旬～4月下旬…イースター
20日頃…穀雨《こくう》
29日…昭和の日

4月1日
エイプリルフール

世界的に唯一うそをついて人をかついでもよいとされている日。その起源は、「キリストが生前、ユダヤ人に裏切られたことを忘れないための行事」とする説や、「16世紀にフランスで改暦があり新年が4月1日から1月1日に変わったときに、それに反発した市民が旧暦のまま4月1日に新年を祝うようになったから」という説など、いろいろな説があります。日本には大正時代に欧米から伝わり広まりました。

4月1日
入社式

その年に入社する新入社員を正式に会社に迎え入れる式典。社会人としての自覚を促し、会社から辞令が渡されます。4月の風物詩として毎年ニュースで取り上げられる入社式ですが、これは新卒の学生をまとめて採用する日本ならではの行事。人材を適宜補充する諸外国ではほとんどみられない習慣です。公務員の場合は入庁式、銀行では入行式というように職種によって呼称が違います。

4月上旬
入学式

学校に入学する節目の式典。日本では4月が一般的ですが、欧米では9月に行われます。明治初期の近代教育制度が始まった頃は、日本も欧米と同じ9月に入学式が行われていました。しかしその後、国の会計年度が4月始まりになり、それに合わせて入学式も4月に行われるようになりました。

ランドセルの始まり

小学校の入学式というと、ランドセ

ルがつきものですが、ランドセルはオランダ語の「ランセル」に由来し、「背負いカバン」という意味があります。現在のように箱型のランドセルが通学用かばんとして使われ始めたのは、のちの大正天皇が学習院初等科に入学する際に、内閣総理大臣の伊藤博文がお祝いに箱型のランドセルを献上したのが始まりといわれています。

4月8日 花祭り

お釈迦様の誕生日を祝う行事。仏教では灌仏会《かんぶつえ》といいます。各地のお寺では、御堂をさまざまな花でいっぱいに飾った花御堂を作り、その中央に安置した釈迦誕生仏の頭から、参拝者が柄《ひ》杓《しゃく》で甘茶を注いでお祈りするならわしがあります。

釈迦像に甘茶をかけるのは、お釈迦様が生まれたときに、天から九匹の龍が下りてきて、産湯として甘露の雨を浴びせたという伝説に由来します。

お釈迦様にかける甘茶は霊水とみなされ、注ぐことで無病息災が得られるといわれています。

4月13日 十三参り

数え年で13歳になった男女が知恵を授けてくれるという虚空蔵菩薩《こくうぞうぼさつ》を参拝する行事。「知恵詣《ちえまいり》」ともいわれ、おもに関西地方で行われています。13歳はちょうど子どもから大人へと成長する時期なので、厄払いの意味も込められています。

成人式さながらに晴れ着を装う女の子も多く、晴れ着は大人の本裁ちした着物を着ます。

3月下旬〜4月下旬 イースター（復活祭）

キリストが死から3日後に復活したことを祝う、キリスト教徒にとってはクリスマスと並ぶ大きなお祭りです。

生命の始まりを象徴する卵に色や絵をつけたイースターエッグを飾ったり、その卵を隠して探すエッグハントというゲームを楽しんだりします。

イースターは、春分の日のあとの、最初の満月の次の日曜日と定められているので、その年によって日付が変わります。

5月

異名と由来

皐月《さつき》

5月は田植えの季節で、「早苗を植える月」という意味から早苗月《さなえづき》と呼ばれ、それが略されて「さつき」となった。

主な行事カレンダー

2日頃…八十八夜
3日…憲法記念日
4日…みどりの日
5日…端午《たんご》の節句（こどもの日）
6日頃…立夏
第2日曜日…母の日
21日頃…小満《しょうまん》

5月2日頃

八十八夜

立春から数えて八十八日目を八十八夜と呼びます。春から夏へと季節が変わる境目で、農作業では種まき時期を迎えます。「八十八夜の別れ霜」といって、この時期からは霜が降りることがなくなり、農作業に適した時期となります。

八十八の文字を組み合わせると、「米」という字ができることから、農家の人々にとって、八十八夜は特別な日とされていました。

唱歌『茶摘み』で「夏も近づく八十八夜」と歌われているように、茶畑では茶摘みが始まり、おいしい一番茶が味わえるのもこの頃です。昔から八十八夜に摘んだお茶は、不老長寿の縁起物とされています。

5月5日

端午の節句（こどもの日）

こどもの日の祝日になっている端午の節句。「端午」の端は「はじめ」という意味があり、端午とは「月のはじめの午の日」のことです。「午」と「五」が同じ音であることから、5が重なる5月5日が端午の節句として定着しました。もともとは五節句のうちのひとつで、菖蒲《しょうぶ》を使って、厄除けのさまざまな行事が行われました。

こどもの日となったのは、１９４８年に制定された国民の祝日に関する法律で定められたためです。この日は「こどもの人格を重んじ、こどもの幸福をはかるとともに、母に感謝する日」と定められています。

男の子の節句

端午の節句は男の子の成長を願う節句として知られています。それは邪気を祓う薬草の「菖蒲《しょうぶ》」と、武勇を重んじる「尚武《しょうぶ》」をかけて、鎌倉時代の武家社会では端午の節句を「尚武の節句」としたことが始まりです。それが江戸時代に庶民に広まり、男の子の節句として定着しました。

節句では、柏もちや粽《ちまき》を食べる習慣があります（42ページ参照）。

五月人形と鯉のぼり

五月人形の鎧兜は、鎌倉時代の武将が戦のときに、鎧や兜で身を守っていたことに由来し、男の子を事故や災害から守る意味があるといわれています。

鯉のぼりは、鯉が滝をのぼって龍になるという中国の故事に由来し、この鯉のようにたくましく育ってほしいとの願いが込められています。生命力の強い鯉は、男の子の立身出世の象徴ともされてきました。

鯉のぼりのいちばん上に飾る、5色の吹き流しは、中国の五行説の考えからきているもので、邪気を祓う魔除けの意味があります。

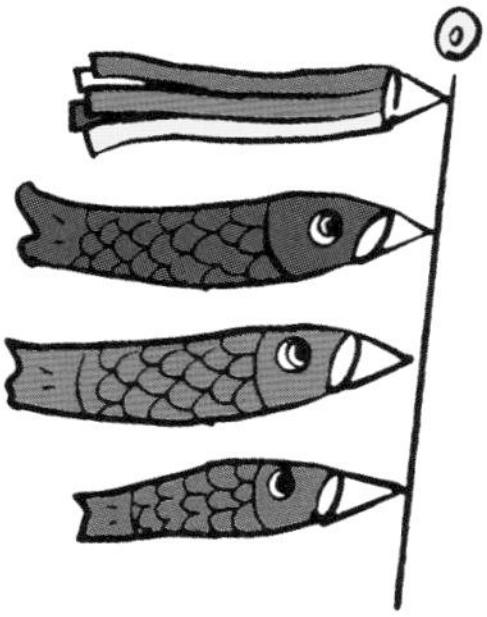

菖蒲湯《しょうぶゆ》で健康を願う

端午の節句には、古来から子どもの無病息災を願い、浴槽に菖蒲を入れた菖蒲湯につかる習慣があります。

菖蒲にはさわやかな香りに加えて薬効があり、血行を促進し疲労回復の働きがあるとされます。またカゼの予防にも役立ちます。

5月第2日曜日
母の日

母親への感謝を伝える日。20世紀初頭のアメリカで、アンナ・ジャービスという女性が、母の命日に母が好きだった白いカーネーションを飾り、母に感謝を捧げたことがきっかけとなり、正式な行事となったといわれます。日本には明治末～大正時代に伝わり、当初はキリスト教の行事とされていましたが、終戦後、一般に広まりました。

アンナが供えた白いカーネーションに対して、存命の母へは赤いカーネーションを贈る習慣があります。赤いカーネーションの花言葉は「母の愛」、白いカーネーションの花言葉は「亡き母を偲ぶ」です。最近では、色にこだわらずに好きな色のカーネーションや、好きな花を贈る人も増えています。

6月

異名と由来

水無月《みなづき》

農作業をみんなしつくした月という「みなしつく月」が略されたという説、暑さで水が枯れ「水無し月」と呼ばれたからとも。

主な行事カレンダー

1日…衣替え
6日頃…芒種《ぼうしゅ》
第3日曜日…父の日
22日頃…夏至
30日頃…夏越《なごし》の祓《はらえ》

衣替え
6月1日

冬服から夏服への衣替え。衣替えの行事は平安時代に中国の風習の影響を受けて宮中で行われるようになったのが始まりです。現在ではおもに制服を変えるのが一般的で、10月1日には、夏服から冬服へと衣替えを行います。

父の日
6月第3日曜日

母の日の広がりから、父の日がないのはおかしいと、アメリカのソノラ・スマート・ドッドが提唱し、アメリカで制定されました。

母の日にカーネーションを贈るように、父の日はバラを贈ります。ただし日本では男性に花を贈る習慣があまりないので、母の日のカーネーションのように普及しませんでした。そのため、ネクタイやお酒といったプレゼントをするのが一般的となっています。

夏越の祓
6月30日頃

夏越の祓は、大祓《おおはらえ》、水無月の祓ともいわれる神事です。大晦日に行われる1年の穢《けが》れを落とす年越《としこし》の祓《はらえ》に対して、1年の中間の祓として、6月の晦日に行います。夏越の祓では、半年間の罪や穢れを祓って清め、夏以降の無病息災を願います。

形代《かたしろ》という、人間の身代わりとなる紙の人形《ひとがた》に、自分の身についた穢れを移し、その人形を神社に納めたり、川に流したりして、自分の穢れを祓います。

茅《ち》の輪くぐりという、神前に立てた茅《かや》や藁を束ねて作った大きな輪をくぐることで、心身の穢れを落とす儀式も行われます。

7月

異名と由来

文月《ふづき》

詩や歌などの「文《ふみ》」を七夕の笹に飾る習慣に由来するといわれる。稲穂が穂を含みつつあるという「含み月」からきているという説も。

主な行事カレンダー

1日…山開き
7日…七夕《たなばた》
　　七夕《しちせき》の節句
7日頃…小暑《しょうしょ》
第3月曜日…海の日
20日頃…土用
23日頃…大暑《たいしょ》

7月1日 山開き

古くから山は神聖な場所とされ、むやみに立ち入ることはできませんでした。ただし夏になると「山開き」という神事を行い、一定期間だけ信仰行事として登山が解禁されました。その風習が現在に伝えられたものです。

海開き

山開きにならい、海開きも行われるようになりました。地域によって違いはありますが、7月1日頃に行うのが一般的です。

水難事故がないように、解禁日には安全祈願が行われます。

7月7日 七夕

七夕は、上巳《じょうし》の節句や端午《たんご》の節句と同じ五節句のひとつ、「七夕の節句」です。中国から伝わった星伝説と、中国の宮中行事「乞巧奠《きっこうでん》」が結びつけられ、それに神様に供える布を織る日本の神事「棚機津女《たなばたつめ》」の伝説が合わさった行事です。短冊に願い事を書いて、七夕飾りの笹につるすと、願い事がかなうという言い伝えがあります。

七夕伝説

有名な織姫と彦星の話は、中国の伝説に基づいています。

天帝の娘・織女《しょくじょ》（織姫）は、機織りがじょうずな働き者でした。ところが天の川の向かい岸にいる働き者の牽《けん》牛《ぎゅう》（彦星）と引き合わせると、たちまち恋に落ち、恋に夢中になってふたりとも働かなくなってしまいました。

それに怒った天帝は、ふたりを川の両岸に引き離し、年に一度だけ、七夕の日に会うことを許しました。しかし、雨が降ると川の水かさが増して渡れなくなるので、現在でも七夕の夜が晴れるようにと願う風習があります。

日本の七夕の呼び方

日本には古くから「棚機津女《たなばたつめ》」と呼ばれる女性が、機織りをしてできた布を神様に供えて、災いが起こらないように願う行事がありました。「七夕」を「タナバタ」と読むのは、棚機津女がもとになっているといわれています。

海の日

7月第3月曜日

海の日は1996年（平成8年）に制定された国民の祝日です。もともとは7月20日でしたが、現在の第3月曜日に変わりました。四方を海に囲まれ、海の恩恵を受ける日本の繁栄を願い、感謝する日とされています。

海の日の連休から夏休みに入る学校も多く、各地で海に関するさまざまなイベントが開催されています。

土用

7月20日頃

土用は年に4回、四季それぞれにあり、立春、立夏、立秋、立冬の前の18日間をさします。立秋までの夏の土用は、1年のうちで最も暑さが厳しい時期とされています。

土用の丑《うし》の日

土用の丑の日には、ウナギを食べる習慣があります。この習慣は、江戸時代の蘭学者・平賀源内が不振のうなぎ屋に相談され、「本日、土用の丑の日」と張り紙をしたらよく売れたことがきっかけとも。そもそも土用の丑の日には、「丑」にちなんで「う」のつくものを食べると夏バテしないという言い伝えがあります。

8月

異名と由来

葉月
はづき

旧暦の異名のため、語源は秋に由来し、秋になって木々の葉が落ちる「葉落ち月」が「葉月」となった説が有力。

主な行事カレンダー

1日…八朔《はっさく》
8日頃…立秋
15日頃…お盆
15日…終戦記念日
23日頃…処暑《しょしょ》

8月1日 八朔

毎月初めの日を朔日《さくじつ》といい、八月の朔日を八朔といいます。早生《わせ》の稲穂が実る時期で、農村では「田の実の節句」とも呼ばれ、お世話になった人に初穂を贈る習慣がありました。「田の実」とは稲の実のことですが、それが「頼み」に転じて、お世話になった相手に感謝を伝える日になったといわれます。

五穀豊穣を願って、全国各地でさまざまな八朔祭が行われています。旧暦で祝う地域もあります。

8月15日頃 お盆

お盆は略称で、正式には「盂蘭盆《うらぼん》会《え》」といいます。盂蘭盆会はサンスクリット語の「ウラバンナ」の音訳で、「さかさまに吊るされた苦しみ」という意味です。その苦しみから救うために、先祖供養をするのが盂蘭盆会です。

これは釈迦の弟子、目連《もくれん》が釈迦の教えに従って亡くなった母親の供養を行ったところ、餓鬼道《がきどう》に落ちて苦しんでいた母親を救うことができたという仏教の故事に由来しています。釈迦が供養をするように指定した日が旧暦の7月15日だったといわれています。

お盆の時期は地域によって異なりますが、旧暦に合わせて8月13日から16日に行うのが一般的です。

8月15日 終戦記念日

1945年（昭和20年）の正午、NHKラジオで日本の降伏を伝える昭和天皇の肉声が流れました。日本ではこの日を第二次世界大戦の終戦の日としています。終戦記念日には毎年、全国戦没者追悼式が行われています。

9月

異名と由来

長月《ながつき》

日増しに夜が長くなる「夜長月」からきた名称。菊が咲く季節でもあることから、「菊咲《きくさき》月《づき》」という異名もある。

主な行事カレンダー

1日…防災の日
1日頃…二百十日《にひゃくとおか》
8日頃…白露《はくろ》
9日…重陽《ちょうよう》の節句
中旬〜下旬…お月見
第3月曜日…敬老の日
23日頃…秋分
秋のお彼岸

9月1日
防災の日

1923年（大正12年）9月1日11時58分に発生した関東大震災は死者・行方不明者14万人以上という甚大な被害をもたらしました。また、9月1日頃は、立春（2月4日頃）から数えて210日目にあたる「二百十日」とされ、台風が来襲する厄日として知られています。

これらのことから、国民の防災意識を高めるために、9月1日が「防災の日」に制定されました。制定されたのは、伊勢湾台風が来襲した翌年の1960年（昭和35年）です。

防災の日は、あらゆる災害に対して、広く国民が認識を深め、ひとりひとりが防災対策につとめてほしいという願いが込められています。

防災の日を含む1週間を防災週間とし、毎年、各地で防災訓練が行われています。

9月9日
重陽の節句

五節句のひとつ。古代中国の陰陽思想には、奇数を縁起がよい陽の数字とする考えがありました。そのため最も大きな陽の数字が重なる9月9日を「重陽の節句」として祝い、邪気を祓って長寿を願う風習があります。

また9月のこの頃は菊の花が咲く時期であることから、重陽の節句は別名「菊の節句」とも呼ばれています。

菊は邪気を祓い不老長寿をもたらす花と信じられていたため、平安時代の宮中では菊花の宴が開かれ、菊の花を浸した菊酒を飲んで不老長寿を願っていました。実際に菊酒には疲労回復や食欲増進、疲れ目などに効果があるとされています。

9月中旬～下旬

お月見

旧暦の8月15日、新暦では9月中旬から下旬に、満月を鑑賞する行事です。「十五夜」「中秋の名月」とも呼ばれ、1年でいちばん美しい月が見られる日とされています。

秋の収穫を祝う行事でもあり、芋類の収穫を感謝してお供えすることから「芋名月《いもめいげつ》」とも呼ばれています。

お月見の供え物

日本のお月見は、秋の作物の収穫を祝う行事でもあります。そのため月見団子のほか、里芋、梨など、その時期にとれた作物を供える地域もあります。花瓶には秋の七草（ハギ、ススキ、クズ、ナデシコ、オミナエシ、フジバカマ、キキョウ）を飾りますが、全部揃わない場合はススキだけを飾るのが一般的です。ススキには、月の神が宿って邪気を祓うと考えられています。春の七草は七草がゆにして食べますが、秋の七草は見て楽しむものです。

団子の数にはふたつの説があり、ひとつはその年の満月の数で通年は12個、うるう年は13個というもの。もうひとつは十五夜だから15個という説です。

9月第3月曜日

敬老の日

多年にわたり社会につくしてきた老人を敬愛し、長寿を祝う日。2002年までは9月15日でしたが、祝日法改正により第3月曜日に変更になりました。敬老の日の起源については諸説あり、ある村で「としよりの日」を始めたのがきっかけという説、聖徳太子が生活困窮者のために悲田院《ひでんいん》を建立した日にちなむという説などがあります。

9月23日頃

秋のお彼岸

秋のお彼岸は、秋分の日を真ん中に、前後3日ずつの1週間をさします。お墓参りをしたり、お経をあげてもらったりして先祖を供養します。お墓や仏壇には、花やおはぎなどを供えます。

10月

異名と由来

神無月
かんなづき

日本中の神様が出雲大社に集まり、各地の神社には神様がいなくなることから。そのため出雲地方では「神在月《かみありつき》」と呼ぶ。

主な行事カレンダー

1日…衣替え
8日頃…寒露《かんろ》
第2月曜日…スポーツの日
20日…恵比寿講
中旬頃…十三夜
24日頃…霜降《そうこう》
31日…ハロウィン

衣替え
10月1日

夏服から冬服へと着替える衣替え。衣替えが6月1日と10月1日になったのは、明治以降のことです。制服や和服は、この日を境に衣替えを行っています。

スポーツの日
10月第2月曜日

1964年（昭和39年）10月10日は最初の東京オリンピックの開会式が行われた日。それを記念して、「スポーツに親しみ、健康な心身をつちかう日」として1966年（昭和41年）に「体育の日」の祝日が制定されました。その後、祝日法の改正により10月10日から第2月曜日に変更になり、さらに2020年より「スポーツの日」に改称されました。秋の過ごしやすい時期ともされ、各地で運動会やスポーツイベントが催されています。

運動会の起源

日本の最初の運動会は、1874年に海軍兵学校でイギリス人教師の指導によって行われた「競闘遊戯会《きょうとうゆうぎかい》」とされています。「運動会」という言葉は、1883年（明治16年）から東京大学で使い始め、のちに初代文部大臣の森《もり》有礼《ありのり》が集団訓練として運動会をすすめ、小中学校でも行うようになりました。

10月20日
恵比寿講

商売繁盛や五穀豊穣を祈願して七福神の1神の恵比寿様を祀る行事です。

10月は神様がみな出雲大社に集まるとされますが、恵比寿様だけは留守番として残るとされ、この留守神を祀るために始めたとされています。右手に釣り竿、左手に鯛を抱えた恵比寿様は漁業の神として崇められていましたが、しだいに商売繁盛や五穀豊穣の神としても信仰されるようになりました。

恵比寿講は10月20日に行う地域と11月20日に行う地域、ほかに1月に行う地域もあります。

10月中旬頃
十三夜

十五夜の1か月後の旧暦9月13日に月を鑑賞する行事で、「後《のち》の月」とも呼ばれます。また十五夜か十三夜のどちらか一方だけする月見は、「片月見《かたつきみ》」と呼ばれ、縁起が悪いとされています。

十五夜を「芋名月」と呼ぶのに対して、十三夜は「豆名月」や「栗名月」と呼ばれ、この時期に収穫した豆や栗を供えます。日本で始まった風習といわれています。

10月31日
ハロウィン

キリスト教の記念日「万聖節《ばんせいせつ》」の前夜祭で、秋の収穫を祝い、悪魔を追い出すお祭りです。もとは古代ケルト民族の儀式が起源とされます。古代ケルトでは11月1日が新年で、その前夜に祖先の霊が訪れると信じられていました。そのときに悪霊もやってきて悪さをするとされ、火を焚き仮面をかぶって追い払ったのがハロウィンの始まりとされています。かぼちゃをくり抜いて作った明かり、ジャック・オ・ランタンを頼りに精霊は集まり、悪霊は退散するといわれています。

また子どもたちは、魔法使いやお化けなどに仮装して、「トリック・オア・トリート（お菓子をくれなきゃいたずらするぞ）」と言いながら、近所の家々を回ります、訪問を受けた家の人は「ハッピー・ハロウィン」と言って、子どもたちにお菓子を渡すならわしがあります。

11月

異名と由来

霜月
しもつき

旧暦の12月にあたり、寒さが増して本格的に霜が降りる月という意味から。「霜降月《しもふりつき》」ともいう。

主な行事カレンダー

3日…文化の日
8日頃…立冬
最初の亥《い》の日…亥《い》の子《こ》の祝い
酉《とり》の日…酉《とり》の市《いち》
15日…七五三
22日頃…小雪《しょうせつ》
23日…勤労感謝の日
新嘗祭《にいなめさい》

11月3日
文化の日

「自由と平和を愛し、文化をすすめる日」として、1948年（昭和23年）に制定された国民の祝日です。毎年皇居では、文化の発展に貢献した人たちに授与される文化勲章や各褒章などの親授式が行われます。

もともとこの日は明治天皇の誕生日であり、明治天皇が亡くなったのち、明治天皇の偉業をたたえるため「明治節」という名の祝日になりました。その後、1946年（昭和21年）11月3日に、平和と文化を重視した日本国憲法が公布されたことを記念して、この日を「文化の日」としました。

最初の亥の日
亥の子の祝い

旧暦10月の最初の亥の日、亥の刻（午後9時から11時）に、新穀でついた「亥の子もち」を食べて、無病息災や子孫繁栄を祈る、おもに西日本で行われる年中行事です。古代中国で行われていた風習が平安時代に日本に伝わったとされ、それが広まって、農村では収穫を祝って行われるようになりました。

亥の子もちを食べて子孫繁栄を祈るのは、イノシシが多産なことにあやかってだといわれます。

江戸時代には、庶民の間で亥の日に囲炉裏やこたつ、火鉢を準備する習慣がありました。五行説の影響で、亥は火に強いと考えられたためです。

酉の日
酉の市

酉の市は、毎年11月の酉の日に、開運の神様といわれる鷲《おおとり》神社や大鳥神社で行われるお祭りです。

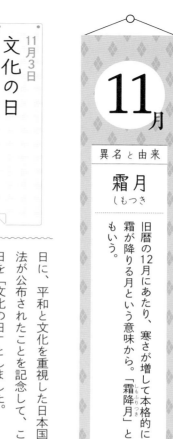

11月の最初の酉の日から順に、一の酉、二の酉、三の酉と呼び、三の酉まである年は、活気がありすぎて火事が多いという言い伝えがあります。

福をかき集める「熊手」

酉の市の名物は、七福神や宝船、鶴亀、大判小判などの飾りがついた熊手です。熊手は「福をかき集める」「福をつかんではなさない」などといわれ、開運招福や商売繁盛を願う縁起物。もともとはおかめ（お多福）としめ縄が付いたシンプルなものでした。

熊手は翌年のさらなる招福を願い、年々大きな熊手にかえていくとよいとされます。露店の店先で店主と客が値段の交渉をする光景も、酉の市の名物です。

11月15日 七五三

11月15日は七五三。3歳の男女児、5歳の男児、7歳の女児のお祝いで、無事に育ったことに感謝し、今後の健やかな成長を願って氏神様《うじがみさま》にお参りをします。

11月15日は、二十八宿という暦上の「鬼宿日《きしゅくび》」といって、鬼が自分の家にいて出歩かない日とされ、何をするにも最良とされる日です。そのためこの日にお参りするとよいとされていますが、最近では前後の都合のよい日に行うことが多くなっています。

11月23日 勤労感謝の日

「勤労をたっとび、生産を祝い、国民たがいに感謝しあう」ことを趣旨として1948年（昭和23年）に制定された国民の祝日です。

それ以前は「新嘗祭《にいなめさい》」と呼ばれる、古くから行われてきた宮中行事で、その年の収穫を祝い、農作物の恵みに感謝する日でした。

新嘗祭

五穀の収穫を祝う新嘗祭は、飛鳥時代より行われてきた重要な宮中祭祀のひとつ。その年に収穫された五穀を天皇が宮中の神殿に供え、恵みに感謝し、自らも食す儀式です。

現在も皇居ほか各地の神社で行われています。

12月

異名と由来

師走《しわす》

日頃は落ち着いているお坊さん（師）でさえ、お経をあげるために走り回るほど忙しい月という意味から。

主な行事カレンダー

7日頃…大雪《たいせつ》
13日…正月事始め
22日頃…冬至
25日…クリスマス
中旬〜下旬…歳《とし》の市
31日…大晦日《おおみそか》

12月13日

正月事始め

12月13日は、古くから正月の準備を始める日とされています。昔は門松に使う松や、料理を作るときに使う薪などを採りに山に出かけたり、すす払いを行ったりしました。すす払いとは、1年間にたまった家のほこりを払い、きれいにしてお正月を迎えようと行う大掃除のことです。

正月事始めは、本来、竹竿の先にわらをくくりつけた「煤梵天《すすぼんてん》」と呼ばれる道具を使って、すす払いから始めるしきたりがあります。旧暦12月13日は、二十八宿の鬼宿というおめでたい日にあたっていたため、この日にすす払いを行ってお正月の準備をスタートさせたのです。

12月22日頃

冬至

二十四節気のひとつ。正午の太陽高度が1年で最も低くなり、いちばん夜が長く、昼が短くなる日です。旧暦では暦を計算する起点となる、大切な日でした。

冬至を過ぎるとまた日照時間が長くなっていくため、昔は、冬至の日は「一陽来復《いちようらいふく》」とも呼ばれました。一陽来復とは、冬が去って春が来ること、悪いことが続いたあとやっと幸福が巡ってくることを意味しています。この日を境に太陽の力が戻り、これから運が上がってくる日と考えられていました。

ゆず湯に入りかぼちゃを食べる

冬至には、ゆず湯に入るとカゼをひかないとされ、ゆずを浮かべたお風呂に入るならわしがあります。また、冬に不足しがちなビタミン類を多く含んでいるかぼちゃを食べて無病息災を願います。名前に「ん」のつく食べ物を食べると運が呼べるともされ、「ナンキン（かぼちゃ）」「レンコン」「ニンジン」「ギンナン」「キンカン」「カンテン」「ウンドン（うどん）」は冬至の七種といわれます。

12月25日 クリスマス

12月25日はイエス・キリストの誕生を祝うクリスマス。その前日の晩がクリスマス・イブです。本来はキリスト教のお祭りですが、日本では宗教的意味合いはあまり重要視せず、年末のイベントとして楽しまれています。

クリスマス・ツリー

ツリーに使われるもみの木は、冬でも落葉しない常緑樹で、生命力の象徴とされています。ツリーの飾りはすべてキリストにまつわるもので、いちばん上に飾る星はキリスト誕生の際に輝いた星、キャンドルはキリスト、リンゴや玉飾りは善悪の知識の木の実を表し、ベルは迷える羊を導いてよい知らせを告げるという意味があるとされています。

サンタクロース

子どもたちにプレゼントを配るサンタクロースは、4世紀頃の小アジア（現在のトルコ）に実在した、貧しい人や子どもたちを救った司教聖ニコラウスがモデルといわれています。

貧しい少女の家に金貨（黄金の玉）を投げ入れて少女を救ったことから、クリスマスの前夜にプレゼントを配る伝説が誕生したとされています。

12月中旬～下旬 歳の市

しめ縄や門松などの正月飾りや縁起物、もちや乾物などの食品をはじめ、まな板、包丁といった日用品も並ぶ歳の市は、江戸時代の頃より新年を迎える準備をする人々でにぎわっていました。日用品も並ぶのはお正月から新しいものを使い始めるという風習があったからです。

歳の市の中でも、特に有名なのが浅草寺の歳の市で、今でも羽子板市として盛大に催されています。

12月31日 大晦日《おおみそか》

各月の最後の1日を「晦日」と呼び、その総しめくくりが12月31日の大晦日です。

大晦日の夜には、家族揃って年神様を迎えるために、寝ずに朝まで過ごす風習もありました。

神社では大祓《おおはらえ》という神事が行われます。6月の夏越《なごし》の祓《はらえ》に対して、12月31日は年越《としこし》の祓《はらえ》といい、半年間の罪や穢《けが》れを祓って清めます。

除夜の鐘

大晦日の夜、お寺では除夜の鐘をつきます。大晦日のことを旧年を取り除くということで「除日《じょじつ》」ともいい、その除日の夜につく鐘なので、「除夜の鐘」といいます。

人間がもつという１０８つの煩悩を鐘を鳴らしてひとつひとつ祓っていき、浄化して新年を迎えるために鐘は１０８回つくとされています。

また別の説では、十二か月、二十四節気、七十二候を足した数（12＋24＋72）が１０８になり、この数は1年を表すので、1年の無事や豊作を願うためともいわれています。

年越しそば

「年越しの晩にそばを食べれば運が開く」として、大晦日の夜に家族揃ってそばを食べる習慣は、江戸時代に広まりました。

そばはコシが強く長いことから、寿命が延びる、末長く繁栄するなど縁起を担ぐ意味があります。

現在でも年越しそばを食べる風習は一般家庭に残っています。年を越す前に食べきらないと縁起が悪いという説もあります。

二年参り

大晦日から元旦にかけ、年をまたいで神社やお寺をお参りすることを「二年参り」といいます。大晦日のうちに神社やお寺に参り、そこで新年を迎えることになります。

無事に1年を過ごせたことを感謝して穢れを祓い、新しい年の幸せを祈願します。

第7章

食事のマナー

食事を楽しみおいしく味わうため、周囲を不快にさせないようにマナーがあります。外食をするときには、とりわけその場に合わせたマナーが大切。さりげなく振る舞えるように身につけておきましょう。

和食のマナー

料亭に行くときには靴にも気配りを

あらたまった席での和食は多くの場合、和室でいただきます。料亭などでは玄関で靴を脱いで入りますが、その靴は店の人が片づけてくれるため、あまり汚い靴では失礼。靴をみがいて中敷もきれいにしておきましょう。また、和室に素足であがるのはマナー違反になるため、必ず靴下やストッキングをはいていきます。

靴は真っ直ぐに脱いだまま、自分で向きを直す必要はありません。片づけてくれる店の人に「お願いします」とひと言あいさつするとスマートです。

正座が基本になるので、女性はスカートであれば座ったときにひざが隠れる丈のものがいいでしょう。繊細な香りも楽しむ和食。香りの強い香水や化粧は控えましょう。

箸の使い方に上品さがあらわれてくる

和食を食べるうえで箸は欠かせないもの。箸を正しく使うことが和食のマナーの基本です。箸の上げ下げひとつで人に与える印象が大きく変わります。

箸は毎日使っているものだからちゃんと使えていると思いがちですが、変なクセがついていることも多いものです。一度見直してみるといいでしょう。

汚していいのは箸先の3cmまで

「箸先五分、おおくて一寸」という言葉があります。食べるときに使うのは箸先の1・5cm、「おおくて」も3cmまでということ。箸先はそれ以上汚さないで食べるものとされています。

これを意識すると料理も少しずつ取ることになり、口に含む部分も少なくなって、自然と上品な食べ方に。箸先の汚れ方を見れば育ちがわかるとされるほど、箸使いの大切なポイントです。

箸を休めるときは、箸置きに置きますが、その際、箸置きを汚さないよう、汚れた箸先を少し出して置くようにします。皿に箸をかけたり、器に渡したりするのはマナー違反です。

NG

人を不快にさせる箸の使い方「忌み箸」

忌み箸は昔からやってはいけないといわれる箸の使い方。次のようなものがあります。

刺し箸	料理に箸をつき刺す。
探り箸	器の中の料理を箸でかき混ぜて探る。
迷い箸	何を食べようか迷って料理の上で箸をうろうろさせる。
寄せ箸	箸で器を引き寄せる。
涙箸	箸先の料理から汁や醤油をポタポタたらしながら運ぶ。
指し箸	箸先で人や料理などをさす。
ねぶり箸	箸先をなめる。
込み箸	料理をほおばり箸で押し込む。
もぎ箸	箸についたご飯の粒などを口でもぎ取る。
空箸	料理に箸をつけたのに取らずに箸を戻す。
握り箸	箸を握るように持つ。
逆さ箸	箸を逆さにして使う。
ちぎり箸	箸を両手に1本ずつ持って料理をちぎる。
移り箸	あいだにご飯をひと口も食べず、おかずからおかずに箸を移す。
振り箸	箸先についた汁などを振って落とす。

箸の取り上げ方

1

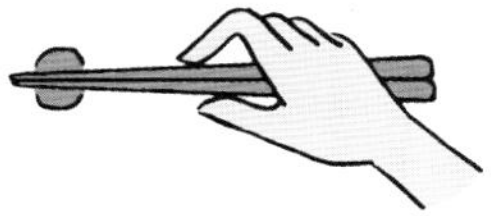

右手で箸を取る。

2

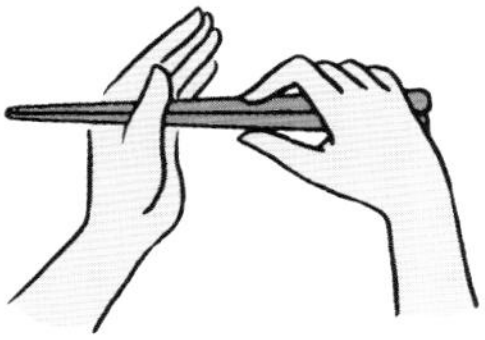

左手を下から添える。

3

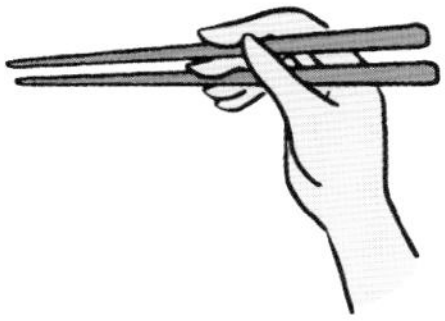

右手を箸の下にすべらせながら回し正しく持つ。

※箸を置くときには、この逆の順で、左手を下から添え、右手で箸を上から持ち直し、左手を離して右手でそっと置く。

CHECK!

姿勢よく座ることで美しい所作ができる

食事中大切なのは、姿勢を正していること。背筋が伸びていないと、美しい所作ができません。テーブルの器に顔を近づけ、背中を丸めたり、首を前に出したりして食べるのは「犬食い」といわれて嫌われ、見苦しいものです。箸の扱いの前に、まずは姿勢をよくしましょう。

器ごとに異なる扱い方にも気をつけて

器を手に持って食べることも、和食の特徴のひとつ。ただし、どんな器も持てるわけではなく、大きな皿を持つのはマナー違反になります。

持っていいとされるのは、飯碗、汁椀、どんぶり、小鉢、茶碗蒸しの器、醤油の小皿、つけ汁の器など手に乗る大きさの器です。器を手に持たないと姿勢が悪くなります。飯碗や汁椀は必ず持ちましょう。

持ってはいけないのは、刺身、焼き魚などの平皿、揚げ物の器、大皿、大鉢などです。

また、器を大切に扱うこともマナーのひとつ。持ち上げるときも、置くときも箸はいったん置いて、器を両手で扱うと粗相《そそう》はありません。

CHECK!

割り箸を割るときは扇を開くように

割り箸は、ひざの上で箸先を左にして寝かせて持ち、扇を開くようにして割ります。顔の前で縦に持って左右に割るのはNGです。食べ終わったら、折った箸袋にさして箸先の汚れを隠しておきましょう。

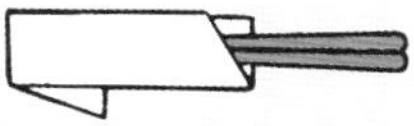

NG

汁がたれるのを「手皿」で防ぐ

多くの人が行いがちなマナー違反が、汁がたれないように左手を受け皿のようにして使う「手皿」。これは清潔にしておくべき手を汚してしまうのでNG。自分の手を使わず、汁椀のふたなどを持てばOKです。また、懐紙を持っていれば、懐紙を小皿のかわりに持って使えます。

器と箸の取り上げ方

1

器を両手で取り上げて左手に移す。

2

右手で箸を取り上げ、左手の指先に箸をはさむ。

3

右手をすべらせて、下から正しく箸を持ち、左手から箸を離す。

※置くときはこの逆の順に、左手の指先に箸をはさみ、右手で箸を上から持ち直したら左手を離し、箸を置いてから、両手で器を持って置く。

盛りつけを楽しみ皿の上を汚さない

料理に合わせた器や盛りつけを味わうのも和食の大切な楽しみ方です。美しい盛りつけをぐちゃぐちゃにくずしてしまうような食べ方はスマートとはいえません。端から中央へ、手前から奥へと盛りつけをくずさないように順に取って食べていくのが基本です。

お造りは、味が淡白なものから食べていくとおいしく食べることができます。多くの場合、淡白な白身の魚が手前に盛りつけられているので、手前から順に食べていけば自然にそのように食べることができます。

また、魚の骨や食べ残しが皿の上に散らかっているのは見苦しいもの。残ったものは皿のすみにまとめておくのがマナーです。

CHECK!

懐紙を利用してワンランクアップ

懐紙はふたつ折りにされた小型の和紙。受け皿のかわりにする、食べているときに口元を隠す、口元の汚れをぬぐう、料理をつまんだり押さえたりする、食べかすを覆って隠す、テーブルを拭くなど、食事中さまざまに使え、懐紙を利用するだけでグッと上品な印象にもなります。ふたつ折りにした輪を手前にして利用するのが基本。ナプキンの上あるいは下に用意しておき、取り出して使えばスマートです。使った懐紙は懐紙入れに入れて持ち帰ります。

ふたつきの器の扱い方

ふたを取る

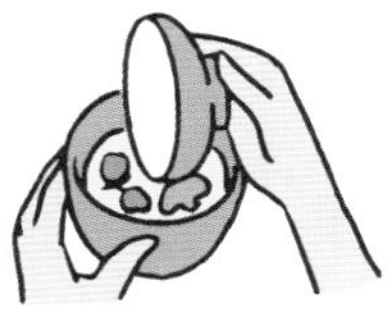

左手で器を押さえ右手ではずす。ふたの裏に水滴がついていたら、ふたを傾け器の中に水滴をたらす。

ふたを置く

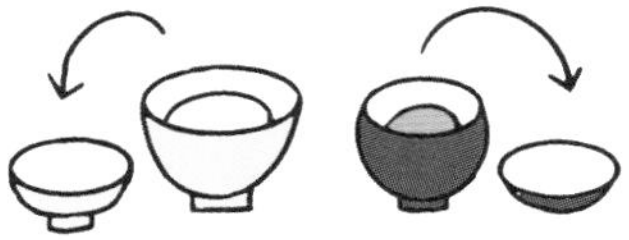

真ん中より右にあった器のふたは右側に、左にあった器のふたは左側にそれぞれ裏返して置くのが基本。ふた同士を重ねたりしない。

食べ終わったら

器にもとのようにふたをかぶせる。器を傷めることもあるので裏返しにのせたりしない。

洋食のマナー

店の雰囲気に合う装いと振る舞いを

洋食の店にはさまざまなタイプがあります。出かけるときには、その店の雰囲気に合った服装をするよう気をつけます。あらたまった食事の場では、その場の雰囲気を壊さないようにすることも大切なマナーだからです。強すぎる香水の匂いにも気をつけましょう。

店に入ったら勝手に席を選んで座ったりせず、案内に従って席に着きます。店の人が初めに引いてくれる椅子が上座です。目上の人、またその食事の主役から座ります。男性と女性の場合は、女性から座るのが基本です。

椅子に座るときは基本は左から入り、店の人が椅子を押して椅子がひざの裏に当たったらゆっくり腰をおろします。立ち上がるときも左から出ます。

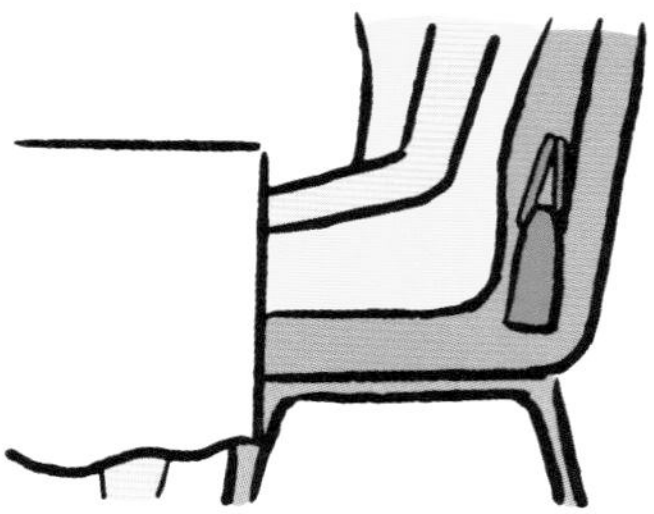

テーブルからお腹までが握りこぶしひとつ〜ふたつ分の位置に座ると食べやすい。バッグは背もたれと背のあいだに。大きな荷物は預けるか、足元に。

並んだカトラリーは外側から順に取って使う

フルコースではあらかじめテーブルの上に、皿を中心として右にナイフ、左にフォークがセットされています。ナイフもフォークも外側からコースの流れにそって並んでいるので、外側から順に使っていきましょう。位置を勝手に動かしてはいけません。

ナイフは右手、フォークは左手に持って使います。料理を口に運ぶのは、フォーク。ナイフで料理を口に運んだり、ナイフをなめるのはNGです。

グラスは右手前から順に並んでいますが、飲み物を適したグラスに注ぐのは店の人なので任せておきましょう。注いでもらうとき、グラスはテーブルに置いたままにするのがマナー。飲んだあとは、もとの位置に戻しましょう。

基本のテーブルセッティング

❶位置皿
❷スープスプーン
❸オードブル用ナイフ・フォーク
❹魚料理用ナイフ・フォーク
❺肉料理用ナイフ・フォーク
❻バターナイフ
❼パン皿
❽コーヒー用スプーン
❾デザート用ナイフ・フォーク

NG

フォークを右手に持ちかえて使う

フォークは左手で使うもの。利き手のほうが使いやすいと、右手に持ちかえて使ってはいけません。カジュアルな店では許される場合もありますが、フォマールな場や格式のあるレストランでは控えましょう。

？こんなときどうする？

カトラリーを落としてしまったときは

うっかりカトラリーをテーブルの下に落としてしまったときは、店の人に頼んで、新しいものを持ってきてもらいましょう。自分で拾うのはマナーに反します。

使う順番を間違えて、違うカトラリーを使ってしまったときも、店の人が足りないものを揃えてくれるのであわてずに。その料理はそのカトラリーで食べてもかまいません。

ナイフ・フォークの置き方

食事中

皿の上にハの字になるように置く。ナイフの刃は内側に向け、フォークの先は下向きに。

食べ終わったとき

ナイフとフォークを揃えて置く。国によって置く角度に違いがあるが、日本では右側に斜めに置くのが一般的。ナイフの刃は内側、フォークの先は上向きに。

用意されたナプキンは必ず使う

カトラリーの扱い同様に大切なのが、ナプキンの使い方です。口をぬぐうのに自分のハンカチを使うなど、用意されたナプキンを使わないのはマナー違反。使わないと「汚れているので使わない」というメッセージに受け取られてしまい、大変失礼です。ナプキンを有効に使いましょう。

ふたつ折りにしてひざの上にかける

ナプキンはあまり早く広げすぎると料理をせかしているようですし、遅すぎてあわてて広げるのもスマートではありません。飲み物や最初の料理が運ばれてくるのを見計らって広げましょう。主賓や上座の人がいるときは、続いて広げるようにすればOKです。

ふたつ折りにして、折り目が手前にくるようにひざにかけて使うのが一般的。口元や手の汚れをぬぐったり、魚の骨などを口から出すときに口元を隠したりするのに使います。

汚れをぬぐうときには、ふたつ折りにした内側を使いましょう。これは、汚れが見えないようにするためです。

ナプキンの置き方

食事中

ふたつに折って、折り目を手前にひざの上に。

中座するとき

中座は本来マナー違反。やむを得ないときは、椅子の上に置くか、椅子の背にかける。

帰るとき

汚れが見えないように軽くたたんでテーブルの左上に。ぐちゃぐちゃでは見苦しいが、ていねいにたたむと「料理がおいしくなかった」という意味になることも。

CHECK!

グラスに料理の油をつけない

料理の油がグラスにつくと飲み物に油が浮くなどして、見た目もよくありません。グラスに口をつける前には、ナプキンで口をぬぐいましょう。こすらずに軽く押さえるようにすると上品です。口紅はグラスにつかないように、席に着く前におさえておくのがマナーです。

皿を動かさない 音を立てない

細かいマナーには諸説ありますが、共通する大きな決まり事としてあげられるものに、皿を動かさないことがあります。皿を持ち上げたり、位置を変えたりしてはいけません。

もうひとつは、音を立てないこと。ナイフやフォークを使うときにカチャカチャと音を立てないように気をつけましょう。スープなどをすする音もとても嫌われます。

大声で話したり笑ったりするのも控えましょう。店の雰囲気を壊すことがあるからです。自分も周囲の人も食事を楽しめるように振る舞うのがマナー。カトラリーやナプキンが完璧に使えたとしても、ほかのところで気遣いを忘れては台無しです。

NG

これはだめ
食べ方のマナー違反

ステーキを初めに全部切る

ステーキやソテーなど、ナイフで切り分けながら食べる料理を、初めに全部切り分けてしまうのはNGです。せっかくの料理の味をそこない、見た目もよくありません。

ナイフが必要なくなれば、フォークを右手に持ちかえたくもなるもの。左端からひと口分ずつ切って食べましょう。

パンをかじって食べる

パンはひと口で食べられる大きさに手でちぎって食べます。そのままかじって食べたり、ナイフで切ったりしてはいけません。バターはちぎったあとに、ひと口ずつつけて食べるようにします。

また、テーブルに落ちたパンくずを自分ではらったり集めたりするのはNG。店の人に任せましょう。パンは肉料理とともに食べ終わるようにします。

気をつけたいテーブルでの振る舞い

●ナイフとフォークを振り回す
話に夢中になると行いがちなので注意。

●ゲップをする
大変失礼な行為とされるので、小さな声で「失礼しました」とおわびを。

●くしゃみ、あくびをする
どうしても出てしまいそうなときはうつむき、ナプキンなどで隠して。

●テーブルにひじをつく
テーブルにのせていいのは手首から先。

●足を組む
姿勢がくずれ、印象もよくない。

●髪の毛をいじる
落ちてくる髪はあらかじめ留めておく。

●携帯電話で話す
電源を切るか、マナーモードにしておく。テーブルの上にのせるのは厳禁。写真を撮るときは、店の人に確認してから。

●食事中に席を立つ
トイレや必要な連絡はあらかじめすませておくこと。

●口紅を塗るなど化粧を直す
化粧直しは化粧室で。

※ライスをフォークの背にのせて食べるのは、正式な場では控えて。日本人のみのカジュアルな席であれば、かまわないでしょう。

中国料理のマナー

円卓を囲んで楽しくなごやかに

中国料理は、大きな円卓を囲み、大皿の料理を取り合って食べるのが一般的。集まった人たちでなごやかに食事を楽しみます。

円卓には席次があり、料理は主賓から取るのが決まり。そのあと円卓の中心にある回転テーブルを時計回りに回して、ひとりずつ料理を取っていきます。和食や洋食ほど細かい決まりはありませんが、独特のマナーがあります。いっしょに円卓を囲む人たちを不快にさせない気配りが何よりも大切です。

円卓の席次

部屋の出入り口にいちばん近い席が末席。そこからいちばん遠い席が主賓席。

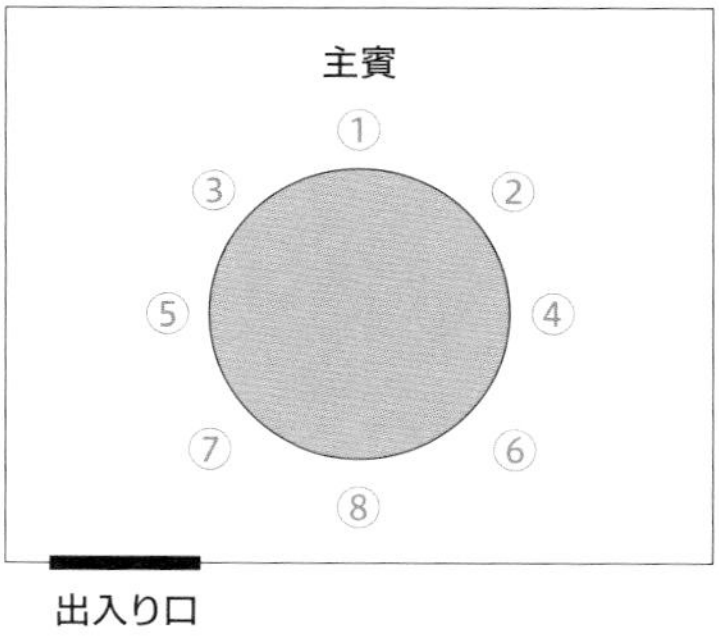

料理は正面にきたものをそれぞれ自分で取る

回転テーブルにのった料理が自分の正面にきたら、自分の分だけ料理を取ります。人の分まで取り分ける必要はありません。それぞれが取るのがルールです。取り皿に取った料理を残すのは失礼なので食べられる分だけを取りましょう。

取り分けるサーバーなどの柄が回転テーブルのふちからはみ出さないよう、使い終わったら奥にしっかり戻し、次の人の正面に料理がくるようにテーブルを回します。立ち上がって正面にない料理を取ったり、取り皿を持ち上げて取ったりしてはいけません。

料理の味が混ざらないよう、取り皿は料理ごとに新しいものに取りかえるのが基本です。

箸とれんげで食べ器は持たない

食事をするのに使うのは、箸とれんげです。中国料理では飯碗以外の器を持って食べるのはマナー違反。取り皿も持ち上げることができません。そこでスプーンや受け皿のように使えるれんげが活躍します。スープを飲むときなどスプーンがわりに使うときには右手に、受け皿がわりにするときには箸を右手、れんげを左手に持ちます。

箸は日本のものより長く、縦に置くのが基本。箸もれんげも使わないときは、取り皿に入れたままにせず、箸置き、れんげ置きに戻します。

れんげは、人差し指を柄のくぼみに入れ、親指と中指で柄をはさんで持つ。

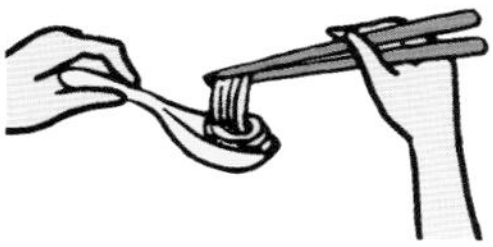

箸とセットで使うときには左手に。持ち方は右手で持つときと同じ。

NG

麺をすすり音を立てて食べる

普段ラーメン店などでは麺をすすって食べてもOKですが、フォーマルな場で音を立てるのは厳禁。箸でひと口分の麺をつまみ、左手で持ったレンゲで麺や汁を受けながら食べます。左手で持ったれんげはそのまま口に運ぶことはしません。スープを飲むときは、必ず右手に持ちかえましょう。スープも音を立てないように飲みます。

気をつけたい円卓での振る舞い

● 料理を取ったらすぐ食べ始める

ひと皿目の料理は全員が取り終わるまで待ってから食べ始めるのがマナー。

● 好きな料理だからたっぷり取る

料理が全員に回るように取る量を考え、ひとり分よりやや少なめに取るようにする。全員が取ったあと大皿に残った料理は食べたい人が自由に取ってOK。

● いきなり回転テーブルを回す

テーブルを回すときは料理を取っている人がいないかよく確かめて。

● 回転テーブルに使った皿を置く

回転テーブルの上には、大皿料理や調味料、お茶のポットなど、皆が使うものだけをのせる。邪魔だからと使い終わった皿やグラスをのせるのはNG。ビール瓶など背の高いものも倒れやすいのでのせないようにする。

酒席のマナー

親睦を深める機会として飲みすぎには注意する

職場や親族、友人たちとなど、お酒の席に出る機会はいろいろあります。酒席では、なごやかに同席した人たちとの親睦を深めたいものです。箸使いなどの基本的な食事のマナーは酒席であっても変わりません。大声で騒いだりして、ほかの客の迷惑にならないように気をつけましょう。

楽しいからと飲みすぎるのは厳禁。飲みすぎは失礼をするもとです。特にあらたまった場やビジネスシーンでは、すすめられるままに飲まないよう、自分に合った量にとどめることが大切なポイントです。

体調によっても適量は変わります。無理をしないよう、断るときには遠慮していると思われないようにはっきり断りましょう。

グラスが空いたら声をかけてからお酌をする

お酌をしたり、されたりしながらいただくのもお酒ならではの楽しみ方。周囲の人のグラスや盃が空いたら、「ビールはいかがですか」などとたずねてみましょう。いきなり注ぐのはマナー違反です。あふれさせないよう気をつけて、なみなみ注ぐと相手も飲みにくくなってしまうのでほどほどにしましょう。

ビール瓶やとっくりは右手で上から持ち、左手を下から添えます。ラベルや絵柄が上にくるように持ちましょう。左手を添えるとていねいですし、注ぐ量の調節もしやすくなります。

相手に断られたら、無理にすすめるのはやめましょう。

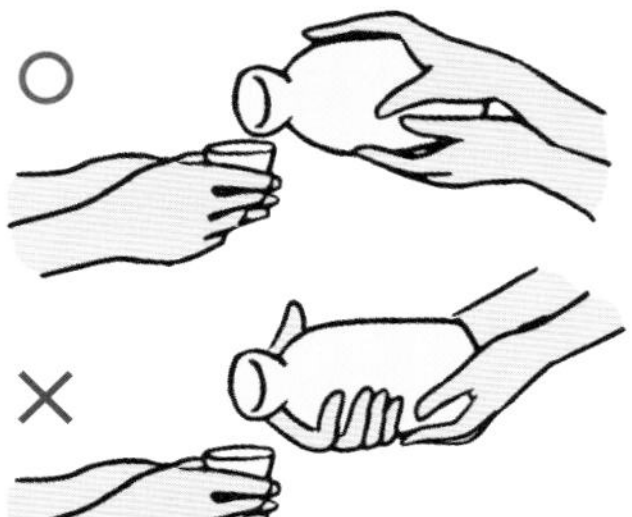

ビール瓶やとっくりは上から持つ。下から持って注ぐのは「逆手注ぎ」といって失礼とされる。

グラスや盃を持ってお酌を受ける

お酒をすすめられて受けるときには、「ありがとうございます」「いただきます」と、グラスや盃を手に持ちます。もしもお酒が残っていたら、飲んでから注いでもらいます。

注いでもらうときは、正座をし直すなど姿勢を正しましょう。グラスも盃も右手で持ち、左手を下に添えるのが基本の形。男性は盃を左手だけで持つともされますが、左手で持ったときも右手を添えたほうがていねいです。

注いでもらったら、いったんテーブルに置くかひざ元に戻してから飲みます。注いでもらってそのまま飲むのは「受け吸い」といわれるマナー違反です。相手に「いかがですか」とお返しをすすめてもいいでしょう。

こんなときどうする?

お酌を断るとき、お酒が苦手なとき

お酌を断るときは、グラスのふちに指を軽く当てたり、盃の上に手をかざしたりして、「ありがとうございます。もう結構です」「もう十分いただきましたので」などと伝えます。グラスや盃を空にするとお酌をされるので、お酒は残しておくといいでしょう。

お酒が苦手なときは、正直に「不調法でして」「お酒に弱い体質なので」「具合が悪くなってしまうので」と断っても失礼ではありません。相手も無理にすすめないはずです。「私の分も召し上がってください」と相手にすすめるのもいいでしょう。

CHECK!

グラスは持たずにワインを注いでもらう

ワインは、ビールや日本酒とは違い、グラスをテーブルに置いたまま注いでもらうのがマナーです。

基本的に店の人が注ぎます。自分たちで注ぐ場合、男女が同席していたら男性が注ぐのがマナーとされます。気をつける点は、ラベルが見えるように持つことと、グラスいっぱい注がないこと。グラスを回して香りを楽しんだりするため、注ぐのはグラスの3分の1くらいまでにします。飲むときにはグラスの脚を持ちます。

CHECK!

無礼講と言われてもマナーは守る

「無礼講」は上下の関係や作法などを無くして行う宴会をさす言葉。しかし、「今日は無礼講で」と目上の人が言ったとしても、無理にくだけた言葉を使ったり、騒いだりする必要はありません。楽しく飲もうというくらいの意味ととらえて、基本的なマナーをきちんと守るのが正解です。

立食パーティーのマナー

長時間立つことを考え装いを整える

立食パーティーでは、出席者が自由に移動しながら食事や会話を楽しみます。出席するときには、ずっと立ったままで動くことや、自分で料理を取ることなどを考えて当日の装いを整えることが必要です。

靴は、長時間立っていても疲れにくいはき慣れたものがいいでしょう。ヒールがある場合は、同じ高さでも太いヒールのほうが疲れにくいものです。新しい靴を用意したときは、パーティー前に何度かはいて慣らしておいたほうが安心。立ち歩いていると靴も目立つので、よく手入れもしておきましょう。楽だからといって、カジュアルすぎるものを選ぶのはNGです。

大きな荷物はクロークに預けますが、貴重品などを入れたバッグはパーティーのあいだずっと持っていることに。料理を取ったり食べたりしやすいよう、両手が空く、肩や腕にかけられる小ぶりのものがよいでしょう。

たくさんの人と人のあいだを移動することを考え、服もすっきりと動きやすいものに。袖口が広がっているものは料理を取るときに邪魔になるので避けたほうが無難です。

また、料理を取るときや食べるときに顔にかかって邪魔になるような長い髪は、まとめておくのがベスト。香りの強い香水はほかの食事シーン同様、迷惑になるので控えましょう。

立ったままの立食パーティーでは、常に全身を見られることになります。全身のバランスがとれた装いを目指しましょう。

CHECK!

美しく見せるには姿勢が大事

全身を見られるときには、姿勢も重要なポイント。姿勢ひとつで与える印象が大きく変わります。料理を取るとき、疲れてきたときなどには、背中も丸くなりがちです。せっかく全身をバランスよく装ったとしても、姿勢が悪いと台無し。当日は背筋を伸ばすことを意識しましょう。

周囲に気を配りながら移動する

会場では料理や飲み物を持って大勢の人が移動しています。ぶつかって料理や飲み物が服については大変です。周囲には気を配り、ゆったりと動くことを心がけましょう。

移動するときは、皿やグラスは胸の高さに持ちます。腕をおろした位置で持つと、傾いたり人にぶつけたりしがちだからです。両手に皿を持つのはマナー違反。皿とグラスを片手で持って、右手を空けておくのがスマートです。

コース料理の順番で料理を取るのがマナー

料理は一般的にオードブル、魚料理、肉料理というように、コース料理の順に並んでいます。その流れにそって順番に取っていきましょう。好物だからといって、いきなりフルーツを取ったりするのは避けるべき。料理をとったらテーブルからはすぐ離れます。

料理の取り方の基本

- 大皿の料理は盛りつけを壊さないよう、手前から取る。
- 冷たい料理は冷たい皿、あたたかい料理はあたたかい皿を使い、同じ皿には取らない。
- １枚の皿には２～３種の料理を少しずつ取る。山盛りにはしない。
- 新しい料理を取るときは皿を変え、同じ皿を使い回さない。
- ほかの人の分まで取らない。
- 取った料理は残さず食べるのが原則。自分が食べられる量だけ取る。

人差し指と中指で皿をはさみ、グラスを上に乗せて親指と人差し指で支える。フォークは薬指と小指、あるいは中指と薬指の間に先が自分のほうを向くようにはさむ。難しいときは、グラスを右手で持って。

CHECK!

人と話すときにはグラスだけ持つ

人と話をするときには、食事を中断します。そのとき、料理の皿をサイドテーブルに置くとスマート。話しかけられたときに近くにサイドテーブルがない場合はしかたありませんが、自分から会話をしに行くときには、手にはグラスだけを持つようにしましょう。

NG

使い終わった食器をメインテーブルに置く

使い終わった皿やグラスは、サイドテーブルに置くか、ウエイターにさげてもらいます。料理が並んでいるメインテーブルに戻すのはマナー違反。絶対にやめましょう。

使用ずみの皿の上はできるだけ見苦しくないように、食べかすなどをすみにまとめておきましょう。

料理だけでなく会話も楽しむ

立食パーティーは、食事を楽しむだけでなく、動き回ってたくさんの人と交流するための場。どちらかといえばそちらがメインです。1か所でじっとせずに、会場を移動してほかの参加者との会話を楽しみましょう。主催者や主役にもあいさつをします。

大切なのは笑顔。「にぎやかなパーティーですね」「すてきなスピーチでしたね」などと話しかけるといいでしょう。明るい話題を選び、相手の顔を見て話します。はっきりと話すことは必要ですが、大声にならないように。逆にヒソヒソ話すのも感じが悪いのでやめましょう。

だれとでも会話しやすいのは、スポーツや映画、音楽など趣味の話です。

気をつけたい会場での振る舞い

- **メインテーブルのそばで話し込む**
  料理が並ぶメインテーブルのそばに陣取っていては、料理を取る人の邪魔に。
- **出入り口近くから動かない**
  あまり奥に行くのは気が引けると出入り口付近にとどまっていると邪魔になる。移動するのがマナー。
- **バッグを置いて席を取る**
  椅子は人が座るところ。バッグは置かない。
- **椅子に座ったまま動かない**
  会場には人数分の椅子はないため、基本的にお年寄りや具合の悪い人のためのものと考えて。少し休むだけならOK。
- **一部の仲間だけで盛り上がる**
  会場を移動してたくさんの人と会話を。一角を占拠して盛り上がったりしてはダメ。
- **スピーチを聞かない**
  スピーチの最中は、そちらに体を向け、食事の手も止めて聞き、拍手もしっかりと。
- **会場内で化粧を直す**
  いくら端のほうでも人目につくもの。
- **お開き後も話している**
  会場の迷惑になる。話の続きは別の場所で。

NG

パーティーの場で避けるべき話題

楽しく会話をするためには、話題選びが大切です。一般的に避けたほうがいいとされている話題には、政治の話、宗教の話、人の悪口やうわさ話、汚い話や下品な話などがあります。また、相手のプライベートを聞き出したり、自分の自慢話をするのもやめましょう。

CHECK!

人を紹介するときは身内から

パーティー中は、人を紹介するシーンもあるでしょう。初対面のふたりをそれぞれに紹介するときは、まず自分に近い立場、あるいはふたりの内で目下にあたる人のことを「こちらは会社の同僚の○○さんです」などと紹介。それから目上の立場の人を紹介します。

第8章

手紙のマナー

伝達ツールとして便利なメールが主流になっている昨今ですが、お礼やお祝い、おわびなど、よりていねいに気持ちを伝えるのに手紙は有効な手段です。基本的なルールを覚えて、手紙で思いを伝えましょう。

手紙の基本構成

正式な手紙は基本を守って書くことがポイント

あらたまったお礼やお祝いは、手紙で気持ちを届けるのがいちばんていねいな形です。手紙は難しそうというイメージをもつ人もいますが、基本構成を知っておけば、スムーズに読みやすい手紙を書くことができます。

手紙は前文、主文、末文、後付けという、４つのパートで構成されます。前文は初めのあいさつ、主文は用件、末文は結びのあいさつ、後付けは日付や署名、あて名です。それぞれのパートには、頭語と結語や時候のあいさつ、結びのあいさつなど、手紙特有の言い回しがあります。親しい人への気軽な手紙ではあまり気にしなくてもよいでしょうが、目上の人や、あらたまった手紙、おわびの手紙などでは、特に基本構成にのっとって書くことが大切です。

あらたまった手紙は白い便せんに縦書きで

便せんはいろいろな種類がありますが、あらたまった手紙では白い便せんと封筒を使うのが正式です。はがきは略式になるので不適切。また、はがきは内容が第三者に読まれる可能性もあります。プライバシーに関する内容ならば、短い文面でも封書で送るのがマナーです。

筆記具は黒か紺の万年筆もしくは毛筆（筆ペンでも可）が正式。水性ボールペンでもかまいませんが、油性ボールペンは避けましょう。

あらたまった手紙は縦書きにします。横書きは親しい相手への一般的な内容のときだけにしましょう。最近ではパソコンで手紙を作成するケースも増えています。書き損じがなく、手書きよりもかえって文字が読みやすいというメリットがあります。ただしパソコンで作成した場合でも、署名だけは直筆で書くのがマナーです。やはりあらたまった手紙では、ていねいな手書きが好まれるでしょう。

相手を示す言葉や名前を行末に書かない、自分や身内を表す言葉を行頭に書かないという点も気をつけましょう。

手紙文の構成

前文　主文　末文　後付け

①拝啓

②春の便りも聞かれ始める頃となりました。

③ご家族の皆様には、お元気でお過ごしのことと存じます。私どももおかげさまで皆元気にしております。

④このところすっかりご無沙汰してしまい申し訳ございません。

⑤さて、このたびは娘の小学校入学にあたり、あたたかいお心遣いをいただき誠にありがとうございます。いつも娘のことをお心にかけてくださり、心よりお礼申し上げます。

入学をとても楽しみにしている娘は、準備したランドセルを毎日うれしそうにしょってはおろしを繰り返しています。

5月の連休には、娘を連れお礼かたがたおじゃまいたしたいと存じます。

⑥春とはいえ、朝晩はまだ肌寒い日もございます。お風邪などひかれませんようお祈り申し上げます。

⑦敬具

⑧令和〇年〇月〇日

⑨山田太一
樹里

⑩川田和美様

①頭語
手紙の冒頭に「拝啓」や「謹啓」などの頭語をつけます。女性の場合は「一筆申し上げます」というやわらかい表現も。

②時候のあいさつ
季節を表す言葉。頭語の下に1字分あけて書くか、改行して1字分下げて書き出す。

③安否のあいさつ
相手の健康をたずねたり、自分の様子を伝える。改行せずに時候のあいさつに続けて書いてもよい。

④お礼・おわびのあいさつ
日頃のお礼や、ご無沙汰していることへのおわびを。手紙の目的がお礼やおわびの場合、ここでは目的にふれずに、主文できちんと書く。

⑤用件
改行し「さて」「さっそくですが」「ところで」などの起こしの言葉を使って主文に入る。手紙の主題である用件がきちんと伝わるように、簡潔明瞭にまとめる。

⑥結びのあいさつ
改行して1字分下げ、相手の健康や活躍を願う言葉を書く。

⑦結語
改行し、頭語に対応する結語を、行末から1字分上げて書く。

⑧日付
改行して行頭から2〜3字下がったところから、手紙を書いた日付を書く。

⑨署名
改行し、結語と行末を揃えて、差出人の名前を書く。日下といって日の当たるところに自分の名前は書かないのがマナーなので、日付の行には書かない。

⑩あて名
改行して相手の名前を敬称をつけて書く。日付よりも書き出しが上になるように。

※追伸などの副文は、あらたまった手紙では失礼になるので書きません。

はがきの構成

蝉の鳴き声がにぎやかな頃となりました。
京香さん、いかがお過ごしでしょうか。
さて、このたびは見事な桃をお送りいただき、
ありがとうございました。桃が大好きな子どもたちは、
とてもみずみずしくて甘い味に大喜びでした。
いつもお心遣いいただき、本当にありがとうございます。
お返しというわけではありませんが、近所で評判の
おせんべいをお送りしました。ご笑納ください。
この夏は猛暑との予報ですので、
どうぞお体を大切になさってください。

かしこ

POINT

- 親しい相手ならば頭語は省略してもかまわない。結語は書く。
- 時候のあいさつは、「早春の候」「初夏のみぎり」など、短い文にまとめ、安否のあいさつと1行にまとめても。
- 安否のあいさつとお礼・おわびのあいさつは、どちらかだけでもかまわない。
- 用件を簡潔にまとめる。
- 署名やあて名は省略してもかまわない。

はがきは用件を簡潔にまとめる

はがきは略式の手紙なので、基本の構成は便せんに書く手紙と同じです。ただしはがきは書くスペースが限られているので、前文や末文はできるだけ短くまとめて、主文のスペースを確保することがポイント。全体を10行前後にまとめられるように工夫して、文字の大きさを調整するとよいでしょう。

はがきに適しているのは、お中元やお歳暮の送り状、親しい相手からの贈り物に対するお礼、近況報告、季節のあいさつ状、案内状や招待状など。目上の方へのお礼やお見舞い、お悔み、おわび、催促、お願いなどは、封書にするのがマナーです。相手と用件によって、ていねいな封書と気軽なはがきを使い分けるようにしましょう。

一筆せんの書き方

POINT

- 頭語や時候のあいさつも省き、用件から始めてもかまわない。
- 親しい人とのやりとりに使うのが基本。あらたまった贈り物の送り状ははがきや封書で。
- 用件は簡潔にまとめる。一筆せんが何枚にもなるようなら、便せんを使うようにする。
- 相手の名前を入れる場合は、冒頭に入れる。
- 絵柄入りの一筆せんでは、文字が絵柄にかかるときは読みにくくならないように気をつけて。

贈り物に添えて

みなさんお変わりありませんか？
先日電話でお話しした試写会のチケットをお送りいたします。
急に都合がつかなくなってどうしようと思っていたところ、
行きたいと言ってくれる人にお渡しできて本当によかった。
楽しんでいただけたら幸いです。

真奈美

忘れ物に添えて

沙織さん
先日は久しぶりにみんなに会えて楽しかったですね。
早速ですが、ご連絡したペンケースをお送りします。
車の後部座席に落ちていることに気づかず、
お戻しするのが遅くなってごめんなさい。
またみんなで集まれる機会を楽しみにしています。

花子

一筆せんは気軽に品物に添えて

一筆せんは特に書き方に決まりがありません。形式にとらわれない気軽さが、一筆せんのいちばんの魅力です。お土産やおすそわけ、借用品の返却やチケット類の送付など、品物に一筆せんを添えると、ぐっと受け取り手の印象がよくなります。

書き出しと結びの組み立て

頭語と結語の組み合わせ

手紙の性質	頭語	結語
一般的な手紙	拝啓　拝呈　啓上　一筆申し上げます 初めてお手紙を差し上げます	敬具　敬白　拝具 かしこ
あらたまった手紙	謹啓　謹呈　恭啓　粛啓 謹んで申し上げます	謹言　謹白　頓首 あらあらかしこ
急用の手紙	急啓　急白　急呈　取り急ぎ申し上げます	草々　匆々　早々　かしこ
前文を省略する手紙	前略　冠省　略啓　寸啓 前文おゆるしください 前略ごめんください	草々　不一　不尽　かしこ
返事の手紙	拝復　復啓　敬復 お手紙拝見いたしました お手紙ありがとうございました お返事申し上げます	敬具　敬白　拝具　かしこ
重ねて出す手紙	再啓　再呈　追啓　重ねて申し上げます	敬具　敬白　拝具　かしこ

※「かしこ」は女性の使用するやわらかい言い回しの結語。

書き出しと結びの言い回しを組み立てる

頭語と結語は、「拝啓」ならば「敬具」というように、使うペアが決まっています。一般的な手紙では頭語を書きますが、親しい人へは頭語を省いて「桜の花が町を彩る頃となりましたね」といったように、時候のあいさつから書き始めてもよいでしょう。ただし頭語を省いた場合でも、結語は省きません。

また、前略は「前文を省略します」という意味なので、そのあとに「すっかり春めいてきました」などの時候のあいさつは続けません。前略を使った場合は、すぐに本文に入りましょう。

手紙の書き出しと結びには、このような言い回しのルールがあります。手紙の内容に合わせて組み立てると、きちんとした手紙を書くことができます。

書き出し文例

安否のあいさつ（相手側の安否をたずねる）

- 皆様にはその後お変わりございませんか
- ご家族の皆様にはお元気でお過ごしのことと拝察いたします
- ○○様におかれましては、ますますご健勝のこととお喜び申し上げます

安否のあいさつ（自分側の安否を伝える）

- おかげさまで私どもは、相変わらず元気に過ごしております
- おかげさまで、こちらも元気にしておりますのでどうぞご安心ください
- おかげさまで私もつつがなく暮らしておりますので、ご安心ください

お礼のあいさつ

- このたびは大変お世話になりありがとうございました
- 先だってはひとかたならぬお心遣いをいただき心よりお礼申し上げます
- 過日は格別のご高配を賜り、深謝申し上げます

おわびのあいさつ

- 日頃はご無沙汰を重ね、大変申し訳ございません
- 雑事にまぎれてご無沙汰をしてしまい心苦しく思っております
- 長らくご無沙汰いたしまして、恐縮に存じます
- 先日はご心配をおかけして誠に申し訳ございませんでした

起こしの言葉

- さて
- 先日は
- さっそくですが
- このたびは
- 突然ですが
- ところで
- 実は
- 承りますれば
- すでにご存じだと思いますが
- 前便でお伝えしましたが

結びの文例

用件を結ぶ

- まずは書中をもちましてお礼申し上げます
- 取り急ぎ、お知らせ申し上げます
- まずはお礼のみにて失礼いたします

健康を願う

- 末筆ながら○○様のご健康をお祈り申し上げます
- 末筆ではございますが、くれぐれもお体を大事になさってください
- 時節柄ご自愛のほどお祈り申し上げます

今後の指導を願う

- 今後ともご指導くださいますようなにとぞお願い申し上げます
- これからも変わらぬお力添えのほどお願いいたします

返信を求める

- お手数ながらお返事いただきたくお願い申し上げます
- 誠に勝手ながらご回答いただければ幸いに存じます

伝言をたのむ

- 末筆ながら奥様によろしくお伝え願います
- お手数ながら○○様によろしくお伝えください

時候のあいさつ

1月

新春（初春／厳冬／大寒）の候（折／みぎり）
お健やかに新年をお迎えのことと存じます
初春にふさわしい穏やかな日が続いております
松の内も明けて
寒さ厳しい今日この頃ですが
春がしみじみ待たれるこの頃
寒に入り、いよいよ寒さが増してきました
日ごとに寒さが増しています

2月

向春（残寒／梅花／立春）の候（折／みぎり）
立春とは名ばかりの寒さですが
春まだ浅い今日この頃
暦の上では春とはいえ、寒い日が続いています
節分も過ぎ、春の訪れが待ち遠しい今日この頃
庭の梅の花がようやく楽しめる頃となりました
厳しい寒さが続きます
梅の便りも聞かれるこの頃

3月

早春（浅春／啓蟄／春暖）の候（折／みぎり）
桃の節句も過ぎ、春めいてまいりました
ひと雨ごとに暖かさが増す今日この頃
春とはいえ寒さがまだ残り
日差しもやわらかく、春めいて
桜のつぼみもふくらみ
桜の便りが聞かれる頃となりました
山の雪解けも始まり、水ぬるむ頃となりました

4月

仲春（春爛漫／桜花／陽春）の候（折／みぎり）
桜爛漫の季節ですが
やさしい春風が吹き始めました
桜の花びらが風に舞う季節となりました
花冷えの日が続いております
のどかな春の季節となりました
春風の心地よい季節となりました
春の訪れに心躍る今日この頃

5月

新緑（薫風／若葉／立夏）の候（折／みぎり）
若葉が目にしみる頃
五月晴れの心地よい日が続いております
若葉の緑も清々しいこの頃
風薫るこの季節に
初夏の日差しがまぶしい季節となりました
公園のつつじが満開となりました
新緑の清々しい今日この頃

6月

初夏（梅雨／向夏／麦秋）の候（折／みぎり）
梅雨冷えの肌寒い日が続いています
梅雨の季節となりました
入梅間近の今日この頃
雨に濡れた紫陽花が美しい季節となりました
うっとおしい梅雨空が続いております
梅雨の晴れ間に夏の到来を感じます
今年は空梅雨のようですが

7月

盛夏（大暑／猛暑／七夕）の候（折／みぎり）
梅雨明けが待たれる頃となりました
梅雨も明けていよいよ猛暑の季節に入ります
日ごとに暑さが厳しくなりますが
さっとひと雨ほしいこの頃
暑中お見舞い（目上には「お伺い」）申し上げます
夏空がまぶしい今日この頃
今年の夏は猛暑となりそうですが

8月

晩夏（残暑／立秋／処暑）の候（折／みぎり）
残暑厳しい毎日ですが
土用明けの暑さはひとしお強く
連日の熱帯夜
せみの声がにぎやかな頃となりました
立秋とは名ばかりの厳しい暑さが続いています
ひまわりの花が夏の庭に咲き誇っています
お盆を過ぎ、朝夕はしのぎやすくなりました

9月

初秋（秋涼／名月／新秋）の候（折／みぎり）
夕暮れの涼風が秋を思わせるこの頃
台風一過の秋晴れで
連日残暑が続いておりますが
暑さから解放され過ごしやすくなりました
日ごとに秋の気配が深まってまいります
空にいわし雲がみられる頃となりました
公園のコスモスが秋風にそよいでいます

10月

秋冷（紅葉／仲秋／菊花）の候（折／みぎり）
秋たけなわのこの頃
菊薫るこの季節
実りの秋を迎えました
秋晴れのさわやかな日が続いております
虫の音に深まる秋を感じるこの頃
街路樹の葉が少しずつ色づいてきました
秋風が心地よい季節となりました

11月

晩秋（霜秋／初霜／向寒）の候（折／みぎり）
紅葉が美しい季節となりました
朝夕めっきり冷え込むようになりました
落ち葉の舞い散る季節
うららかな小春日和が続いております
めっきり日が短くなってまいりました
晩秋の気配を感じる頃となりました
日ごとに風が冷たく感じる今日この頃

12月

初冬（寒冷／歳末／師走）の候（折／みぎり）
いよいよ冬将軍の到来です
今年も残りわずかになりました
師走のあわただしい頃
寒さが身にしみる季節となりました
年の瀬も押し迫ってまいりました
年末とは思えない暖かい日が続いております
街のイルミネーションがきれいな年末です

手紙の書き方とポイント

お礼の手紙

朝夕は肌寒くなってまいりました。

伯母様には、お変わりなくお過ごしのご様子何よりです。
❶このたびは出産祝いをありがとうございました。❷かわいらしいベビー服、今から着せるのが楽しみです。娘はおかげさまで母乳もたっぷり飲んで元気に育っています。私も海斗さんも、三人の生活にだいぶ慣れてきました。頼りない親ではございますが、❸今後ともよろしくご指導くださいますようお願いいたします。
年末には帰省しますので、その折りには親子三人でごあいさつにうかがわせてください。

まずは書中にてお礼申し上げます。

時節柄お体を大切になさってください。

❹かしこ

贈り物のお礼は届いたらその日のうちに

お祝いやお歳暮など、贈り物が届いたときは、なるべくその日のうちにお礼状を出しましょう。招待やお世話になったお礼も、感謝の気持ちが薄れないうちにお礼状を。

お礼の手紙では、原則としてお礼だけを書き、ほかの用件は書かないようにします。

POINT

❶親しい人へのお礼の手紙は、前文を省いて、お礼の言葉から始めてもOK。

❷いただいた品への感想を具体的に。

❸目上の人へは、今後の指導を願う言葉を添える。

❹頭語を省いても、結語は省かない。

拝啓　吹く風に春の訪れを感じる頃となりました。
日頃はご無沙汰をしてしまい申し訳ございません。
❶このたびは喜寿をお迎えになるとのこと、心よりお祝い申し上げます。
まだまだお元気でご活躍の叔父様ですから、とても喜寿という実感がわきませんが、これからもますますお元気で私たちを見守っていただきたいという願いを込めて、心ばかりのお祝いの品をお送りいたしました。

ゴルフがお好きな叔父様に使っていただける品をと、和彦さんと選びました。お気に召していただけたら幸いです。

なかなかお目にかかれませんが、どうぞ体調にはお気をつけて、❷いつまでもお元気な叔父様でいらしてください。

まずは書中にて、お祝い申し上げます。

敬具

喜びの気持ちが冷めないうちに知らせを受けたらすぐに対応を

お祝いの手紙はタイミングが大切。おめでたい知らせを聞いたら、相手の喜びの気持ちが薄れないうちにお祝いの気持ちを伝えましょう。

お祝いの品を贈る場合は、品物よりも先にお祝い状が届くようにします。お祝いの品物とお祝い状を同送してもよいでしょう。

POINT

❶ 何のお祝いなのかを明確にする。相手と親しい場合は、頭語や時候のあいさつは省いて、「お誕生日おめでとうございます」などと、祝う気持ちを表す言葉から始めても。

❷ 今後の活躍を願う言葉や、いっそうの健康を願う気持ちでしめくくる。

❶前文失礼いたします。実は申し訳ないことになり、お手紙を差し上げる次第です。
❷先日、お借りしましたスーツケースなのですが、車から降ろすときに落としてしまい、大きな傷がついてしまいました。せっかくご好意でお貸しくださったのに、このようなことになり大変申し訳ございません。❸私の不注意にほかならないと、大変反省しております。このスーツケースでいろいろな地を旅したとうかがっております。思い出のたくさんつまった品に傷をつけてしまい、なんともおわびの言葉がみつかりません。
❹できれば同じものを弁償させていただきたいと存じますが、どのようにしたらよろしいでしょうか。あらためてご連絡いたしますが、どうぞご指示くださいますようお願い申し上げます。
取り急ぎ、書面にておわび申し上げます。

草々

おわびは引き延ばさずにできるだけ早い対処を

おわびしなければならないことが起きたら、迅速に対処することがトラブルを最小限にするポイントです。言い訳がましくならずに、自分の非を認めて、心からのおわびの気持ちを伝えましょう。すでに電話したり直接会っておわびした場合も、あらためておわびの手紙を書くとていねいです。

POINT

❶おわびの手紙は、前文を省いて用件から入る。

❷何のおわびなのかがわかるように。

❸自分の非を認め、言い訳を並べ立てない。

❹損害に対する償いをどうしたらよいか、相手の意向をうかがう。

拝啓

春とは名ばかりの、肌寒い日が続いております。叔父様におかれましては、お元気でお過ごしのことと拝察申し上げます。

いつもお世話になりありがとうございます。

さて、❶本日は折り入ってお願いしたいことがあり、お便りいたしました。実は、息子の誕生を機に、少し広い住まいに転居したいと考えております。つきましては、❷近くにお住まいの叔父様に保証人をお願いしたいのですが、いかがなものでしょうか。

突然のお手紙で勝手なお願いを申し、恐縮でございますが、❸後日あらためてお願いにうかがいたいと存じます。

保証人になっていただいても、ご迷惑のかかるようなことは一切いたしませんので、どうぞよろしくご検討ください。

まずは書中にて、お願い申し上げます。

敬具

親しい相手でも書式にのっとりていねいに

お願い事を伝える手紙は、親しい相手でもくだけた文面は避け、書式にのっとって、ていねいに書きましょう。

お願いの内容をわかりやすく伝え、その先の対応についても明記します。ただし相手に「お返事をお待ちしています」とするのはマナー違反。必ず自分から連絡するようにしましょう。

POINT

❶お願い事の手紙であることを、はっきりと伝える。

❷お願い事の内容は遠回しにせずにわかりやすく伝え、相手の意向をうかがう形の文面に。無理強いしないように気をつける。

❸返事をどのように聞くか、その方法を明記しておく。

季節のあいさつ状

季節のあいさつ状は決まった時期に

　年賀状は1月3日までに届くようにし、出していない人への返事は1月7日の松の内までに届くように出します。年賀状だけでなく暑中見舞いや寒中見舞いも、出す時期が限られているので、その時期を逃さないように出すことが大切です。

　はがきという限られたスペースなので、内容は相手の健康や活躍を願う言葉を入れて簡潔にまとめましょう。

　印刷した場合は、手書きでひと言添えるとていねいです。

年賀状

POINT

目上の人への年賀状では「迎春」「賀正」のような短い賀詞は敬意に欠けるので、「謹賀新年」「恭賀新年」のような4文字の賀詞か、「謹んで新春のお喜びを申し上げます」のような、文章の賀詞を用いる。

謹賀新年
お健やかに新年をお迎えのこととお喜び申し上げます
旧年中は大変お世話になりありがとうございました
今年は全国大会に向けていっそう練習に励む所存です
本年もご指導のほどよろしくお願いいたします
皆様の健康とご多幸を心よりお祈り申し上げます
令和〇年元旦

年賀欠礼状

喪中につき年始のご挨拶を
失礼いたします
九月に父保一が永眠いたしました
ここに本年中に賜りましたご厚情を深謝申し上げ
明年も変わらぬご交誼のほどお願い申し上げます
令和〇年十一月
神奈川県横須賀市浜町一の五
岡崎雄一
真美

POINT

近親者を亡くした1年以内は、年賀状や年始のあいさつをつつしむのがならわし。毎年年賀状を出している相手には、12月初旬までに年賀欠礼の知らせを出すのが礼儀。死亡通知をかねて、だれが亡くなったのかを明記し、相手が年賀状の準備を始める前に投函を。

※年賀状や年賀欠礼状では、句読点は使いません。

寒中見舞い

寒中お見舞い申し上げます

ごていねいな年賀状をいただきありがとうございました。

実は、母美保子が昨年六月に他界し、服喪中のため年始のごあいさつを控えさせていただきました。ご連絡が行き届かず大変申し訳ございませんでした。

本年も変わらぬご交誼のほどよろしくお願い申し上げます。

令和〇年一月

POINT

寒中見舞いを出す期間は、小寒（1月6日頃）から立春（2月4日頃）まで。目上の方へは「寒中お伺い申し上げます」とする。節分を過ぎると「余寒見舞い」になる。喪中に年賀状をいただいたときには、寒中見舞いとして返事を送る。

暑中見舞い

暑中お見舞い申し上げます

猛暑の日が続いておりますが、いかがお過ごしでしょうか。

日頃はご無沙汰ばかりで申し訳ございません。おかげさまで私どもは家族皆元気にしております。

この九月に大阪に転勤になりますので、その前にお会いできたらと思っています。またご連絡させてください。

まだまだ厳しい暑さが続きそうですので、くれぐれもお体を大切になさってください。

令和〇年盛夏

POINT

暑中見舞いを出す期間は、小暑（7月7日頃）から立秋（8月8日頃）まで。目上の方へは「暑中お伺い申し上げます」とする。立秋を過ぎると「残暑見舞い」になる。残暑見舞いは8月中に届くように出す。

封筒の書き方

手紙の第一印象を左右する あて名はていねいに

手紙を受け取った相手が、まず最初に目にするのは自分の名前が書かれた封筒の表書きです。手紙の第一印象を左右するあて名は、楷書ではっきりとていねいに書くのがマナー。封書には和封筒と洋封筒があります。それぞれの書き方のポイントを覚えておきましょう。

和封筒

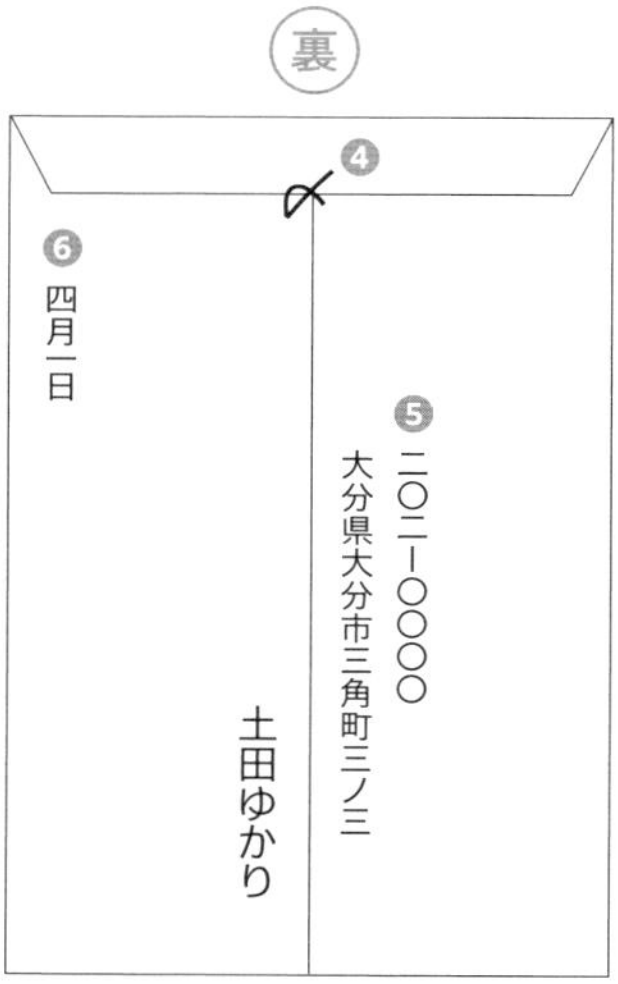

❶ 切手
封筒の左上が定位置。なるべく1枚にし、まっすぐに貼る。

❷ あて先
封筒の右3分の1のスペースに、1～2行でおさまるように書く。2行目は2～3字下げて書く。地名や建物名の途中で改行しない。縦書きの場合、漢数字が基本。

❸ あて名
封筒の中央に、住所より1字分下げたところから、やや大きめに書く。敬称は「様」が一般的。連名の場合は、それぞれに敬称をつける。

❹ 封字
封筒はのりづけして、「〆」「封」などの封字を書く。慶事には「寿」や「賀」、重要な手紙は「緘」を。

❺ 差出人の住所・氏名
封筒の中央に、合わせめを境に右に住所、左に氏名を住所よりも少し大きな字で書く。左に寄せて書いたり、郵便番号欄がある場合は、その上に住所・氏名を書いてもよい。

❻ 日付
左上に日付を書き添える。

洋封筒

❶ 切手
封筒の右上に貼るのが正式。左上でも。

❷ あて先
封筒の上3分の1のスペースに、1～2行でおさまるように書く。2行目は1行目よりも1～2字右から書く。地名や建物名の途中で改行しない。横書きの場合、算用数字が基本。

❸ あて名
封筒の中央に住所よりも1字分右から、やや大きめに書く。

❹ 日付 封字
日付は住所の左上に書く。洋封筒の場合、封字は書かなくてもよい。

❺ 差出人の住所・氏名
下3分の1の中央か、やや右よりに書く。氏名は住所よりもやや大きく書く。

横書き

表

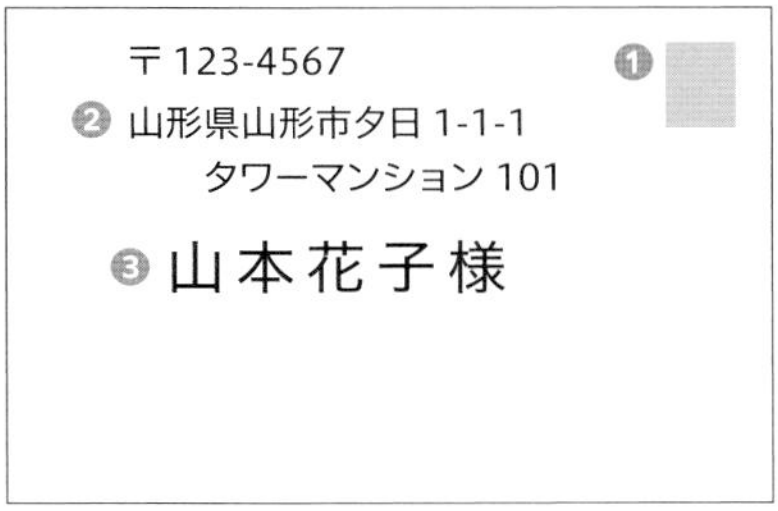

裏

縦書き

表書きは和封筒の縦書きと同じ。縦書き、横書きは表と裏で揃える。

裏

● 一般用
右側から封を閉じ、左側に差出人の住所・氏名を、右側に日付を書く。「〆」などの封字を書く。数字は漢数字を使用。

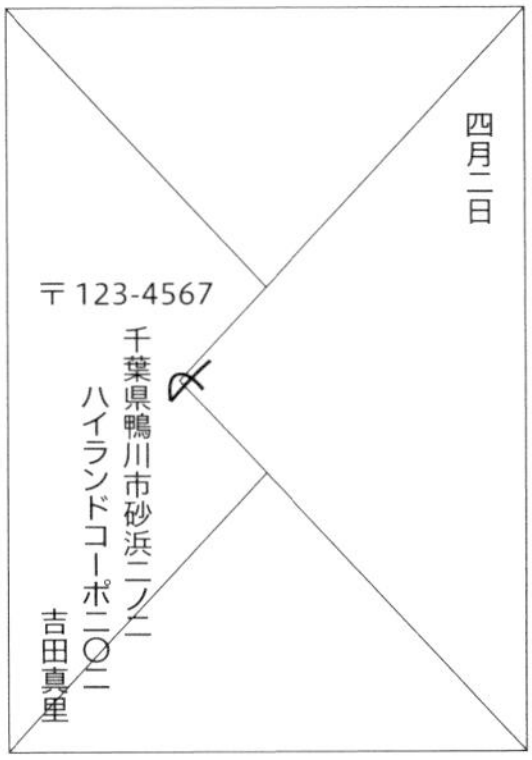

● 弔事用
左側から封を閉じ、右側に差出人の住所・氏名を、左側に日付を書く。封字は「〆」など。数字は漢数字を使用。

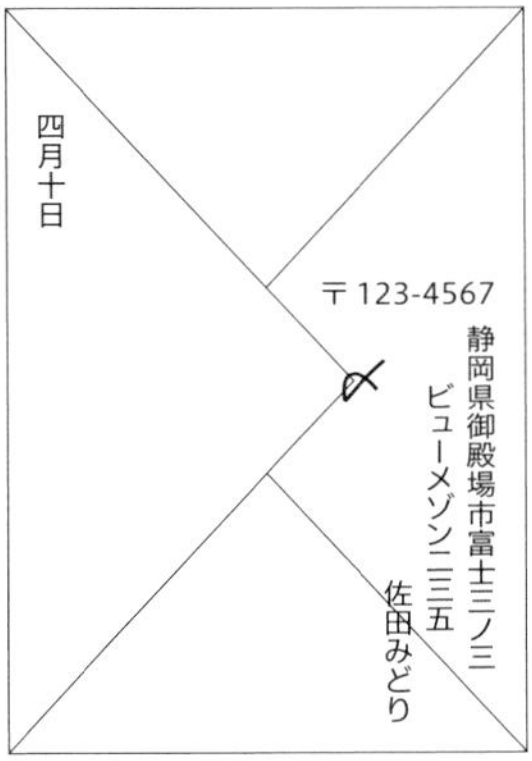

※あて名に会社名を入れる場合は、縦書きなら名前の右側に、横書きなら名前よりも上にやや小さな文字で書く。

り

リゾートウエディング ≫ 93
立夏 ≫ 236,250
立秋 ≫ 201,237,255
立春 ≫ 201,236,244
立食パーティー ≫ 278,280
立冬 ≫ 237,260
立礼 ≫ 218
略式結納 ≫ 81,82
略礼装 ≫ 68,71,73,126
両家食事会 ≫ 81,86
両親の衣装（結婚式） ≫ 103
料亭 ≫ 266
鈴 ≫ 186
臨終 ≫ 120,140
臨終の儀式 ≫ 140,142

る

ルビー婚式 ≫ 51

れ

霊柩車 ≫ 130,159,160
霊祭 ≫ 181
霊璽 ≫ 164,181,187
礼装 ≫ 68,126
レース婚式 ≫ 51
レストラン（結婚式） ≫ 92,97
れんげ ≫ 275

ろ

緑寿 ≫ 53
六曜 ≫ 94
六輝 ≫ 94

わ

ワイン ≫ 277
和菓子 ≫ 215
若水 ≫ 241,242
和室 ≫ 212
和食 ≫ 266,268
話題 ≫ 77,280
綿帽子 ≫ 100
和封筒 ≫ 296
輪結び ≫ 19
藁婚式 ≫ 51
割り箸 ≫ 268

も

モーニングコート ≫ 73,84,102,154
もぎ箸 ≫ 267
目録 ≫ 83
喪主 ≫ 148,156,160,170
喪章 ≫ 154
もち誕生 ≫ 43
もち花飾り ≫ 243
喪中 ≫ 201
木婚式 ≫ 51
物置台 ≫ 175
喪服 ≫ 120,126,138,154,183
桃の節句 ≫ 42,246

や

やいかがし ≫ 245
厄祝い ≫ 58
厄年 ≫ 58
厄祓い ≫ 58
家内喜多留 ≫ 83
柳箸 ≫ 240
山開き ≫ 253
弥生 ≫ 246

ゆ

遺言書 ≫ 173
結納 ≫ 80,82,84,86
結納品 ≫ 83,84
結納プラン ≫ 82,84
湯灌 ≫ 144
ゆず湯 ≫ 262
ゆずり葉 ≫ 239

よ

洋室 ≫ 210
洋食 ≫ 270
洋封筒 ≫ 296
余興（披露宴） ≫ 64,76,104,106,112
翌日祭 ≫ 181
寄せ箸 ≫ 267
四七日 ≫ 181
依代 ≫ 135,238
鎧兜 ≫ 251

ら

ランドセル ≫ 248

枕経 ⋙ 147
枕団子 ⋙ 146
枕飯 ⋙ 146
抹香 ⋙ 132
抹香焼香 ⋙ 132
末期の水 ⋙ 144
末席 ⋙ 104
松の内 ⋙ 202,238,294
松の葉 ⋙ 190
末文 ⋙ 282,284
まつりあげ ⋙ 181
真結び ⋙ 19
豆名月 ⋙ 259
守り刀 ⋙ 146
まゆ玉飾り ⋙ 243
迷い箸 ⋙ 267
回し焼香 ⋙ 132
満中陰 ⋙ 180
満中陰志 ⋙ 30

み

身支度 ⋙ 217
水鉢 ⋙ 175
水引 ⋙ 16,18
晦日 ⋙ 264
御霊代 ⋙ 165
御霊舎 ⋙ 181,187
道案内・駐車場係（通夜、葬儀） ⋙ 151
密葬 ⋙ 149,169
見積もり（結婚式） ⋙ 96
見積もり（通夜・葬儀） ⋙ 143
みどりの日 ⋙ 250
水無月 ⋙ 252
水無月の祓 ⋙ 252
三七日 ⋙ 181

む

無患子 ⋙ 241
無宗教葬 ⋙ 169
結び ⋙ 286
結び切り ⋙ 18
結び留め ⋙ 19
結びのあいさつ ⋙ 282
睦月 ⋙ 238
六七日 ⋙ 181

め

明治節 ⋙ 260
命名式 ⋙ 39
命名書 ⋙ 39
麺 ⋙ 275
綿婚式 ⋙ 51

文金高島田 ≫ 100
分骨 ≫ 161
分骨証明書 ≫ 161

へ

米寿 ≫ 53
併修 ≫ 183
平服 ≫ 68,120
ベール ≫ 99
兵児帯 ≫ 45
ヘッドドレス ≫ 99
弁財天 ≫ 239
返信はがきアート ≫ 60
返信用はがき（結婚式） ≫ 61
返礼 ≫ 198
返礼品（通夜・葬儀） ≫ 152
返礼品係（通夜、葬儀） ≫ 151

ほ

法号 ≫ 143
防災の日 ≫ 256
芒種 ≫ 236,252
奉書紙 ≫ 16
包装紙 ≫ 192
法定相続情報証明制度 ≫ 172
法定相続人 ≫ 173
法名 ≫ 143
芳名帳（結婚式） ≫ 66,74
訪問 ≫ 206
訪問着 ≫ 69,79,84
法要 ≫ 31,138,178,180,182
墓誌 ≫ 175
墓石 ≫ 174,184
菩提寺 ≫ 142,169
墓地 ≫ 174,178
墓地の使用許可証 ≫ 179
ポチ袋 ≫ 109,203
布袋 ≫ 239
ホテル（結婚式） ≫ 92,97
ホワイトデー ≫ 246
本位牌 ≫ 186
本卦還り ≫ 53
本葬 ≫ 169
盆棚 ≫ 183
盆提灯 ≫ 183
本厄 ≫ 58

ま

埋葬 ≫ 176
埋葬許可証 ≫ 141,160,179
埋葬祭 ≫ 179
前厄 ≫ 58
枕飾り ≫ 146

日取り（結納）》82
ひなあられ》247
ひな人形》246
ひな祭り》246
被布》45
緋毛氈》246
百賀》53
百寿》53
百日祭》181
百回忌》181
百か日》180
病気見舞い》27,228
費用（通夜、葬儀）》149
平包み》194
披露宴》68,70,72,74,76,78,92,104,110,112,114
披露宴会場》92,96
便せん》282

ふ

ブーケ》99
封字》296
封書》282
封筒》282,296
フォーク》270,273
フォトウエディング》93
吹き流し》251
ふくさ》34,74,124,129
復氏届》172
福禄寿》239
福笑い》241
不祝儀袋》16,18,28,33,124
ふすま》213
ふたつきの器》269
二七日》181
復活祭》249
仏式（墓）》175
仏式拝礼》132
仏前式（結婚式）》92
仏壇》186
仏滅》94
訃報》120,137
文月》253
ブライダルフェア》92
ブラックスーツ》72,79,84,126,138,150,154
ブラックタイ》73
ブラックフォーマル》126,138,150,154
プリザーブドフラワー》205
振袖》68,79,84
振り箸》267
無礼講》277
風呂敷》191,194,210,212
フロックコート》102
文化の日》260

八十八夜 ⋙ 250
初午 ⋙ 244
初午祭 ⋙ 245
初午団子 ⋙ 245
二十日祭 ⋙ 181
初釜 ⋙ 238,242
葉月 ⋙ 255
八朔 ⋙ 255
初硯 ⋙ 242
初節句 ⋙ 42
初節句祝い ⋙ 24,42
初誕生 ⋙ 42
初誕生祝い ⋙ 24,42
発表会 ⋙ 56
発表会の祝い ⋙ 27,56
初穂料 ⋙ 23,40
初盆 ⋙ 183
初宮参り ⋙ 40
初詣 ⋙ 239
花 ⋙ 204,225,228
花言葉 ⋙ 204
花婚式 ⋙ 51
花立 ⋙ 146,175
花束 ⋙ 205
花祭り ⋙ 248
花結び ⋙ 19
花輪 ⋙ 205
羽根つき ⋙ 241

母の日 ⋙ 250
蛤の潮汁 ⋙ 42,246
破魔矢 ⋙ 239
腹帯 ⋙ 36
針供養 ⋙ 244
春の七草 ⋙ 242
晴れ着(七五三) ⋙ 45
バレンタインデー ⋙ 244
ハロウィン ⋙ 258
パン ⋙ 273
半寿 ⋙ 53
盤寿 ⋙ 53
万聖節 ⋙ 259
半通夜 ⋙ 128,156
万霊節 ⋙ 181

ひ

引き菓子(結婚式) ⋙ 105
引き出物(結婚式) ⋙ 23,104
引き出物(法要) ⋙ 31,178,182
引き振袖 ⋙ 101
彦星 ⋙ 253
ひしもち ⋙ 247
毘沙門天 ⋙ 239
棺 ⋙ 147,159
引っ越し ⋙ 232
日取り(結婚式) ⋙ 94

二十三回忌 ≫ 181
二十四節気 ≫ 236
二十七回忌 ≫ 181
日蓮宗 ≫ 143
日程(法要) ≫ 182
二年参り ≫ 264
二の重 ≫ 240
二百十日 ≫ 256
日本茶 ≫ 215,224
入園 ≫ 46
入園祝い ≫ 25,46
入学 ≫ 46
入学祝い ≫ 25,46
入学式 ≫ 248
入魂供養 ≫ 186
入魂式 ≫ 179
入社式 ≫ 248
二礼二拍手一礼 ≫ 135,187

ね

ねぶり箸 ≫ 267
年賀欠礼状 ≫ 168,294
年賀状 ≫ 294
年忌法要 ≫ 180
年祭 ≫ 181
年始 ≫ 202
念珠 ≫ 133

の

納棺 ≫ 146
納骨 ≫ 178
納骨式 ≫ 174,178
納骨室 ≫ 178
納骨堂 ≫ 177
のし ≫ 16,18
のしあわび ≫ 18
のし紙 ≫ 190,192,201,202,232
のし袋 ≫ 16
後の月 ≫ 259

は

墓 ≫ 174
はがき ≫ 282,284,294
墓じまい ≫ 188
歯固め石 ≫ 41
墓参り ≫ 184
袴着の祝い ≫ 44
白寿 ≫ 53
白露 ≫ 237,256
羽子板市 ≫ 263
筥迫 ≫ 45
はさみふくさ ≫ 34
箸 ≫ 266,268,275
鉢植え ≫ 205

手紙 ⋙ 282
手皿 ⋙ 268
手甲 ⋙ 147
鉄婚式 ⋙ 51
撤饌 ⋙ 165
手土産 ⋙ 207,209,210,212,223,224
手元供養 ⋙ 177
天皇誕生日 ⋙ 244

と

糖菓婚式 ⋙ 51
陶器婚式 ⋙ 51
頭語 ⋙ 282,286
銅婚式 ⋙ 51
冬至 ⋙ 237,262
当日返し ⋙ 153
塔婆立て ⋙ 175
灯籠 ⋙ 175
十日祭 ⋙ 179,181
年神様 ⋙ 202,238,240,242,264
年越しそば ⋙ 264
年越の祓 ⋙ 252,264
年籠り ⋙ 239
歳の市 ⋙ 262
屠蘇散 ⋙ 241
弔い上げ ⋙ 180
友志良賀 ⋙ 83
友引 ⋙ 94,191
土用 ⋙ 253,254
土用の丑の日 ⋙ 254
酉の市 ⋙ 260
どんど焼き ⋙ 242

な

ナイフ ⋙ 270,273
直会 ⋙ 164
流しびな ⋙ 246
長月 ⋙ 256
中包み ⋙ 32
長熨斗 ⋙ 83
仲人 ⋙ 82,84
夏越の祓 ⋙ 252
七草 ⋙ 238,242
七草がゆ ⋙ 242
七七日 ⋙ 181
ナプキン ⋙ 77,272
涙箸 ⋙ 267

に

新嘗祭 ⋙ 261
新盆 ⋙ 183
握り箸 ⋙ 267
2次会 ⋙ 118

七夕 ≫ 253
棚機津女 ≫ 253,254
七夕伝説 ≫ 253
田の実の節句 ≫ 255
玉串奉奠 ≫ 134,164
玉串料 ≫ 23,29,31,40,124
霊代 ≫ 165
端午の節句 ≫ 42,240,250
短冊のし ≫ 192,201,203
誕生石 ≫ 87
誕生もち ≫ 43

ち

知恵詣 ≫ 249
ちぎり箸 ≫ 267
父の日 ≫ 252
千歳飴 ≫ 44
茅の輪くぐり ≫ 252
粽 ≫ 42,251
茶菓 ≫ 214,221,224
着帯の儀式 ≫ 36
茶寿 ≫ 53
中陰 ≫ 180
中国料理 ≫ 274
中座(披露宴) ≫ 77
中秋の名月 ≫ 257
弔辞 ≫ 131,151
長寿の祝い ≫ 26,52
手水の儀 ≫ 134,165
手水鉢 ≫ 175
弔電 ≫ 122,158
蝶結び ≫ 18
弔問 ≫ 121,126,128,152
重陽の節句 ≫ 240,256
直葬 ≫ 149

つ

追悼ミサ ≫ 171,179,181
追儺 ≫ 244
月見団子 ≫ 257
月命日 ≫ 180
つけ下げ ≫ 69,84
角隠し ≫ 100
通夜 ≫ 122,124,126,128,140,156
通夜祭 ≫ 134,164
通夜の祈り ≫ 167
通夜の集い ≫ 136,167
通夜ぶるまい ≫ 129,152,156,158

て

ディレクターズスーツ ≫ 72
テーブルセッティング ≫ 271
テールコート ≫ 102

先負 ⋙ 94
前文 ⋙ 282,284
餞別 ⋙ 233
専門結婚式場 ⋙ 92,97
専門斎場 ⋙ 149
前夜式 ⋙ 136,167
遷霊祭 ⋙ 164
遷霊の儀 ⋙ 165

そ

葬儀 ⋙ 122,124,126,130,140,148,158
葬儀委員長 ⋙ 150
葬儀社 ⋙ 122,141,142,148,158,162,164,166
葬儀費用 ⋙ 143
葬儀方針 ⋙ 148
象牙婚式 ⋙ 51
霜降 ⋙ 237,258
葬祭ディレクター ⋙ 143
葬場祭 ⋙ 134,164
相続 ⋙ 172
相続税 ⋙ 173
贈答 ⋙ 190,198
贈答品 ⋙ 190,192,194
僧侶 ⋙ 157,178
即日返し ⋙ 153
粗供養 ⋙ 31
粗品 ⋙ 190
卒業 ⋙ 48
卒業祝い ⋙ 25,48
卒寿 ⋙ 53
外かけ ⋙ 192
外のし ⋙ 192,203
卒塔婆 ⋙ 178,182
祖霊舎 ⋙ 187

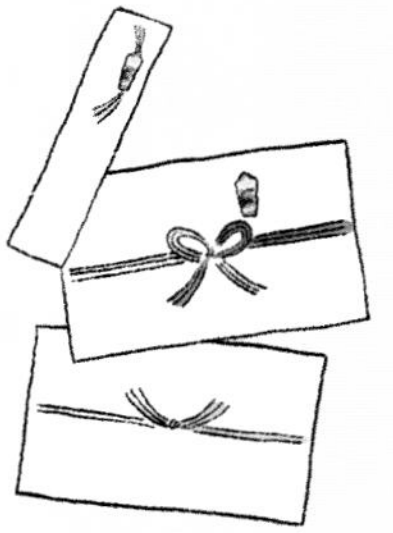

た

ダークスーツ ⋙ 68,73,79,84,127
大安 ⋙ 94,191
体育の日 ⋙ 258
大寒 ⋙ 237,238
大還暦 ⋙ 53
大黒天 ⋙ 239
大字 ⋙ 32
大暑 ⋙ 236,253
大雪 ⋙ 237,262
橙 ⋙ 239
台つきふくさ ⋙ 34
大厄 ⋙ 58
ダイヤモンド婚式 ⋙ 51
内裏びな ⋙ 246
タキシード ⋙ 72,102
凧あげ ⋙ 241
畳のへり ⋙ 213
立ち居振る舞い ⋙ 218

神社 ⋙ 142
真珠婚式 ⋙ 51
人前婚約式 ⋙ 81,88
神前式（結婚式） ⋙ 92
人前式（結婚式） ⋙ 92
親族書 ⋙ 83
親族紹介 ⋙ 79,110
親族の服装（結婚式） ⋙ 79
寝台車 ⋙ 141
新築 ⋙ 54
新築祝い ⋙ 26,54
陣中見舞い ⋙ 230
親王飾り ⋙ 246

す

水晶婚式 ⋙ 51
随身 ⋙ 246
末広 ⋙ 69,83
すごろく ⋙ 241
錫婚式 ⋙ 51
すす払い ⋙ 262
煤梵天 ⋙ 262
スタンド花 ⋙ 205
ステーキ ⋙ 273
スピーチ（披露宴） ⋙ 64,76,78,104,106,112
スポーツの日 ⋙ 258
寿留女 ⋙ 83
座り方 ⋙ 211,219
寸志 ⋙ 30,190

せ

正座 ⋙ 212,219
清拭 ⋙ 145
正式結納 ⋙ 82,84
成人 ⋙ 49
成人祝い ⋙ 25,48
成人式 ⋙ 49
成人の日 ⋙ 238
青銅婚式 ⋙ 51
清明 ⋙ 236,248
正礼装 ⋙ 68,84,102,154
石材店 ⋙ 175,178
席次 ⋙ 104,210,212,274
席次表 ⋙ 66,74,77
席札 ⋙ 77
接待・台所係（通夜、葬儀） ⋙ 151
節分 ⋙ 244
セミアフタヌーンドレス ⋙ 71,79
世話役 ⋙ 148,150,170
世話役代表 ⋙ 150,171
全快内祝 ⋙ 27,229
線香 ⋙ 132,146,184,186
線香焼香 ⋙ 133
先勝 ⋙ 94

主賓 ⋙ 104,107
寿福 ⋙ 26,52
主文 ⋙ 282,284
樹木葬 ⋙ 176
寿老人 ⋙ 239
春分 ⋙ 236,246
準礼装 ⋙ 68,71,72,79,84,103,126,154
紹介 ⋙ 280
正月 ⋙ 238,240
正月遊び ⋙ 241
正月飾り ⋙ 238,263
正月事始め ⋙ 238,262
小寒 ⋙ 237,238
焼香 ⋙ 132
上巳の節句 ⋙ 240,246
上寿 ⋙ 53
小暑 ⋙ 236,253
精進落とし ⋙ 158,160,162
上席 ⋙ 104
小雪 ⋙ 237,260
招待客の装い ⋙ 68,71,73
招待状(結婚式) ⋙ 60,78,104
祥月命日 ⋙ 180

召天記念日 ⋙ 171,179
浄土真宗 ⋙ 29,143,146,178,186
尚武の節句 ⋙ 251
菖蒲湯 ⋙ 251
小満 ⋙ 236,250
昭和の日 ⋙ 248
織女 ⋙ 253
除日 ⋙ 264
処暑 ⋙ 237,255
暑中御伺 ⋙ 201
暑中御見舞 ⋙ 201
暑中見舞い ⋙ 137,294
初七日 ⋙ 162,181
署名 ⋙ 282
除夜の鐘 ⋙ 264
白木の位牌 ⋙ 186
白酒 ⋙ 247
白無垢 ⋙ 100
師走 ⋙ 262
新居 ⋙ 90
新婚旅行 ⋙ 90
神式(供養) ⋙ 187
神式(追悼儀式) ⋙ 181
神式(通夜、葬儀) ⋙ 164
神式(納骨) ⋙ 179
神式(墓) ⋙ 175
神式拝礼 ⋙ 134
人日の節句 ⋙ 240,242

時候のあいさつ ≫ 282,288
志古貴 ≫ 45
四十九日 ≫ 137,138,162,171,178,180
四十日祭 ≫ 181
自然葬 ≫ 177
死体検案書 ≫ 141
七回忌 ≫ 180
七五三 ≫ 44,260
七五三祝い ≫ 25,44
七十二候 ≫ 237
七夕の節句 ≫ 240,253
七福神詣 ≫ 239
仕丁 ≫ 246
十干 ≫ 53
紙垂 ≫ 239
死化粧 ≫ 144
死装束 ≫ 147
死に水 ≫ 144
偲び草 ≫ 30
しのび手 ≫ 135
偲ぶ会 ≫ 169
死亡診断書 ≫ 141
死亡通知状 ≫ 168
死亡届 ≫ 141
島田髷 ≫ 100
しめ飾り ≫ 238,243
しめ縄 ≫ 238,263
霜月 ≫ 260
謝辞 ≫ 108,115
赤口 ≫ 94
謝礼（結婚式）≫ 108
祝儀袋 ≫ 16,18,22
宗教者 ≫ 30,170
収骨 ≫ 161
拾骨 ≫ 161
十五夜 ≫ 257
十三回忌 ≫ 180
十三参り ≫ 45,248
十三夜 ≫ 258
十七回忌 ≫ 181
就職 ≫ 48
就職祝い ≫ 25,48
終戦記念日 ≫ 255
十年祭 ≫ 181
修祓の儀 ≫ 165
秋分 ≫ 237,256
酒肴料 ≫ 83
受章 ≫ 56
受賞 ≫ 56
受賞祝い ≫ 27,56
受章祝い ≫ 27,56
数珠 ≫ 133,146
酒席 ≫ 276
出棺 ≫ 130,159
出棺祭 ≫ 165
出産祝い ≫ 24,36

婚約記念品 ≫ 80,86,88
婚約式 ≫ 81
婚約通知状 ≫ 81,88
婚約破棄 ≫ 80,89
婚約披露パーティー ≫ 81,88
婚約指輪 ≫ 81,83,87
婚礼衣装 ≫ 98,100,103

さ

災害見舞い ≫ 27,230
最敬礼 ≫ 218
祭詞 ≫ 165
斎主 ≫ 165
さいと焼き ≫ 243
逆さ箸 ≫ 267
逆さ屏風 ≫ 146
逆さ水 ≫ 145
逆手注ぎ ≫ 276
左義長 ≫ 243
朔日 ≫ 255
探り箸 ≫ 267
刺し箸 ≫ 267
指し箸 ≫ 267
撮影係（結婚式） ≫ 67,107
皐月 ≫ 250
サファイア婚式 ≫ 51
座布団 ≫ 212,219,222
左方上位 ≫ 247
サムシング・オールド ≫ 99
サムシング・ニュー ≫ 99
サムシング・フォー ≫ 99
サムシング・ブルー ≫ 99
サムシング・ボロウ ≫ 99
座礼 ≫ 218
三回忌 ≫ 138,180
三が日 ≫ 238
珊瑚婚式 ≫ 51
散骨 ≫ 177
傘寿 ≫ 53
三十五日 ≫ 171,181
三十三回忌 ≫ 180
三十日祭 ≫ 181
残暑御伺 ≫ 201
残暑御見舞 ≫ 201
サンタクロース ≫ 263
三人官女 ≫ 246
三年祭 ≫ 181
三の重 ≫ 240

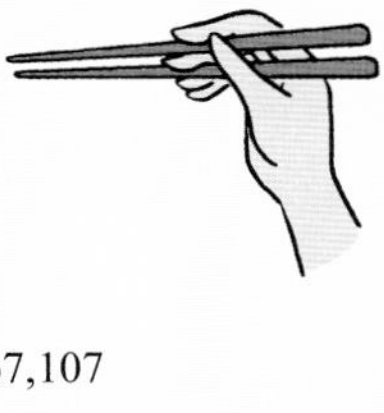

し

寺院 ≫ 142
司会（披露宴） ≫ 66,106
敷居 ≫ 213
磁器婚式 ≫ 51

建国記念の日 ≫ 244
献饌 ≫ 165
献杯 ≫ 163
憲法記念日 ≫ 250

こ

鯉のぼり ≫ 251
合祀祭 ≫ 181
皇寿 ≫ 53
紅茶 ≫ 215,224
鋼鉄婚式 ≫ 51
香典 ≫ 28,124,129,168,171
香典返し ≫ 30,137,153,170
香典袋 ≫ 16
香炉 ≫ 175
コートのたたみ方 ≫ 209
コーヒー ≫ 215,224
五月人形 ≫ 251
古稀 ≫ 52
御祈祷料 ≫ 40
穀雨 ≫ 236,248
虚空蔵菩薩 ≫ 45,249
告別式 ≫ 124,126,128,130
志 ≫ 30,170,179
心づけ（結婚式） ≫ 23,106,109
心づけ（通夜、葬儀） ≫ 30,158
心づけ（納骨） ≫ 179
心ばかり ≫ 190
五十日祭 ≫ 164,171,179,181,187
五十年祭 ≫ 181
五十回忌 ≫ 180
小正月 ≫ 238,243
故人との対面 ≫ 120
五節句 ≫ 240,246,250,253,256
骨あげ ≫ 160,164
骨壷 ≫ 161
骨拾い ≫ 161
個展 ≫ 56
個展の祝い ≫ 27,57
こどもの日 ≫ 250
子どもの服装（結婚式） ≫ 72
五人囃子 ≫ 246
五年祭 ≫ 181
御佛前・御仏前 ≫ 29,31
こま回し ≫ 241
込み箸 ≫ 267
ゴム婚式 ≫ 51
小紋 ≫ 69
御霊前 ≫ 29,124
衣替え ≫ 252,258
婚姻関係終了届 ≫ 172
昆布 ≫ 239
子生婦 ≫ 83
婚約 ≫ 80,86,88
婚約解消 ≫ 89

キリスト教式(納骨) ≫ 179
キリスト教式(墓) ≫ 175
キリスト教式拝礼 ≫ 136
金婚式 ≫ 50
銀婚式 ≫ 50
近所づきあい ≫ 234
金封ふくさ ≫ 34
金包 ≫ 83
勤労感謝の日 ≫ 260

く

食いのばし ≫ 41
釘打ちの儀 ≫ 159
口取り ≫ 240
靴の脱ぎ方 ≫ 209
熊手 ≫ 261
供物 ≫ 122,139,168
供物料 ≫ 31,139
供養 ≫ 186
グラス ≫ 270,272
クリスマス ≫ 262
クリスマス・ツリー ≫ 263

栗名月 ≫ 259
黒五つ紋付羽織袴 ≫ 103
黒留袖 ≫ 69,79,103
黒引き振袖 ≫ 101
黒無地 ≫ 126,154
黒文字 ≫ 215

け

携帯品係(通夜、葬儀) ≫ 151
啓蟄 ≫ 236,246
敬礼 ≫ 218
敬老の日 ≫ 256
ケーキ ≫ 215
けが見舞い ≫ 27,228
夏至 ≫ 236,252
ゲストカード ≫ 74
ゲストハウス(結婚式) ≫ 92,97
結語 ≫ 282,286
結婚祝い ≫ 22,63
結婚記念日 ≫ 50
結婚通知状 ≫ 116
結婚にかかる費用 ≫ 95
結婚のお祝い ≫ 62
献花 ≫ 136,166
玄関での迎え方 ≫ 220
牽牛 ≫ 253
献金 ≫ 23,30

神棚封じ ⋙ 147
カラードレス ⋙ 99
空箸 ⋙ 267
仮御霊舎 ⋙ 164
仮予約(結婚式) ⋙ 96
カロート ⋙ 178
革婚式 ⋙ 51
還骨法要 ⋙ 162
幹事 ⋙ 118
元日 ⋙ 238
感染症法 ⋙ 145
元旦 ⋙ 238
寒中 ⋙ 237
寒中御伺 ⋙ 201
寒中御見舞 ⋙ 201
寒中見舞い ⋙ 137,294
神無月 ⋙ 258
寒の入り ⋙ 237
乾杯 ⋙ 77,107,112,115
灌仏会 ⋙ 249
観葉植物 ⋙ 205
還暦 ⋙ 52
寒露 ⋙ 237,258

き

忌明け ⋙ 137,147,162,171,180,186
帰家祭 ⋙ 164
菊の節句 ⋙ 256
如月 ⋙ 244
喜寿 ⋙ 53
紀寿 ⋙ 53
鬼宿日 ⋙ 261
季節のあいさつ ⋙ 200
季節のあいさつ状 ⋙ 294
北枕 ⋙ 146
乞巧奠 ⋙ 253
吉書 ⋙ 242
危篤 ⋙ 120,140
忌日 ⋙ 180
絹婚式 ⋙ 51
記念式 ⋙ 181
記念写真(結婚式) ⋙ 111
客間 ⋙ 220,222
脚絆 ⋙ 147
供花 ⋙ 122,168,183
教会 ⋙ 142
経帷子 ⋙ 147
行結び ⋙ 19
挙式スタイル ⋙ 90,92
清祓いの儀 ⋙ 181
清めの塩 ⋙ 152
キリスト教式(供養) ⋙ 187
キリスト教式(結婚式) ⋙ 92
キリスト教式(追悼儀式) ⋙ 181
キリスト教式(通夜、葬儀) ⋙ 166

か

快気内祝 ⋙ 27,229
開業 ⋙ 54
開業祝い ⋙ 26,54
会計係(結婚式) ⋙ 107
会計係(通夜、葬儀) ⋙ 151
懐剣 ⋙ 45
開眼供養 ⋙ 186
開眼法要 ⋙ 174,179
外柵 ⋙ 175
懐紙 ⋙ 269
会葬 ⋙ 152
改葬 ⋙ 188
改葬許可証 ⋙ 188
会葬礼状 ⋙ 152
開店 ⋙ 54
開店祝い ⋙ 26,55
回転テーブル ⋙ 274
戒名 ⋙ 143,169
鏡開き ⋙ 238,242
鏡もち ⋙ 238,242
書き初め ⋙ 238,242
書き出し ⋙ 286
カクテルドレス ⋙ 71,79,99
かけ紙 ⋙ 190,192
過去帳 ⋙ 186
花実婚式 ⋙ 51
柏もち ⋙ 42,251
火葬 ⋙ 160
火葬許可証 ⋙ 141,160
火葬祭 ⋙ 164
火葬式 ⋙ 149
火葬式(キリスト教式) ⋙ 167
火葬証明書 ⋙ 161
火葬場 ⋙ 130,158,160
家族書 ⋙ 83
家族葬 ⋙ 128,140,149,150,168
片化粧 ⋙ 154
形代 ⋙ 252
片月見 ⋙ 259
形見分け ⋙ 172
勝男武士 ⋙ 83
月忌 ⋙ 180
月忌法要 ⋙ 180
合斎 ⋙ 183
合葬 ⋙ 176
門松 ⋙ 238,243,263
カトラリー ⋙ 270,272
髪置きの祝い ⋙ 44
神棚 ⋙ 187

御節供 ≫ 240
おせち料理 ≫ 240
御膳料 ≫ 30,157,163,179,183
お雑煮 ≫ 241,242
お中元 ≫ 137,200
お使い包み ≫ 194
お月見 ≫ 256
お造り ≫ 269
御塔婆料 ≫ 178,183
お斎 ≫ 163
お年玉 ≫ 202
お屠蘇 ≫ 241
鬼火たき ≫ 243
お願いの手紙 ≫ 293
お年賀・御年賀 ≫ 201,202
御年始 ≫ 202
お花料 ≫ 29,31,124
帯祝い ≫ 36
お彼岸 ≫ 184,246,256
お引きずり ≫ 101
帯解きの祝い ≫ 44
お開き（披露宴） ≫ 77
御布施 ≫ 23,30,179,183
オペラパンプス ≫ 73
お盆 ≫ 184,201,255
お見送り ≫ 226
お見舞い ≫ 228
御見舞御礼 ≫ 229
お宮参り ≫ 40
表書き ≫ 16,20,190,192
織姫 ≫ 253
お礼（記念のお祝い） ≫ 26
お礼（結婚式） ≫ 23,106,113,116
お礼（成長のお祝い） ≫ 24
お礼（贈答） ≫ 198
お礼（通夜、葬儀） ≫ 30,170
お礼（訪問） ≫ 217
お礼（法要） ≫ 31
お礼の手紙 ≫ 290
お別れの会 ≫ 169
お別れの儀 ≫ 159
おわびの手紙 ≫ 292
御帯解御祝 ≫ 25
御帯料 ≫ 83
御髪置御祝 ≫ 25
女正月 ≫ 243
御袴着御祝 ≫ 25
御袴料 ≫ 83
御初幟御祝 ≫ 24
御初雛御祝 ≫ 24

え

永代供養墓 ⋙ 176,188
永代使用権 ⋙ 174
永代使用料 ⋙ 174
エイプリルフール ⋙ 248
会釈 ⋙ 218
江戸小紋 ⋙ 69
絵羽模様 ⋙ 69
恵比寿 ⋙ 239
恵比寿講 ⋙ 258
恵方参り ⋙ 239
恵方巻き ⋙ 244
エメラルド婚式 ⋙ 51
円卓 ⋙ 274
エンバーミング ⋙ 145
燕尾服 ⋙ 102

お

おいとま ⋙ 216
お色直し ⋙ 101,112
お祝い金(結婚式) ⋙ 63,74,78
お祝いの手紙 ⋙ 291
大正月 ⋙ 243
大祓 ⋙ 252,264
大晦日 ⋙ 252,262,264
お返し(記念のお祝い) ⋙ 26

お返し(結婚式) ⋙ 23,116
お返し(成長のお祝い) ⋙ 24
お返し(贈答) ⋙ 199
お返し(通夜、葬儀) ⋙ 30
お返し(法要) ⋙ 31
拝石 ⋙ 175
お食い初め ⋙ 40
お悔みの言葉 ⋙ 121
送り状 ⋙ 191
諡 ⋙ 164
贈り物 ⋙ 190,192,194,196,198
御車代 ⋙ 23,30,109,157,163,179,183
御香奠(典) ⋙ 29,124
御香料 ⋙ 29,124
起こしの言葉 ⋙ 283,287
御祭祀料 ⋙ 30
御榊料 ⋙ 29,31,124
納めの式 ⋙ 160
お七夜 ⋙ 39
おしぼり ⋙ 224
お酌 ⋙ 276
お重 ⋙ 240
お歳暮 ⋙ 137,200

亥の子の祝い ≫ 260
亥の子もち ≫ 260
位牌 ≫ 159,160,162,183,186
遺品 ≫ 172
遺品整理業者 ≫ 173
イブニングドレス ≫ 99
忌み言葉 ≫ 65,66,121
忌み箸 ≫ 267
芋名月 ≫ 257
色打掛 ≫ 101
色留袖 ≫ 68,79
色無地 ≫ 69,126
色紋付羽織袴 ≫ 103
祝い着 ≫ 40
祝い肴 ≫ 240
祝い膳（お食い初め） ≫ 41
祝い膳（初節句） ≫ 42
祝い箸 ≫ 240
岩田帯 ≫ 36

う

ウエディングドレス ≫ 99,113
受書 ≫ 83,84
受け吸い ≫ 277
受付（結婚式） ≫ 74

受付（通夜、葬儀） ≫ 124,129
受付係（結婚式） ≫ 66,107
受付係（通夜、葬儀） ≫ 151
氏神様 ≫ 40,44,239,261
氏子 ≫ 40,142,164
雨水 ≫ 236,244
内祝い ≫ 199
内祝い（出産祝い） ≫ 38
内祝い（入園・入学祝い） ≫ 46
内祝い（初節句） ≫ 42
打掛 ≫ 100
内かけ ≫ 192
内のし ≫ 192
卯月 ≫ 248
移り箸 ≫ 267
器 ≫ 268
海の日 ≫ 253,254
海開き ≫ 253
裏白 ≫ 239
盂蘭盆会 ≫ 255
上包み ≫ 32
運動会 ≫ 258

索引

あ

あいさつ（おつきあい）》202,208,210,212,216,218,222,226,232,234
あいさつ（結婚）》75,114
あいさつ（葬儀・法要）》156,159,163
秋の七草》257
麻婚式》51
小豆がゆ》243
後飾り》162
後付け》282
後厄》58
アフタヌーンドレス》99,103
甘茶》249
アルミニウム婚式》51
アレンジメント》205
あわじ結び》19
合わせ包み》193
安産祈願》36
案内状（法要）》182

い

イースター》248
遺影》159,160,162
遺骨》162,188
遺産》173
遺産分割協議書》173
椅子に座る（洋食）》270
伊勢海老》239
遺体の安置》146
いただき立ち》216
一日葬》149
一年祭》181
一の重》240
一夜飾り》238,246
一陽来復》262
一周忌》138,178,180,183
五つ紋付羽織袴》103
1.5次会》118
五七日》181
一般葬》149
一筆せん》285
稲荷神社》245
犬食い》267
戌の日》36

◈監修者

岩下宣子（いわした　のりこ）

現代礼法研究所代表。NPO法人マナー教育サポート協会理事相談役。全日本作法会の故内田宗輝氏、小笠原流・故小笠原清信氏のもとでマナーを学び、1985年、現代礼法研究所を設立。マナーデザイナーとして、企業、学校、公共団体などでマナーの指導、研修、講演を行うほか、執筆活動など幅広く活躍。著書・監修書に『大人の女性の美しいマナー』（成美堂出版）、『冠婚葬祭マナーの新常識』（主婦の友社）、『図解　日本人なら知っておきたいしきたり大全』（講談社）、『一生使える！大人のマナー大全』（PHP研究所）ほか多数。

◈STAFF

本文デザイン	SPAIS（熊谷昭典、井上唯）、佐藤ひろみ
表紙デザイン	ヤマザキミヨコ（ソルト）
イラスト	オカダケイコ、木波本陽子、ふじいふみか、わたなべさちこ
撮影	寺岡みゆき
筆耕	株式会社ウィズ
編集協力	宇田川葉子、漆原泉
校正	株式会社夢の本棚社
編集	株式会社童夢
編集・企画	成美堂出版編集部（尾形和華）

冠婚葬祭・年中行事のマナー大全

監　修　岩下宣子《いわしたのりこ》

発行者　深見公子

発行所　成美堂出版

〒162-8445　東京都新宿区新小川町1-7

電話(03)5206-8151 FAX(03)5206-8159

印　刷　株式会社フクイン

ISBN978-4-415-33220-8

落丁･乱丁などの不良本はお取り替えします

定価はカバーに表示してあります